带上自由的梦想
让我和你一起
深入美利坚的腹地

去美国当牛仔 1

一览无余最真实的美国

喻海翔 著

東方出版社

推荐序

（一）

It is my great pleasure to share some impressions of my great friend, Hai Xiang whom I have met on both coasts of the North American continent —— at the beginning and the end of his great American odyssey.

Xiang is a unique individual with a rare combination of talent, warmth, and ingenuity. His openness and inquisitive nature are remarked on by almost everyone who meets him. His stories and images of the United States are destined to become classics both here and abroad. As an American I am struck by Xiang's ability to see and understand my compatriots and their landscapes as they really are.

Xiang's unusual approach to travel is what drew me to him right from the start. As an experienced traveler myself, I know that a willingness to ask questions and listen carefully to the answers is the key to a full experience on the road. Xiang's insatiable curiosity about me, my family, and our lives along with his own candidness proved to be an irresistible combination. Within a few minutes of meeting Xiang, I knew we had become great friends. At the time, neither us knew that I would be the first stop on his epic tour of the United States. Even less did either of us suspect that six months later I would also be his final stop —— six thousand miles to the east.

It was a chance meeting that brought Xiang and me together —— a sunny spring morning in Hollister, California. I was watching my daughter ride her tricycle back and forth in front of my house. Xiang who was staying at a neighbor's house came up, introduced himself, and we were soon deep in conversation. I invited him to stay for dinner and spend the night. That evening, Xiang, my wife and I stayed up late sharing travel stories and hearing about his hopes for adventure in America. During his stay we showed him a travel book written by a Chinese friend of ours whom we met in Azerbaijan. He told us that he was inspired by that book and hoped to write something similar about his travels across the country.

At the time we were preparing to leave California and resettle in Shelburne Falls. Massachusetts on the East Coast. Hearing of his plans for a cross – country trip, we invited Xiang to visit us in our new home at the end of his trip. In the intervening months we looked forward to his emailed updates of evocative writing and spectacular photographs. Nevertheless we were very surprised when six months later Xiang hitchhiked right to our front door, more than six thousand miles from where he began.

Xiang was not in Shelburne Falls for more than a couple of hours before he had secured three tickets to the coveted Bridge Dinner, an event my wife and I thought we had no chance of attending. In addition, Xiang had made numerous friends and had himself interviewed by one of the local newspapers. Xiang's lust for life and the enthusiasm with which he shared adventures from his transcontinental trip won him many friends in Shelburne Falls.

After meeting Xiang, it is clear why he has had so many fine experiences on his American odyssey. As an experienced traveler myself, I know that a genuine curiosity, respect, and interest in the areas that you visit are essential to a thorough enjoyment of travel. Xiang's warmth and willingness to meet people on their own terms is most likely his recipe for successful travel. There is no aspect of the cultural experience that Xiang is not eager to take part in. From helping with washing the dishes to cutting firewood for the winter, Xiang is an enthusiastic guest who understands that personal experience, no matter how humble, is the key to getting under the skin of a foreign culture.

Xiang's personal gusto for travel informs both his stories and his pictures. A consummate photographer, Xiang's images of my homeland are among the finest and most insightful I have ever seen. The images portray both a beauty and a candidness that invoke the brilliant photographs of two other visitors to America: André Kerté sz and Alfred Eisenstadt

I have no doubt that Xiang's images and stories of America will become classics as they portray to Americans how the rest of the world sees us.

我非常荣幸地和大家一起来分享我对好朋友海翔的一些印象。我俩在美国大陆的西岸和东岸都曾相遇——分别是他这场伟大的美国之旅的起点和终点。

翔是一个特别的人，他罕见地集天赋、热情和睿智于一身。几乎每个见到他的人对他的评论都是：坦率开朗、充满好奇心。他在美国的经历在美国内外注定会成为经典。作为一个美国人，我为翔观察和理解我的同胞们真实风貌的能力所打动。

翔对旅行的不同寻常的态度，使我从一开始就被他吸引。我本人也是一个经验丰富的旅行者，我深知，愿意提问并认真倾听是充分体验人在旅途种种经历的关键所在。翔对我本人、我的家庭和我们的生活无止境的好奇心以及他的坦率汇合成了一种不可抵御的化合物，构成了他令人无法抗拒的魅力。初次见面没有几分钟，我就已经知道我们彼此会成为挚友。当时，我们谁都没有想到我会成为他伟大的美国之旅的第一站，我们更没有意料到6个月之后，当他跨越6000英里，一直到达东岸的时候，我又将成为他这场旅程的最后一站。

我与翔相遇，纯属偶然。在加利福尼亚州霍利斯特的那个春光明媚的清晨，我当时正在家里看着女儿骑着三轮童车在院子前面转来转去。在隔壁邻居家借宿的翔走了过来，他作了自我介绍，我俩很快就聊得很深入了。我邀请他共进晚餐并住在我家。那天翔和我，还有我的妻子一直聊到深夜，互相分享彼此讲述各自的旅行故事，听他描述对在美国的这场“探险”的期盼。我们给他看了一本我们在阿塞拜疆时遇到的华人朋友写的游记。他说，那本书给了他启发，他也要写类似的一本书，也要把自己在穿越美国过程中遭遇到的种种经历记录下来。

那时我们一家正准备离开加州，移居到东海岸马萨诸塞州的谢尔本瀑布城去。在听了他跨越全美的计划之后，我们邀请他在旅途结束时到我们的新家做客。在接下来的6个月里，我们总是在期待着来自他的电子邮件，里面有不断更新的引人入胜的游记和美丽的照片。尽管如此，在6个月后，当他一路搭车跨越6000多英里出现在我们家的门口时，我们还是感到惊讶不已。

翔来到谢尔本瀑布城数小时之内就弄到了3张难得的大桥晚宴的入场券，要知道，我们夫妇俩没想过能有机会参加这场宴会。除此之外，翔结交了大量的朋友，并且还被一家当地报纸采访。翔对生活的热爱以及乐于与他人分享他的“穿越大陆之旅”的热情使他在谢尔本瀑布城赢得了众多的友人。

与翔的重逢，使我明白了他为何能够在美国之旅中拥有如此多的美好经历。作为一个经验丰富的旅行者，我知道对于所到之处发自心底的好奇、尊重和兴趣是充分体味旅行乐趣的关键。翔为人热情，在与人交往中尊重他人意愿，这应该是他这场旅行成功的秘诀。没有一种文化是翔所不愿尝试的。从帮忙洗碗到帮忙砍柴，翔始终是一个热心的客人，他明白，任何个人体验，无论那是多么的微不足道，都是透过表层深入理解另一种文化的钥匙。

翔对旅行的由衷热爱，尽皆反映在他的故事和照片之中。翔是一个摄影高手，他拍摄的我的祖国可以列入我所见过最美和最有洞察力的作品之列。这些照片中所表现的美丽和真实堪与另外两位到美国旅行过的外国人——安德雷·科特茨和阿尔弗雷德·埃森特塔特的作品相媲美。

我坚信，翔关于美国的照片和故事必将成为经典，因为它们向美国人展示了外国人是如何看我们的。

——菲利普

（二）

There he was, standing by the roadside in southern Utah, expectantly watching the oncoming traffic. Now, I am not in the habit of picking up hitchhikers, but this man did not appear dangerous, only a guy needing a ride. So perhaps with divine inspiration, I pulled over, we exchanged a few words, and in a split second, I decided to invite Xiang and his backpack into the back seat of my SUV. Thus began 6 days of fantastic camping and hiking, and the beginning of a lifelong friendship with one of the most wonderful men I've ever known.

I convinced him to accompany us (my friend Liz and myself) to Bryce Canyon, and we discovered his love of red wine, cold beer, and hotdogs. Between hiking the Hoodoos and dodging the rain, Xiang gathered pine cones, and built a great campfire, where we heard about his journey across America. Such a sense of adventure! Such love and trust of people! That is the part of Xiang I came to know. Under the starry night skies outside Buckskin Gulch, he shared his belief in God and the fate that brought us together. On scorching hot hikes he cheered us, climbing the hills to find a safe way back to the trailhead . In narrow slot canyons, he lifted or pulled us over boulders. And through it all, he told us about his love of the world he has traveled, and his plan to learn about a part of America that few Americans know. He would write about this epic journey, and believed the people of China would also share his love of this land.

I hope that you readers will know that your author, Xiang, is one of the most extraordinary men I'.ve met. Strong, filled with humor, able to make friends anywhere, inspired by a desire to learn EVERYTHING —— Be ready for the trip of your life!

他站在南犹他的公路旁，满眼期待地注视着迎面而来的车辆。我并没有让人搭便车的习惯，但是这个男人看起来并不危险，只不过是需要搭车赶路而已。也许是上帝的指引，我停了下来，我们简短地交谈了几句之后，我立刻就决定邀请他和他的大背包坐上我的越野车的后座。于是，我们开始了6天精彩的露营和徒步旅行，也开始了我和这个我所见过最出色的男人之一的将持续一生的友谊。

我极力劝说他和我们（我的朋友莉兹和我）一起去布莱斯峡谷公园，我们发现了他对红葡萄酒、冰啤酒和热狗的喜爱。当我们时而在石林间漫步、时而躲雨时，翔一路收集松果，最后用它们点起一堆熊熊美丽的篝火，在篝火旁，他给我们讲起了他的穿越美国之旅。他有着如此强烈的冒险精神，对他人有着如此的爱心和信任，这些是我对翔的了解的开始。在鹿皮谷外繁星闪烁的夜空下，他告诉我们：他相信是上苍和命运把我们带到了一起。在烈日下的徒步旅行中，是他为我们鼓劲、打气，爬上山顶为我们找到安全的归路。在狭窄的峡谷里，是他帮助我们翻越巨石和险要之地。他一路上给我们讲述了他对那些曾经走过的地方的倾情，说他准备了解那些即使美国人都很少知晓的那部分美国。他将要把他的壮观的旅行记录下来，并且相信中国人民也同样能分享他对这片土地的感情。

我希望这本书的读者们能够了解你们的作者。翔，是我遇到的最不同寻常的人之一。他坚强，幽默，富有亲和力，有强烈的求知欲——请为你们自己的人生之旅也做好准备！

——卡 拉

(三)

I didn't know how to begin this so I just started at the beginning and wrote my impression of you. It is not complete, as we continue to get to know each other, and with luck we will continue to tell each others story. I remember that first day as I was working in our yard on the Northern Big Sur Coast of CaliforniaI looked up to see a sturdy young man with a large backpack and a larger smile walking down our drive. He introduced himself and explained that he had intended.

To camp at Point Lobos State Park (our neighbor) only to find that camping was not allowed, and could he pitch his tent in our yard. I told him he was welcome to but would probably be more comfortable in our guest cottage.

Haixiang stayed and worked with us for nearly a week. That period gave us time to get to know each other and gave me time to encourage him along his chosen road. Fate seemed to have set him here. I had hitch-hiked and worked around the world for seventeen years and in him I recognized some of myself. He is curious and ever ready to learn, he has a good insight of human nature and reads peoples character quickly. His humility keeps him from being overly judgmental and allows him to maintain a broad perspective with a fair view. His sense of humor helps him maintain a balance regardless of the situation.

I sent him down the road with a wave and a smile. When he returned to us about a year later my wife and I were only too happy to accept his invitation to visit with him in China. The only place in the world that I had planned a trip and then not taken it was to China, and here twenty-five years later, was my dream come true. In an incredible three month journey that took us from Shanghai in the East to Lahsa in the West, from Yinchuan and Beijing in the North to Hong Kong and Aomen in the South we met a cross section of China that, by ourselves, would not have been possible.

We were introduced to a China straining at its very seams, growing, blossoming and setting an Olympic pace for all to follow. We met a China hospitable and kind, hardworking and compassionate. We saw poverty and we saw people working their way out of poverty. We saw a country on the move.

For all of this wonder I can but Thank Haixiang and his Family. As this friendship and association grows he and his Family have made it possible for us to better understand the people of China, and I trust, for the Chinese to better understand the people of the United States. Haixiang Yu truly is a bridge between our cultures. I am proud to know him, support his considered opinions, and call him my true Friend.

我不知道该如何下笔，干脆从头说起，写写我对海翔的印象吧。当然，这个印象并不完整，因为我们仍在不断地相互了解，幸运的话，我们将会继续交流彼此的人生故事。记得我们初次见面的那天，当时我正在位于加利福尼亚北大苏尔海岸的我家院子里干活，一抬头，只见一个壮实的年轻人背着个巨大的背包，面带灿烂笑容走了进来。这个年轻的背包客作了自我介绍，说他本想在我家旁边露营，但发现那里是不许露营的，问我能不能在我家院子里扎帐篷露宿。我说，当然没问题，不过可能还是睡在我们的小木屋客房里要更舒适些。

海翔就这样在我们这里住了一个星期，还跟着我们一起干活儿。这给了我们机会互相了解，也给我们时间去鼓励他按照自己选择的道路走下去。似乎是命运之神把他送到这里：我曾经以一个背包客的身份走遍世界，历时17年，现在从海翔的身上，我依稀看到了当年的自己。海翔充满好奇心，什么都想探个究竟，他深谙人性，能一眼看出一个人的品性。他为人谦逊，这使得他视野宽阔，心地公正，从不说三道四。他的幽默感使他面对各种状况都能保持心中的平静。

我微笑着挥手送海翔再度踏上旅程。一年之后，他重又归来，并邀请我妻子和我随他到中国旅行。我们开心地接受了这个邀请。中国是世界上我唯一想去但未去的地方，25年后，这个梦想终于实现了！在不可思议的3个月里，我们的足迹从东部的上海到西部的拉萨，北上银川、北京，南下香港、澳门，我们完成了对我们而言看似不可能的中国之旅。

一路上我们了解了中国的过去、成长、繁荣以及浓烈的奥运氛围；我们亲历了中国人的好客、善良、勤劳和富于同情心；我们看到了贫穷，但更看到了人们如何努力脱离贫穷；我们看到了一个正在向前迈进的中国！

我要为所有这些非凡经历感谢海翔和他的家人，正是与他们与日俱增的友情，使我们能够更好地了解中国人民，也使中国人民更好地了解了美国人民。喻海翔起到了中美文化之间桥梁的作用。我很自豪能够认识海翔，赞同他那些深思熟虑的见解，并且将他称为我“真正的朋友”。

——乔伊

自序

2006年2月开始，我带着一个背包、一顶帐篷、一个睡袋，依靠徒步、搭便车，独自从美国西岸的旧金山出发，途经其西部、中部，在中部的密苏里折向南方，到达新奥尔良，再穿越南方各州，经由佛罗里达直插位于加勒比海深处、美国大陆最南端的小岛基韦斯特，然后又沿着美国东部海岸线一路北上，最后在位于美国东北角的马萨诸塞州结束了整个行程。

这次旅行，我前后用了6个月时间，途经23个州，总行程约1.05万公里。

现在，我在纽约。

夜幕深垂，透过哈得逊河边公寓的窗口，隔水相望的是曼哈顿的繁华灯火。尘埃落定，在路上所经历的一幕幕、邂逅的一张张面孔却总是挥之不去。古人说"鉴于止水"，很多时候，对于经历过的人和事，我们往往要隔开一段距离和时间后才能看得更清楚些。

这样的旅行不算太短，路上的种种见闻遭遇，也还算不太一般，我准备将其一点一点写下来。一路上我都在记日记，前前后后拍了数千张照片。我不能确定将要呈现在书里的文字会让每个人都喜欢，但我能确定的是：我所写的都是真实的。

上路之前的初衷很简单，就是看看自己能不能用一种最简单的方式走完全程，并没有想过要写什么出来。但随着脚下道路的延伸，要把在路上的这些经历写下来的念头却一天天不断地增长，也越来越坚定。哪一天，当我把这篇游记全部写完之后，才是这场旅行的真正终结。

喻海翔 于哈得逊河畔

目录
Contents

一　“这种信任是相互的，大家都是陌生人，谁也不想惹上麻烦。就像我刚才停下来时，心里也不是没有担心，可是你很开心和真诚的样子，让我也同样感到了来自于你的信任，你的信任让我安下心来，愿意信任和帮助你。”

二　夜色已临，天空暗蓝，一轮皎洁的明月升起在对面峭立嶙峋的绝壁间。晚风渐起，Virgin River边树林间归巢鸟群嘈杂的鸣叫与河水奔腾的涛声交织着阵阵传来，不知不觉中，一直到晚上21:00，天才终于完全暗了下来。

三　四面都是高耸的山峰，走着走着，我一下子迷失了方向，不知该往何处而去。倾斜的岩壁上隐藏着不少底部积了雨水的石缝和悬崖，如一不小心走错路，失足跌入这些石缝、悬崖，在这不见人迹的群山深处那可真就天地不应、呜呼哀哉了！

四　野鹿尸体上还没有开始长出蛆虫，只是四肢残缺不全，身上的肉被吃得所剩无几，只留下白骨，显得有些狰狞，而边上青草依依，野花们照旧灿烂绽放，跟什么都没有发生过一样。

一　这片地域到处都可以看到牧场和农庄，显然是一块得到了充分开垦的地方，与完全是自然景色的锡安截然不同。卡拉指着两旁的院落人家说：“这些都是摩门，我们现在到摩门教的地盘了。”

二　眼前的山谷寂静无声，松枝在我们头上随着晚风轻摆，西斜的阳光洒满了温暖的营地。一切都是如此的美好。

三　沿着小道，我们很快就下到谷底。蓝天万里，烈日炎炎，巡行在众多造型奇妙、色彩绚丽的高大石柱间，仰头望去，身临其间，眼前的风景比之在断崖上的远远眺望又是截然不同。身处瑰丽石林，周围各种神奇的景象应接不暇，真不妄“Fairyland（仙境）”之名。

四　拐过一处山崖，却见到她俩站在路边，脸上扮着顽皮的鬼脸，伸手冲我做着要搭车的手势，并且和电影中那些想吸引过路司机注意的搭车女人一样，故意伸出一条大腿扭来扭去。

目录

Contents

一 身陷在这个陌生的都市中，在这个繁忙的卡车休息站我却如漂流到孤岛上的鲁滨逊，焦急、孤苦地等待着某艘不知什么时候才会偶然路过的商船来把他带走。

二 “这本来是一个崇尚传统和历史的国家，但现在已经完全变了，就像你看到的那些老式汽车，还有这些老房子。现在的人们只追求更方便、更舒适、更容易的生活，他们已经不在乎那些本来应该更有价值、更重要的东西了。当人们觉得你不再对他们有用时，就会毫不犹豫地抛弃。”

三 詹姆斯告诉我他有25年的搭车经验，堪萨斯城就在70号州际公路上，所以他必须走这条线，“可是你为什么要走70号？堪萨斯是最难搭车的地方。”

一 “有很多人从我身边开车而过却没有停下，可我并没有去怨恨他们，甚至根本没有将他们放在心上，因为这样并不能帮我搭到车，却只能把自己的心情弄得更糟。我只是告诉自己：他们不是为我而来，而我也不是在等这些人。我所等待的是某个正在专门为我而来的人，然后你就出现了。”

二 在雄浑、壮阔的旋律中，我们在高速公路上的重型卡车也宛如一艘巨轮，在波浪般起伏的丘陵间，在夕阳绚烂的霞光中，稳稳行驶在密苏里无垠的绿色原野上。

三 躺在密苏里乡间这块不知名的古老墓地中，与身旁安葬在此的这些魂灵们紧邻相眠，我希望自己这个来自远方的陌生过客唐突的出现没有打扰他们早已沉寂多年的安宁，也同样祈望他们今晚不会来打扰我的安宁。

16 通向新奥尔良的路

一　无意间偏头向边上扫了一眼，看到刚才那根金属支柱孤零零地立在路边，心里有些诧异，觉得好像哪里不太对劲。我努力地思考了一下，本来像灌满了糨糊一样混沌的脑袋中突然闪过一道霹雳：我的背包不见了！

二　他在休息站占地宽阔而嘈杂的停车场上找到个空位将卡车停好，然后才对我说："你大概想洗个澡吧？"我点点头，于是他转身到卡车后面的休息室衣橱里翻出一套干净的牛仔裤、T恤衫、内裤和袜子交给我说："我领你去休息站的淋浴房，这些都是我的衣服，你拿去换了吧。"

三　"我这真的是在美国吗？"眼前的这些景象让我实在忍不住在心里问道，这一切和在电视上见识过的那些无可救药、没有希望的贫民窟没有任何区别。

四　在这一片无序的混乱中，一支低音号与一把大提琴演绎出的与四周环境同样显得有些随意和无序的缓慢旋律，透过新奥尔良闷湿、钝热的空气向着我幽幽传来，毫无阻挡地渗进我的心中，然后在全身弥漫开来。我就像被童话中的魔法定住一样，除了悠缓的音乐，四周的一切仿佛都荡然无存。

一 令我绝望的是，老者依然乐呵呵地说了一大堆我一个字都不明白的话。毫无办法，我只好拿上包下了车，走到附近的加油站一问：果然，走错路了。我要去的是东边，却被这个好心人带到了北边的59号公路上。

二 不知什么时候，一只闪烁着晶莹绿光的萤火虫飞进了帐篷中。在湿热如蒸锅的丛林和震耳的虫鸣声中，它清冷翠绿的荧光，在黑暗中显得晶莹曼妙，它的舞姿优雅而又神秘。我像禅师一般盘腿坐着，一动不动，生怕惊扰了它，只是用双眼追逐、捕捉着这位孤独、从容的访客。

三 他告诉我，自从十多岁到了美国他就一直在各地打工维生，从俄勒冈的苹果园，到加利福尼亚的草莓地，再到佛罗里达的橘子农场，这么些年里他在美国大陆上从东到西、从南到北追寻着季节的变化和打零工的机会，到处漂泊着。

四 我们的汽车奔驰在平直的岛屿公路上，看着两旁的碧海蓝天，不禁心想：路这么平，景色又是如此美丽，假若有辆自行车向着大海就这么一直骑下去那该是件多美的事啊！

一 夜空如洗，一颗明亮的流星拖着长长的尾巴，在群星间自西向东斜斜地划过天空，在不经意间又消逝在了群星之中。在美国大陆南端，加勒比海深处，海天空寂。露宿在基韦斯特岛一隅这片漆黑的海滩上，只有我在凝神仰望着头顶满天璀璨的繁星。

二 独自骑行在大海之上的岛屿之间，感受着天地的空旷。孑然一身在这大陆的尽头，心中却无丝毫自我怜悯和孤独。墨西哥湾在左，大西洋在右，自由的风夹杂着加勒比海的气息从身后而来，天高海蓝，在纯净明快的大自然中我又一次确认了在这漫长旅途上的喜悦。

三 “上午我们分手后，我本来就没有想过还能再遇到你。说起来很是奇怪，因为我每天下班都会路过那个海滩，但一天忙下来，这时候心里只是想着赶快回家，从来没有往那个海滩瞄过哪怕一眼。但我都不知道自己今天为什么会往那个海滩瞄一眼，而且刚好就看到了你。”

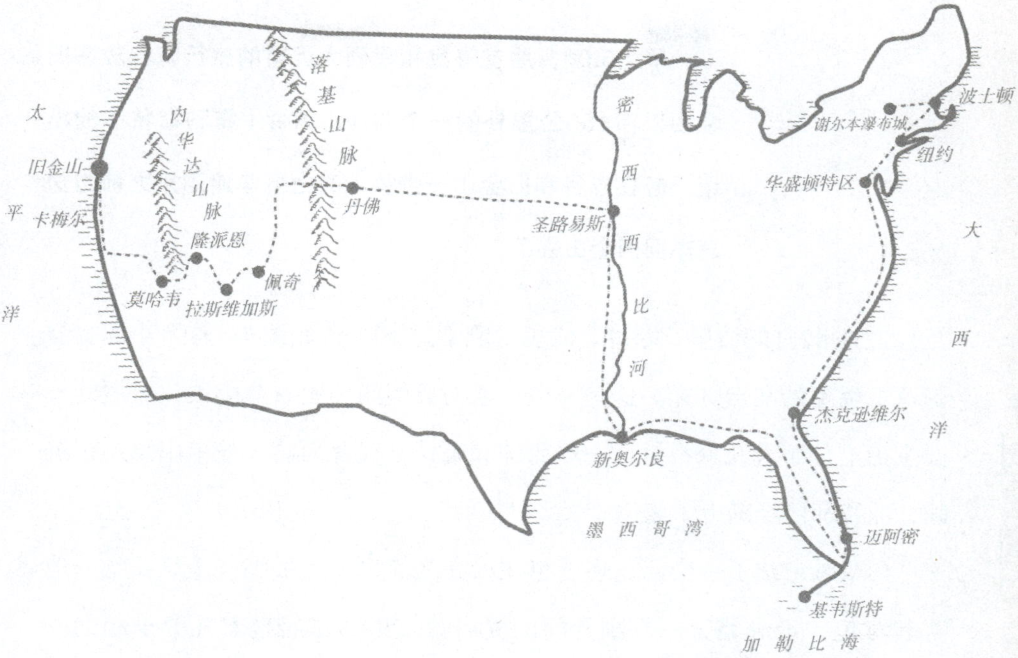
落基山脉
内华达山脉
密西西比河
太平洋
大西洋
墨西哥湾
加勒比海
旧金山
卡梅尔
隆派恩
莫哈韦
拉斯维加斯
佩奇
丹佛
圣路易斯
新奥尔良
杰克逊维尔
迈阿密
基韦斯特
华盛顿特区
纽约
谢尔本瀑布城
波士顿

01 起点

早上5:00，朋友将我和我硕大沉重的旅行背包放在旧金山以南150公里处的一个叫Hollister（霍利斯特）的小镇，赶在硅谷和旧金山一带骇人的上班车流到来之前匆匆驾车回旧金山去了。

北加州2月的清晨，寒冷、漆黑。刚下过雨的地面倒映着这个小镇寂静街道上稀疏的几点灯光。这是一个普通而典型的美国农业小镇，短短的一段主街上分布着几家银行、一些店铺和餐馆，仅此而已。整个小镇还在沉睡，而我却已经踏上了旅途。

在寒风中站了一会儿，想了想在天亮之前也无计可施，于是我吃力地背起背包，走进路旁一家刚开门的麦当劳。里面已经坐着几个早起的顾客，看到我进来，他们不约而同地停止交谈，用惊奇的眼神盯着我。作为一个陌生人，我的东方面孔和硕大的旅行背包足以让他们迷惑。在这么个农业小镇，既非交通枢纽，也非旅游景点，镇上的居民早已彼此熟悉，而像我这样一个奇异旅行者的出现很自然地会在他们平淡的生活中泛起一丝微澜。我向他们微微点头致意，在四周交织的目光中默默地走到靠窗的一张桌子旁坐下，独自等待着天明。

2005年年底，我刚拿到经济学硕士学位。众所周知，美国大学的书不好读，关于这一点我在读研究生时深有体会，因为我们系很小，学生不多，教授们自然盯得紧，大家都不轻松。没完没了地研究报告、演示，永远也做不完的家庭作业和三天两头的大小测验。

教我们宏观经济学的教授每次总是给我们一大堆家庭作业和指定阅读

资料，每周的指定阅读资料打印出来比砖头还要厚、还要沉。有个美国同学忍无可忍，下课后跑去向教授抱怨说：又不光上他这一门课，加上其他老师们的家庭作业和阅读材料，“我们都没时间睡觉了！”教授透过厚厚的眼镜片扫了一眼那个同学，然后面无表情地说：“你们都是研究生，对吧？作为研究生是没有睡觉这个必要的。”

到研究生阶段的最后一门课《研究方法》时，干脆是我们系主任亲自执教。系主任是个学术有成的女教授，以对学生从无丝毫怜悯之心著称，每次上她的课时班上总是愁云惨淡一片，后来甚至有同学不堪忍受，中途转系了。

我们那一届班上总共二十多人，同学中大多是美国人，然后是来自各个国家的留学生。学业沉重也并非完全就是坏事，至少我们班同学间的关系较于其他科系要亲密多了，因为大家总是不得不成天凑在一起学习，彼此有种难兄难弟的认同感。周末时不时大家会找个酒吧什么的聚一聚，放松一下。大家在一起喝喝酒，聊聊天，谈谈彼此关心的学业以外的话题，顺便再骂骂“可恶的教授”。我们大家都很喜欢这样轻松的场合，喜欢这种无拘无束的交流方式，这样的聚会成了我们班的传统，毕业之后亦然。

十一月底的一个周五晚上，我们这帮老同学又相聚在与旧金山隔着一个海湾的伯克利市中心的一个啤酒屋。这个啤酒屋叫Jupiter（朱庇特），里面供应的都是他们自己酿造的啤酒，在当地颇负盛名。我们都已毕业，到了一起自然谈论的多是各自将来的打算。班上不少同学决定继续入博士班深造——经济学在美国很吃香，如果有个博士学位，找一个好工作简直易如反掌；也有不少同学则打算先找个工作再说。当大家问到我时，我说：“总算从学校熬出来了，我现在想做点不一样的事情，大概会先去旅行一段时间。”众人都颔首称是。我接着说：“我要徒步和搭便车穿越美国，从旧金山走到纽约去。”

我的话顿时在众人中引起了一阵小小的骚动。坐在我对面的日本女同学裕子听完先直眼瞪着我，然后一把拽过旁边和别人谈得正欢的美国男友贾斯廷，大惊失色地说："贾斯廷！你听到没有，翔要一个人靠走路和搭便车到纽约去。"贾斯廷大叫一声："什么？！你开玩笑吧？"然后他看看我，语重心长地对我说，"你要真想去纽约，干嘛不去买张飞机票？那容易多了。"我笑笑说："我想一个人用这种方式走过去，而且就是刻意不要让它太容易，再说我想这样的旅行一定会非常有趣。"

贾斯廷看着不听劝告的我，摇摇头说："伙计，让我来告诉你，美国是个很大的国家，有非常多的变态和疯子，你知道你会有多少麻烦吗？而且你要知道，全美只有三个州搭便车是合法的，在其他州警察们会很乐意把你扔到监狱里去。"我还是笑笑说："我调查过了，没那么恐怖，再说我是个男人，遇到麻烦知道怎么对付。"贾斯廷再次摇摇头说："随便你怎么说，不过你就算去搞辆自行车骑过去也比这要强呀。"

消息传开后，周围关系远些的朋友多会含蓄地说句："你挺勇敢的。"关系亲密的朋友则直接说："你疯了？！"当然更多的人都没把我的话当真，他们大概觉得我是酒喝多了，只有我知道自己还没喝多少。

当众人欢聚而散回到各自的生活中去时，我也正式开始按部就班地为将来的旅程做着各种准备：购买路上用的背包、睡袋以及宿营用的防水垫、便携式炊具；准备各种可能用得上的地图；查询各州关于搭便车的具体法令；上网络和去图书馆收集其他旅行者的故事和经验以及各地的风土人情；锻炼身体，每天坚持长跑，有机会就到野外进行长距离徒步跋涉；把家里不需要的东西处理掉或寄回国。在一步一步准备的过程中，我的信心不断增长，相信自己能够完成整个旅程，不曾有过一丝动摇和怀疑。

可是当我终于来到了路上，将要开始我的旅途时，身处这个陌生的小镇，我才发现一切不是当初以为的那么简单，虽然为了这一天我已经准备了很久，也曾经在心中无数遍地想象过踏上旅途第一步时的景象。此时此刻，当我实实在在地站在漫长旅程的起点时，却再也没有那些浪漫和豪迈，有的只是浮于心中或隐或现的忐忑和四周无尽的黑暗。

突然，一个穿着布满油腻和污垢的连体工作服、满头杂乱金发、脸膛通红而又粗糙、体格健壮的中年大汉一屁股坐在我对面，大声对我说道："嗨！我叫强尼，你是在旅行吗？"

有些意外的我答道："是的，我正打算横穿美国到纽约去。"强尼似乎很吃了一惊，然后就问我怎么会来这里，要待多久。我只好坦白：我刚到这里，对此地还一无所知，自己也并不清楚。于是他说镇上有个慈善机构，如果我打算在此地多待几天的话可以在那里得到免费住宿和食物，他又详细告诉我具体地址和路线，末了对我说："你前面还有很长的路要走，这样可以为你省些钱。"强尼是个机械修理工，他在这里等他同事来开车载他去一处酒店修理输水管。我们聊了会儿，他的同事来了，强尼离去前，用力握了握我的手："祝你好运，伙计！"

目送强尼走出麦当劳，夜色已经褪去许多，我心中也安稳了一些。这时一个衣着体面的高个子绅士走到我桌旁（他刚才一直坐在旁边的一张桌子旁看报纸，想必听到了强尼和我的对话）俯下身，用柔和的腔调告诉我，如果要去强尼所说的那个地方，有公共汽车可以直达，不需要步行。他告诉了我公共汽车站的方位以及下车地点。在确认我没有问题之后，他才离去。离去前，他用友善的目光看着我说："一路平安。"

等到天色大亮，我站起身，正准备离去，一直坐在餐厅另一头的一个文弱的年轻人匆忙走上来（我本来没有注意到这个年轻人，虽然他似乎早就注意到了我），他塞给我一本显然已经有些年头的精装小册子，我打开一看，原来是本袖珍版《圣经》，纸面泛黄，其间满是前面那些阅读者们密密麻麻的注释和下划线。"愿上帝与你同在！"他说道。

我来到了小镇边的公路上。乡间的旷野在经过一夜骤雨后，澄明空旷。镇子东面是Diablo Range（代阿布洛山脉）。加州干燥的气候使得这里的山脉大多不长树木，一年中大多时候是光秃秃的一片焦黄，只有在雨水较多的冬季，返青的杂草和灌木丛才会给山脉染上短暂的绿色。2006年充沛的降雨让代阿布洛山脉得以在明亮的天际划出一道绵延不止的绿色波浪。山后，太阳已经从东方的地平线升起，虽然有山脉阻隔，但山后喷薄的朝阳从东方的天空云朵间投射下万道霞光。

眺望着东方的天空，忽然没有了刚开始在黑暗中的忐忑。或许在麦当劳与众人短暂的邂逅缓解了我的不安，或许是眼前雄浑壮丽的霞光与山脉给予我憧憬和鼓励。一瞬间，我心中充满了激动和喜悦。横跨美国大陆，从西海岸到东海岸，从太平洋到大西洋，穿越广袤大地，独自走过那些只在地图上读到过的高山、峡谷、荒野、平原、乡村、城市，这一天我等待了很久，而现在，我终于站在了整个旅途的起点。

02

受阻于**北加州**

一

一次老周伏倒在草丛里观察敌情，他的通信员发现一根地雷绊线就横在他眼前，而他自己却还没看到。老周心有余悸地对我说：“当时我要是动作稍微大点就完蛋了。”

我原定2月10日出发，但最初的旅程却不是想象的那样顺利。

我本来打算沿着加州风光绮丽的海岸线从北加州一直步行到南加州去。可是北加州今年的降雨量创下纪录，连绵不断的冬雨让我迟滞在旧金山湾区一带。我并不想每天都在寒冷的野外被瓢泼大雨淋得透湿（对这种经历我毫无兴趣），可是我租的房子已经退掉，所以临时改变主意，先在当地找个工作临时做做，等到天气转好些再走。刚好霍利斯特的一家中餐馆在招待者，我便前去应聘。

那是一对华人老夫妻开的餐馆。餐馆不算大，在霍利斯特主街旁边的一条巷子里，走进去是个大堂，错落摆放着十来张小方桌和两三张大圆桌，四周墙上挂着一些在旧金山唐人街小店里到处可见的中国风格的廉价装饰品。春节刚过，墙上的装饰品和大红对联虽然很新，却显然有违店主所愿，愈发衬托出地板上旧地毯的寒酸和四周褪色墙纸的灰暗。刚走进去时，我总觉得店内的气氛更适合做古董店，而不是餐馆。看了看店主递给我的菜单，都是些和其他那些遍布美国城乡的大小中餐馆一模一样的内容，什么甜酸肉、左公鸡、牛肉炒芥兰等在美国人尽皆知但我在国内却闻所未闻的所谓中国菜。

我读书时在餐馆打过工，一切都驾轻就熟，他们试用了我半天就要了我。店不大，生意一般，老板很少来店里，倒是老板娘整天都在店里。老板娘个子挺高，约摸五六十岁的样子，看得出挺爱打扮的。其实她在店里也没有多少事可做，只不过整天板着脸坐在店内收银台旁的桌子边，偶尔来了熟客，才马上换个笑脸上去殷勤招呼，完了再回来重新将脸板起来坐下。

店里除了中午和傍晚一段时间以外，基本不忙。外面由我和老板的侄儿媳妇两人打点倒是没有什么问题。这家店从早上9:30一直开到晚上21:00，中间没有休息的时间，一天将近12个小时都不得不待在店里。我不打算在此长做，所以也不去计较。很多时候没有客人，也无事可做，这时候我多靠着大堂一边的墙壁，盘算着自己的心事。老板娘的那张脸让我失去了任何与之接近的念头，再加上看着窗外低沉的乌云和绵绵不绝的冬雨，默想着自己的旅程，我在店里就愈发显得沉默寡言。

每天我都会查看当天报纸的天气预报专栏，看着卫星云图上从北太平洋一波一波不断涌来的寒流云层，心中焦急而又无奈。我这时本来应该是走在朝向纽约的路上，可现在却陷在这个陈旧阴暗的小餐馆中虚耗着时光。

这个餐馆因为地处偏僻，所以为餐馆员工提供了住宿，这是在美国中餐馆的一条不成文规定。我和在厨房里面工作的另外两位员工就住餐馆附近的一条街上老板给员工租的一栋两层楼房里。虽然是楼房但实际面积却很小，楼下有一间大厅和一间卧室，二楼面积只有一楼的一半，只有一间卧室。一个河北来的姓王的厨师就在楼下大厅里搭了个床，尽管大家就在边上来来往往，但他不在乎。据他自己说，他喜欢看电视，而楼里唯一一台电视就放在大厅。楼下的卧室老板娘不给人住，说那是给女员工准备的（虽然店里并没有女员工）。我则和在厨房给大厨打下手的老周一起住在二楼的卧室。

老周是云南人，一米八五的个头，瘦高精干，为人却很平稳随和，在店里有时被老板呼来喝去也总是笑笑，一副不在意的样子。晚上下了班回到家，家徒四壁的卧室里除了两张床垫、一张桌子外一无所有，忙完一天的我们能做的也只不过是躺在床垫上聊聊天而已。聊着聊着，当他知道我父亲是名老军人，我小时候是在军营里长大时，他一下子高兴起来，告诉我说他也当过兵。一问之下才知道，他“文革”时入伍，在云南边防部队待过十多年，参加过自卫反击战，后来才转业到地方当老师。军队这根纽带把我们联系到了一起，彼此立刻产生了亲近感。

每晚老周都和我聊起他在1979年自卫反击战时的经历。当时他是排长，有一次率全排冲锋，他冲在最前面，结果他没事，反而是跟在他后面的两个班长先后触雷受伤。还有一次他伏倒在草丛里观察敌情，他的通信员发现一根地雷绊线就横在老周眼前，而老周自己却还没看到。老周心有余悸地对我说："当时我要是动作稍微大点就完蛋了。"

战争中，老周所在的排全员28人中死伤17人，而老周自己却毫发未损。每每谈起这些经历，老周总是感叹自己命大。

战后，老周升为连长，因为他属于边防部队，所以就驻扎在最前沿，一直没有远离过战争，而且守卫的正是著名的者阴山。老周带兵有一套，他的连被指定为机动连，防线上哪里有问题就由他的连顶上去。只是一次军区领导下来视察部队，因为集合时士兵们慢了一些，上面的领导大发雷霆，老周情急之下便也大声顶斥回去："你们这些官老爷也不能把我的兵不当人！"上面首长当然大怒，要处分老周，后来还是老周所在军分区的领导想方设法把这事压了下去。此后没多久他就转业回家，到一家中学做了体育老师。听了老周的经历，我对他肃然起敬，真想不到在遥远的异国他乡能遇到这样一位老军人，听到他那些不同寻常的故事。再想到白天在厨房里，老周在老板、大厨的大呼小叫中忙碌而又任劳任怨的身影，不禁感慨万千。

老周才五十出头，却已早早地办了退休手续，然后通过在硅谷的美国亲戚办了半年探亲签证。他告诉我，来就是想看看美国是个什么样子。

老周在亲戚家住了段时间又觉得没有什么意思，也不想太打扰亲戚，就自己通过当地中文报纸的招工广告，想找个管吃管住的活儿。老周以前从来没有做过厨房工，什么都要从头开始学，着实受了不少老板、大厨的气，但他告诉我说："没有啥子了不得的，忍忍就过去了。""就是挣点钱，等签证最后一个月，把工作辞了，去报名参加个旅行团到美国各地耍耍，给家里的老婆、孩子和亲戚、朋友买些东西回去。"老周很知足乐命地说道。

每天早上我都是六点多就起来，趁着餐馆开门之前一两个小时到镇里四处走走。霍利斯特实在是个不大的地方，没两天就让我四下逛了个遍，再也无处可去。

一天早上，我又早早起来，无所事事地站在宿舍园子前的人行道旁，看着稀疏的过往车辆、行人发呆。

这时一个小女孩骑着辆自行车从旁边人行道过来，小女孩也就三四岁的样子，满头卷曲的黑发，轮廓鲜明的大眼睛和翘翘的鼻子，非常可爱。小女孩天真无邪地看着我，嘴里咿咿呀呀地说着些什么。我也低头，逗着这个可爱的小女孩，问她怎么一个人在这里，叫什么名字。这时一个蓄着络腮胡、戴副眼镜、面貌和善的中年男子走来，友好地对我打个招呼，然后俯下身对小女孩柔声说道："蕾娜，不要打扰这位先生了，我们回家吧。"我于是问道："这是你女儿吗？她真可爱。"

中年男子听我夸他女儿，显得很开心的样子，我们随后攀谈起来。我得知他叫菲利普，是这个镇上高中的老师，家就在我们宿舍旁边。当他知道我是中国人，正准备横穿美国时，高兴地对我说，他们全家几年前在阿塞拜疆居住时也遇到一个正沿着丝绸之路独自旅行的中国香港女孩子，他们和这个香港女孩子成了朋友。后来那个香港女孩子回去后还写了本书，其中提及了她在丝绸之路上与菲利普一家的偶遇。那个香港女孩子把书寄给了他们，可菲利普无奈地把双手一摊说道："都是中文，我们也看不懂说了些什么。"说到这里，菲利普转身回家想把那本书找出来给我看，可是一时却找不到，而我们又都忙着要去上班，于是菲利普邀请我下礼拜二（我们店休日）时到他家吃晚饭，把那本书找给我看，顺便我们还可以好好聊聊，我一口答应了下来。

当我在霍利斯特的这家中餐馆干了还不到一个礼拜时，店里忽然有不少人打电话来应征侍者的工作，我心里觉得奇怪，因为看不出店里缺人手的样子，也不知道这老板两口子在搞什么名堂。但我没有把心中的疑问表露出来，因为我其实根本就不太在乎，倒是老板娘自己后来有些稳不住，主动来找我，把板着的脸尽量收一收，和颜悦色地对我说："你别看我最近又在招人，你不用担心，我们两口子下个月要回国，我侄媳妇要来顶我的位子，所以还需要一个人。你做得不错，我们也满意，你就安心在这做好了。"我听了只是点头称是。

晚上回到宿舍和老周聊起这事，老周就和我说起一件事。以前店里的员工都住在老板家里，老板住在镇郊的一栋大花园洋房，可是有次老板家丢了3000美元，老板怀疑是住他家的员工干的，这些员工有的有合法身份，有的是偷渡过来的，比如楼下厨师老王。因为在美国，雇主雇佣偷渡者也算违法，老板也不敢报警声张，他们一家对有合法身份的员工不敢怎样，就对非法偷渡来的员工下手，连哄带吓，让老王和另一个没有身份的员工各掏1500美元出来，否则就要把他们交给警察。老王他们两个在美国举目无亲，不明就里，只得乖乖掏钱。

听到这里，我顿时觉得恶心无比，这也太黑心了！这老板两口子到美国二十多年，儿女们都在这边长大成人有了体面的工作，他们自己也是好房好车一样不缺，却对两个打工者做出这等事来。1500美元对于老板他们其实算不了什么，可是对老王这样偷渡过来打工的却是个不小的数目。老周给我看过他的工资单，每天工作11.5个小时，每周休息1天，一个月下来却只拿得到1300美元。我替他一算，他实际工资是每小时0.44美元，而加利福尼亚州的法定最低工资是6.75美元。我摇摇头，各种各样的老板我见过不少，但像这样的也实在太过分了。

二

老板一听顿时暴跳如雷，大声吼道："我有什么不对的，我一个老板还没权力让底下人走路？"

第二天，店里来了一个新的女侍者，名字叫丽丽，个子娇小，约三四十岁的样子。她自称是台湾人，讲中文时带着一些口音，等听她和来吃饭的客人聊天时我却很是一愣。她的英语流利正确，而且是百分之百正宗的美国口音。我暗想：这个女人看来不简单。

可是接触了一会儿才发觉丽丽其实是个很单纯的人。她待人真诚，也没有什么心机。我们一起负责外边大堂，她很积极配合，所以我们一起做得挺默契。

下班大家吃饭的时候，老板娘尽量和颜悦色地对我说："现在有丽丽来了，你们两个好好配合，安心在这里做下去，这样我们就可以放心回国了。"而我听了一如既往地也不多言语，只是点头称是。吃完饭，回到宿舍，我刚洗完澡，意外的是老板到宿舍来找我了。

老板把我找到楼下厅堂坐下，数出200美元递给我，说是我这一周的工钱，他等我接过钱，然后说道："你也看到我们店里现在多了一个丽丽，其实我们不需要这么多人，要不你先回去，等我们下个月回国后你再来？"我听了先不回话，看了他一眼，才淡淡地说："老傅，你这样不太好吧，你太太半小时前还让我在这里安心做下去，这么快就变卦了？再说在美国可不是这规矩，老板就算要炒员工鱿鱼也得提前通知才对。"老板一听顿时暴跳如雷，大声吼道："我有什么不对的，我一个老板还没权力让底下人走路？"看他那副色厉内荏的样子，我站起身，慢慢对他说道："随便你，你自己看着办吧。"就回楼上卧室去了。

到了楼上，听他在楼下继续咆哮了一阵，最后终于按捺不住，气冲冲地爬上楼来，一屁股坐到我床垫旁边的椅子上，瞪着我说："你小子什么意思，你想要怎么办?!"

老板今天兴冲冲而至，大概以为把工资一递，我就会像前面那些员工一样自己乖乖地卷铺盖走人，没想到平日看上去沉默寡言的我，居然不是个善主。他唬不到我，反而被我轻一句、重一句地搞得晕头转向，搞不清我是吓唬他呢，还是真要到劳动局、法院或者其他什么机构去找他麻烦，他闹了半天一无所获，最后只得一脸怒气地离去。

过了一会儿，住在楼下卧室的丽丽悄悄上楼来，进了我们的房间，掩好门对我们说："刚才你们吵架我在下面都听到了，这个老板心不好，我也不要做了。"我忙说道："丽丽，这事与你无关，他们是不要我了，你要想做是没有问题的。"丽丽听了使劲摇摇头："我一开始就看出来了，你和老周都是读书人的样子，是好人。这里老板心不好，给他们做事早晚要吃亏的。"

傅老板这么上门一闹，我反而如释重负。刚好这两天雨水少了些，我盘算着可以就此离开，重新上路了。和老周、丽丽聊了会儿刚才的事情，觉得没劲，就转了话题，聊起了我一直好奇的——丽丽的身世。

三

丽丽在20岁之后又重新在华人的世界里找到了归宿，从此就再也没有离开过这个圈子。

丽丽的父母是来自台湾地区的移民。但她刚出生父母之间就出现了问题，丽丽遂被一对住在科罗拉多州的白人夫妇收养，她从小是在完全与华人世界无缘的环境中长大的。丽丽的养父母虽然收养了她，却对她并不是很好，丽丽说：“他们更喜欢自己的亲生儿女，并不在乎我。我16岁离开了那个家，就再也没有和他们联系过，我的养父母现在也许都已经去世了吧。”

丽丽离家后就独自一人到处漂泊，直到20岁时在美国南方遇到她在餐厅做厨师的前夫。丽丽的前夫也来自台湾，丽丽是从她前夫那里学的中文。“我20岁之前根本就不会说中国话，连中国菜都没吃过，什么糖醋排骨、炒青菜，听都没听过。第一次到旧金山吃到中国菜时我高兴死了，没有想到世界上还有这么好吃的东西。”丽丽在20岁之后又重新在华人的世界里找到了归宿，从此就再也没有离开过这个圈子。

她喜欢吃中国菜，喜欢中国男人，“我交过很多男朋友，最后还是觉得中国男人好，体贴、关心人，吃饭时都会替你买单。老美可不是这样，我以前有个白人男朋友，我们分手时他把以前一起出去吃饭、旅游的账单拿出来要我分摊，我告诉他：‘去死吧！’”

丽丽后来和她前夫移居到旧金山，甚至自己开了家餐厅。从20岁开始，丽丽学会了流利的普通话、闽南话，会用挺不错的汉字写中文菜单，她甚至还能说不少广东话。在我看来，她简直就是个语言天才。不过后来丽丽还是和她前夫离了婚，丽丽说是因为她前夫脾气太坏的缘故。之后她似乎就一直以加州为中心，在美国各地的中餐馆打工为生。

星期二是店休日，我本来和上礼拜刚结识的菲利普约好到他家吃晚饭，可是我既然不在餐馆做事了，自然也无法再住在餐馆的宿舍里。一大早，我把东西收拾好，背着包去按菲利普家的门铃，向他道别。刚好菲利普正要出门去学校，他问明情况后依然坚持要我依照约定，晚上一起吃饭，他说我晚上可以住在他家的客房。我听了也欣然答应。菲利普把我引进门，介绍他太太伊蒂斯与我认识。伊蒂斯也很热情，不过他们白天都各自有事，约好晚上再见，我就把背包放下，回去找老周、丽丽去了。

白天的时候丽丽来告诉我，她已经决定明天就把这个工作辞掉，而且她在旧金山以北一个叫Petaluma（佩塔卢马）的地方认识一家广东餐厅的老板，现在刚好那边要招两个侍者，她和那个老板说好了可以带我一起去。我看着她，苦笑着坦白道，我要去旅行，在这打工是因为天气不好，路不好走。但她却并不能理解我所说的话和要做的事，反而很严肃地对我说："你不能这样只想着玩，男人就要做工赚钱，不然女人不会喜欢你的。"面对着一脸真诚的丽丽，我真是无言以对。正琢磨着该如何让她明白我不是在"玩"，我的胃却突然开始隐隐作痛起来。我有慢性胃病，天气不好时就会犯病。其实就在我出发前的一个礼拜，我的胃病就已经很严重地犯过一次了，差点让我推迟了整个行程。胃疼马上让我改变了主意，我对丽丽说："好，我去。"丽丽一听我终于听从了她的话，立刻高兴起来，忙着打电话通知那家广东餐厅的老板。

四

"我向你们保证，"我说道，"你们是我在整个旅途的起点遇到的第一家美国人，也将是我在整个旅途的终点访问的最后一家美国人。"

傍晚的时候我回到菲利普家。伊蒂斯正在厨房里准备着晚餐，菲利普说他们一家平时吃得随便，不过伊蒂斯今天决定做顿标准的美国式晚餐来招待我。

晚餐桌上，我们边品尝着伊蒂斯做的煎小香肠、蔬菜色拉、烤土豆，喝着加州红葡萄酒，边天南海北地聊起天来。菲利普和伊蒂斯都是在加州出生的，伊蒂斯是个画家，不过用她自己的话来说："还在不断学习中。"她性格沉静、朴实，有一双泛着坚毅目光的蓝色眼眸。菲利普从加州州立大学拿到社会学硕士学位后就去了美国东北的新英格兰，在新罕布什尔州做了许多年的广播节目主持人。后来他辞掉工作，到世界各地，特别是中亚一带工作旅行，主要是做英语教师。他和伊蒂斯都是再婚。在美国，刚开始让我非常吃惊的一件事就是，我所认识的美国人，他们自己或者他们的父母绝大多数都离过婚，不少人还不止一次。所以大家谈起这些事来也毫不隐讳，只当成一件寻常事而已。菲利普和伊蒂斯有一儿一女，儿子欧文九岁，是个非常腼腆、英俊的小男孩，女儿就是可爱的蕾娜。

我和菲利普聊起了当天的新闻，聊到中东局势、伊拉克战争以及穆斯林愤怒的报复。菲利普告诉我，他已经决定辞去教师的工作，把加州这边的房子卖掉，全家搬到马萨诸塞去，他在那边的乡间买了一处农庄，决定重新开始一种与现在截然不同的平静生活。

他从书架上找出那本他说过要给我看的香港女孩子的游记。香港女孩子姓邹，她在2003年独自一人从雅典出发，穿过土耳其，沿着丝绸之路花7个月旅行到新疆，一页页翻动着这本不普通的游记，我心中突然冒出一个念头："说不定这场旅行完了我也可以写本同样的书。"

菲利普告诉我，他们一家和这位姓邹的女孩子相遇在阿塞拜疆，当时菲利普在那里当英语老师。"我们大家在阿塞拜疆成了好朋友，一直都保持着联系。"菲利普边说边疼爱地抚摸着坐在他腿上独自玩耍的蕾娜的满头乌黑的细卷发，"而且我们还在阿塞拜疆得到了这个小天使。"

三年前蕾娜被收养时是个残疾婴儿，她当时整个左边的手、腿都不能活动，或许这也是她被遗弃的主要原因。菲利普夫妇收养蕾娜后一直都坚持给她治疗，现在孩子本来不能动弹的左侧手脚已经恢复了不少，可以自由地走路、玩耍。菲利普似乎很享受我们之间的交谈，晚饭后，伊蒂斯招呼孩子们睡觉去了，而我和菲利普则一直坐在饭厅桌子旁聊到深夜。

第二天大早，我和菲利普一家道别，他们把我送到门外院子里。加州早晨明晰的阳光和二月清冽的空气愈发显出小镇的安静。我们大家一起合影留了念，菲利普握着我的手说：“你到了纽约，马萨诸塞也隔着不远，一定到我们的新家来。”

“会的，我向你们保证，”我说道，“你们是我在整个旅途的起点遇到的第一家美国人，也将是我在整个旅途的终点访问的最后一家美国人。”

告别菲利普一家后我走到小镇上和丽丽约定好的地点，等她去餐馆辞掉了工作，开车来与我会合。一会儿丽丽就来了，我上了车，随着她向三百多公里外的佩塔卢马飞驰而去。车上了向北的101号州际高速公路，看着窗外一块块黝黑宽广、刚刚犁过正等待播种的草莓地，想起我本来要去的方向是南边，可现在却是在往北，不禁摇了摇头。

我在佩塔卢马也只待了不长一阵子。丽丽带我去的那个广东餐馆还算可以，比在霍利斯特的那家餐馆强不少。老板是个香港移民，倒也不是非常难处。这家餐馆客人多，工作忙，收入也好。不过没做上多久我就在席卷北加州的新一轮寒流中不幸中招，先是感冒，后转为急性气管炎，整天剧咳不止。我大概有七八年没有病得这么严重过。这样子什么事也做不了，只好辞了工作，回到旧金山湾区，到朋友家养病了。

但是在佩塔卢马打工的这段时间里，我却结识了一位不同寻常的老先生——Jerry Price（杰瑞·普莱斯）。

那是一天下午，大约快到15:00，餐馆刚刚忙过了午餐高峰，稍稍闲了下来。这时门外不紧不慢地走进来一位瘦高的老者。

这位老者满头银发梳理得丝毫不乱，嘴唇上留着两撇精心修饰过的八字胡，衣着整洁讲究。他吃饭时，店里已经没有其他客人，就一边吃饭一边和站在一旁的我聊起天来。他显然是个友善、健谈而又充满好奇心的人。我俩聊得很投机，杰瑞居然会说一点中文，他说他对中国很感兴趣，

20年前就开始自学中文，而他现在的妻子就是华人。

杰瑞今年72岁，在当地一家投资公司工作，但他同时又是个登山家，攀登过不少著名的山岳，现在正准备去攀登珠穆朗玛峰，创造成功登顶最年长者的世界纪录。我一听，眼睛一亮，登山也是我的一项爱好，我读书时经常开车离开城市到野外去爬山。随着交谈的深入，我和杰瑞找到了越来越多的共同点，彼此备感亲切。

杰瑞是一个叫做“Everest Peace Project（珠穆朗玛和平计划）”私人组织的成员，这个组织的成员来自各个国家，具有不同的宗教文化背景。他们希望通过攀登珠峰来促进人类理解，宣扬世界和平。2008年北京奥运会的时候，这个组织还准备协助传递奥运圣火经珠峰进入中国。当他得知我要横穿美国大陆时，点头称是，指着自己用中文说：“我是‘老疯子’。”又指着我说：“你是‘小疯子’。”说完彼此都大笑起来。

就这样我和杰瑞成了忘年之交。后来我专门回佩塔卢马去看过他。当我完成整个旅程，开始写这篇游记时，还特意打电话给他。还没等我说话电话里就传来杰瑞抑扬顿挫、节奏分明的中文：“你还好吗？我的朋友！”

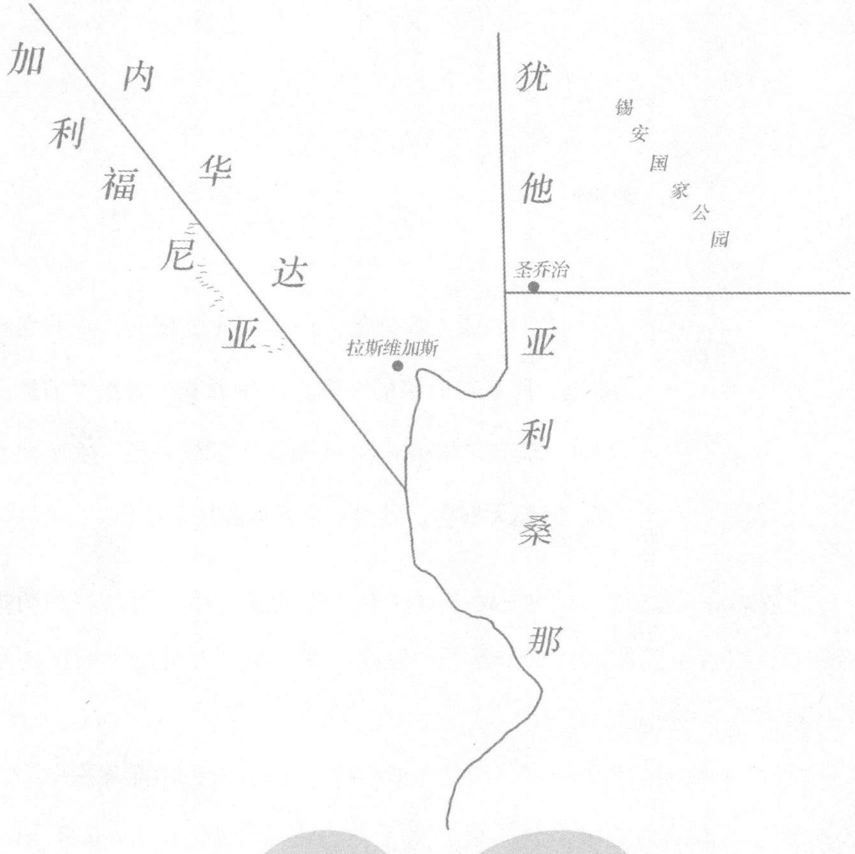

03 重归加州海岸线

一

走到公园入口外的太平洋海岸公路旁，把背包放在脚边，面朝着向南的车道，左手拿着一块出发前就准备好的、写着CARMEL（卡梅尔）的硬纸板，右手向外伸直，竖起大拇指，做出一个标准的搭车姿势。

我因病在旧金山朋友的住处一直休养了两个多星期。朋友们都劝我再待阵子，或者干脆留下找工作算了。但我心意已决，开端的不顺反而激发了我重回旅途的急迫感。

3月一个晴朗的星期天，下午18:00左右，我研究生院的同学开车把我送到旧金山市以南五十多公里处，太平洋边上一个叫San Gregorio Beach（圣格雷戈里奥海滩）的州立公园。这是个面向着太平洋的小海湾，不是很大，翻过海边断崖，可以看到沙滩上布满了海潮带来的流木。我计划从这里开始，先搭车往南到五十公里外著名的海滨观光小镇——Carmel By The Sea（海边的卡梅尔），从那里开始沿着修筑在峭壁上的太平洋海岸公路一直向南加州步行下去。

我们到达时已是傍晚，夕阳正在沉下海平面，公园管理员已经开着巡逻车在公园里开始清场。我匆匆和送我来的朋友拥抱告别，然后背起背包，穿过公路走到海岸边公园的树林旁，躲过正在公园里四处巡逻的管理员的视线，悄悄翻过铁丝网，潜入海滩边一座高冈上的茂密柏树林里。

繁密、阴暗的柏树林里遍地布满了厚实、松软的针叶，我弯着腰摸索

着走到林子深处，选定一棵树冠茂盛的柏树下的平地，因为怕暴露，不敢打开手电筒，只能借着黯淡、消沉的暮色，匆忙抢在黑夜完全到来之前把帐篷搭好，想到夜里气温很低，也就不脱外套和长裤，直接钻入了帐篷里的睡袋中。北加州这个季节夜里温度有时会降到10℃以下，海边风也很大。不过在茂密的柏树林中却也不觉得有什么风，我的帐篷和睡袋都是专门为野外活动设计的，轻小而且保温、防水，地面上铺着厚厚的柏树针叶，躺在里面还是温暖的。

树林外面太平洋海岸公路上偶尔驶过的夜行汽车将强烈的灯光透过树林的间隙不时打在帐篷上，在帐篷里映出一片转瞬即逝的亮光。树林外海潮随着强劲的海风拍在岸滩礁石上发出阵阵轰鸣。而躺在柏树林中狭小帐篷里的我，这时却安然盯着或明或暗的帐篷顶，想到自己的旅程现在终于实实在在地开始了，胸中升起了一股满足感，漫无边际地想了会儿下面的旅程，就在阵阵潮声中悄然睡去。

早上7:00，天才刚蒙蒙亮，我就连忙起来，赶在公园管理员来到之前手忙脚乱地拆掉帐篷，收拾好背包钻出树林，来到海边公园的野餐区，用随身带的小汽油炉烧了些开水，泡了杯热巧克力饮料，吃了两张涂了牛油的墨西哥薄面饼权当早餐。早上8:00的时候，在终于开始变得有些温暖的阳光里，我收拾好东西，走到公园入口外的太平洋海岸公路旁，把背包放在脚边，面朝着向南的车道，左手拿着一块出发前就准备好的、写着CARMEL（卡梅尔）的硬纸板，右手向外伸直，竖起大拇指，做出一个标准的搭车姿势。

这是我有生以来第一次搭便车。来美国6年，我多是自己开车，既没有搭过车，也没在路上遇见过搭车客。

搭便车旅行曾经在美国风行一时。这个风潮始于20世纪50年代美国作家Jack Kerouac（杰克·克鲁亚克）的名著*On the Road*（《在路上》），这本书表达了战后美国年轻一代对传统社会的反叛以及对压抑人性的保守价值观的挑战。那个与“lost generation（迷惘的一代）”齐名、形容二战后美国年轻一代的“beat generation（垮掉的一代）”一词就出自杰克·克鲁亚克的这本书。书中的两个主人公Dean（迪安）和Sal（萨尔）就是靠搭便车跨越美国，在这片大陆上，四处流浪，过着与传统观念格格不入的放荡不羁的生活。

《在路上》这本书在战后的美国年轻人中引起了广泛的共鸣，众多美国青年纷纷仿效迪安和萨尔，走出家门，来到公路上伸出拇指。搭便车在之后的二十多年里成为在美国年轻一代中流行的一种时尚，他们用这种方式来表示自身对传统价值观的蔑视，表达对自由的追求。而《在路上》这本书也几乎成了众多Hitchhikers（搭车客们）的“圣经”。

不过这些都已经是久远过去的事情了。这不再是个容易搭便车旅行的时代和国度。一位30年来一直坚持搭便车旅行的弗吉尼亚记者在他的文章中感叹道：“……这已经是一个不同的国度了。我们早已习惯了那些似乎就潜伏于四周，时刻猎寻着受害者的无差别杀人犯和变态狂带来的恐惧。我们也总被那些不断在新闻报纸或电影屏幕上看到的恐怖分子、疯狂爆炸犯、虐待狂以及各种精神变态者搞得心惊胆战。我们极其谨慎地对待那些进入我们生活的陌生人……"

在路边上站了会儿，向外伸直的右手开始酸痛起来。可我这时却一动也不能动，因为是第一次搭车，心里没底，怕手一放下便错失机会。等了约半个小时，没等来愿意载我的过路车却等来了警察。

二

Roo（鲁奥）摇摇头说："天气预报说了，下午开始又要有暴风雨，你今晚不能再睡外面了。"

一辆车身硕大的警用越野车闪着警灯停在了我前面的公路旁，一个金色头发、身材瘦削的警察下了车。他不紧不慢地走过来，然后明知故问地问我为什么站在这里。我面色坦然地告诉他我是在穿越美国，要从旧金山一路到纽约去，现在需要搭个便车去卡梅尔。

警察听了我的解释点点头说道："你知不知道在这里搭车是违法的？"我一脸无辜地说："我不知道，我也是被别的司机放到这里的。"

他面无表情地看了看我，然后说："这样吧，你不要站在有路面的公路上，站到公路外的泥土地上去。"

我一听就知道这个警察是要放我一马，马上移到边上的泥土地上，其实也就是半步不到的距离。那警察又点点头，说声："祝你好运。"回到警车上，一踩油门从我边上飞驰而去。

大概是这个警察的出现给我带来了好运，他刚离开十分钟，一辆暗灰色的福特小轿车

就在我身后的公路旁停下，一个红脸膛的胖子把头伸出窗口向我喊道："10英里！我只能载你10英里！"我也大声喊回去："没问题！谢谢你！"然后把地上的背包一扛，转身就向他的车狂奔而去。

在旅途中第一位停车搭我的过路人是一个渔夫，名字叫Roo。他深夜出海捕鱼，清晨回港，给旧金山市区的餐厅送完鱼，正在回家休息的路上。在车里他听我昨晚是在海边树林里过的夜，便摇摇头说："天气预报说了，下午开始又要有暴风雨，你今晚不能再睡外面了。"说完还特意指着遥远西方海平线上已经开始堆积起来的云层以证实自己的话。

没走多久，我们就来到一处海岸边的灯塔下，这个灯塔看上去有些年头了，入口处的牌子上写着这个灯塔属于加州政府指定的历史纪念建筑物。灯塔下面一字排开四五栋军营似的平房。原来是家Hostel（青年旅馆）。

在客栈门口告别了Roo，我便走进去登记住宿。这家叫Pigeon Point Lighthouse Hostel（鸽子岬灯塔的客栈）地点虽然偏僻，但因为是修建在长

长的伸向大海中的一片礁岩之上，风景壮丽，所以住客还不少。我到柜台登记时里面的工作人员调整了好一阵子，才在一间狭小的五人房里给我腾出一张床来。

安顿好行李，出去四下里转了转，还没一会儿天空中就已乌云密布，狂风大作。我连忙跑回客栈，刚进屋，大雨就倾盆而下。外头下大雨，我待在屋里不能出去，就在客栈里四处走走，看看能找点什么事情来打发时间。

走进客栈不是很大的接客室兼图书室，屋子的长沙发上躺了个赤膊的白人小伙子正在看书。小伙子满头金色卷发，翘翘的鼻子，一脸雀斑。我向他打了声招呼，他于是放下书很快活地和我聊起天来。小伙子叫Benjamin（本杰明），是个来自瑞士的大学一年级学生，这次他是休学到美洲来旅游的。

听说我要横穿美国，他那一双蓝色的眼眸顿时闪烁出光芒："太棒了！有机会我也要这么做一回。"他得知我要去卡梅尔，就说这雨大概会下到明天，刚好后天他计划去南边的Santa Cruz（圣克鲁斯）冲浪，可以用车捎我一程。

大雨一直下到第二天。早上起来出不了门，本杰明也没地方可去就跑来找我打牌，打了一会儿他发现很难赢我，就不想玩了，干脆把牌一丢和我聊起来。本杰明的父母都是医生，"他们很有钱,有空都是去各处的风景名胜度假，不过我喜欢自己一个人到处跑，自由自在，这样更有意思。"

我知道他下面的目的地是南美，就提醒他那边治安不是太好，一人去要小心。"我才不担心呢！"本杰明却毫不在意地笑道，"我什么地方都能交到朋友，没有什么事情是我对付不了的。"他说的这点我倒是相信，从本杰明那副略带狡黠而又开朗的笑容里就能感受到他充满魅力的性格。

等到中午时，大雨忽然停了，乌云散尽，天蓝如洗，大海也风停浪息，忽然间四周如天堂般平静、祥和。看到这些，我做的第一件事就是赶快去把床位退了，天气既然如此之好，那我今晚又可以去野外宿营，没必要在客栈里花钱。昨天在客栈四周闲逛时就注意到了附近一处面朝大海、背靠断崖的沙滩，如果天气不错的话，那会是个很好的宿营地。

我背着包顺海岸线往北走了大约一两公里到了那处海滩。在沙滩上搭好帐篷，可心里还是没有底，考虑了一下就又多费了点力气，用沙子把帐篷四周细细埋好，再到海滩上拾来一些被海潮冲上来的木板等重物密密地压在帐篷四周。后来的事实证明了我当时这个灵光一动的决定是多么的正确。

一切准备妥当后，在沙滩上用汽油炉煮了一袋方便面当做晚餐。草草吃完饭，趁着黄昏前的光亮写完当天的日记。

这时天边的夕阳用它金色的光芒，在簇拥于海平线上的云朵间不断勾勒渲染出变幻莫测的绚烂晚霞，独自坐在海滩上，我静静地享受着大自然这幅壮丽的景象，直到最后一丝光亮从天空中悄然隐去，换上满天繁星。

回到帐篷睡到半夜，却被噼里啪啦打在帐篷上的雨点惊醒。半夜睡在无遮无挡的沙滩上，头顶连根树枝都没有，这时的我已是进退不得，心中只有暗自祈求这雨就此为止，不要再下了。可是事与愿违，先是小雨，然后越下越大，最后竟然成了滂沱暴雨！雪上加霜的是，狂风也伴随着暴雨而来。空旷的沙滩上，我可怜的小帐篷在暴风骤雨中被吹得摇摆不定，时刻都像会散架似的。

在帐篷中我焦虑了许久，万幸的是帐篷的质量还不错，在强风中好像还能支撑得住，我用沙子和木板把帐篷周围压得严严实实，所以也没有漏什么雨水进来。等了会儿稍微安心了点，这才又似睡非睡地躺下。

到了早上5:00，天色微明，我再怎么也睡不着了，想着赶快起来收拾东西回客栈去。可是外面风雨依旧，让我根本就没法出帐篷，无奈中只好躺在帐篷里等待着雨停。

这一等就从清晨5:00一直等到上午10:00。

三

“万一有什么紧急情况，随时可以打给我。”她微笑着对我说道。分手时，她张开双臂给了我一个拥抱，用柔和甜蜜的声音在我耳边说道：“一路平安，我的朋友。”

过了中午，按照约定，本杰明和我们在客栈认识的另一位朋友杰里搭上我到了圣克鲁斯市，他们把我放到城市南边的一条繁忙干道边就告别了。

没多久一辆绿色的斯巴鲁汽车停了下来，是个年轻美丽的混血女士。这倒让我吃了一惊，因为几乎每一个经验丰富的搭车客介绍搭车经验时都说不要指望女人——特别是年轻女人，会让陌生人搭车。

为我停车的这位女士叫Dionne（迪翁），是从硅谷开去南边的Monterey（蒙特雷）看望她的父母。在车上我忍不住好奇地问她为什么会愿意停下来载我，我向她坦白我可从没有指望过像她这样的年轻女士会让我搭车。迪翁听了微微一笑告诉我说，就在她遇到我之前，高速公路上刚刚发生一起严重车祸，一辆小轿车被辆大卡车撞成一堆废铁。“看到那幅惨景，我心里真是后怕。”迪翁边开车边说，“我今天要是早出门五分钟，或许现在在那堆废铁中的就是我了。一想到这，我心中就对生命充满了感激。看到你在路边要搭车，就对自己说干嘛不呢，于是停了下来。”她接着补充道：“再说见你衣服整洁，长相和善，看上去像个好人。”

到了蒙特雷，迪翁突然说道：“反正这里离卡梅尔也不远了，我直接开车送你过去好了。”于是她一直将我送到了卡梅尔以南的一处路旁的公共海滩。

下车时迪翁抄给了我她的手机号码，“万一有什么紧急情况，随时可以打给我。”她微笑着对我说道，然后又从后座的一个竹筐中捡出两个金色的大橘子塞给我，这都是她从自家花园里的橘子树上采摘的，本来是要带给她父母的。分手时，她张开双臂给了我一个拥抱，用柔和甜蜜的声音在我耳边说道：“一路平安，我的朋友。”

卡梅尔是我计划开始徒步向南行进的起点，只是当迪翁把我在这里放下时，已经快是黄昏了，所以我决定晚上就在此地宿营，等到明早再走。

前方是个山冈，沿着公路一路往上走了大约两三公里的样子，我来到一个海边高冈上。公路两旁都是密林，看路边上的指示牌，原来是个叫Carmel Hill（卡梅尔冈）的地方，公路旁的茂密树林间隐约可见几户人家。

天色将晚，我决定先到路旁的人家打听一下，看能不能让我在他们院子里搭帐篷过个夜。

我顺着公路来到右手第一户人家。这家院子的入口就是一排大树间的一个缺口，没有真正意义上的门，入口处的两棵大树树干上挂着几只木制白色和平鸽，还有一块长方形的木牌，上面用白油漆写着“Point Joe”。入口处既然没有门，也就没有门铃，我探头看不到任何人影，于是只得小心翼翼地走了进去。

我有些忐忑不安地站在院子中四处张望了一下。院子很深，到处都是高耸的柏树，遍地繁茂的鲜花和青草，其间疏散地点布着几栋房子。透过层层树枝和灌木丛，隐约可以看到不远处高冈下的太平洋。这个院落给人的感觉与其说是处带着花园的住宅，倒不如说是有几处住宅的花园。

靠近入口处是一栋南欧风格的白色两层小楼，楼前停着三辆汽车。我等了半天也找不到人，只好站在院子正中提高嗓门大声问道：“对不起，有人在吗？”

话音刚落，一个推着辆园丁用独轮车的魁梧身影就从小楼旁边的花坛后出现了，是一个满头花白头发、样子朴实的白人长者。他听完我的请求以后让我稍等一下，然后走到树林里的一座平房里，等了会出来对我说：“我和我太太哈妮商量过了，你不用在院子里过夜，我们有间客屋，你就住那好了。”说完就领着我向院子中树林的深处走去。这个长者就是乔伊。

院子的尽头是这个面向太平洋的高冈的边缘，下面是个不很深的峡谷。在峡谷之巅，葱郁的灌木林间有座外表普通的孤立小木屋，乔伊把小木屋的门拉开对我说：“你就住这吧。”

等乔伊离去，我把木屋四下仔细看了个遍，才发现这可不是一栋普通的木屋。木屋的外表虽然朴实无华，但里面却完全是另一片天地。

整个屋子收拾得干净整洁，地板、墙壁都用的是上好的木材，涂着透明光滑的清漆。屋子中间是一张宽大的木质双人床，一丝不乱地铺着暗红色的床单、被套，床头柜上的花瓶里插着一束与床单颜色相同的玫瑰。木屋虽小，但炉灶、厕所、浴室一应俱全。四周墙壁书架上雅致、得体地布置着各种各样的装饰品：从欧美的风景照片油画，到非洲的面具雕刻，再到亚洲的斗笠、竹编。从房间内的这些摆设可以看得出主人游历广泛，品位不俗。

木屋西边是一整面大玻璃窗，没有窗帘也不需要窗帘，因为外边面对的只有翠谷蓝天和整整一面的大海。从窗口望下去，紧贴着小木屋外墙的是个布满绿草、青藤的峡谷，峡谷的斜坡上长满了一簇簇洁白的马蹄莲。一条山涧在覆满花草树木的峡谷间径自流到高冈脚下。翠绿的斜坡从窗口一直延伸到高冈脚底一处隐秘的小海湾，可以看到白浪一波一波地涌上新

月般的一片沙滩。这样一个温馨、可爱的小木屋和眼前秀丽、壮阔的美景让我屏住了呼吸，这一切并不是我能想象得到的。

天刚黑，乔伊来对我说，院子里的活还没干完，他今晚没时间来招待我。我连忙道谢，说不用麻烦了，我明天一早就走。他一听就大着嗓门说："留下！留下！多待两天，我可以带你到附近好好走走。"说完又递给我两个鸡蛋，说是他们夫妻俩自己养的鸡生的蛋，让我自己做来吃。

四

"五年前我和朋友去看橄榄球赛，在那里我遇到了哈妮。我们俩是高中同学，高中一毕业就各自分开，四十多年里我们再也没有见过面，但那次还是第一眼就认出了彼此。哈妮当时也是独身，过了一年，我俩就结婚了。"

我在Point Joe一共待了三天。每天乔伊都开着车带我在卡梅尔一带游逛。卡梅尔是个在美国享誉盛名的观光地和富人居住区，号称"美国西岸最优美的一段海岸线"。"17 Miles（17英里）"就在卡梅尔。沿着"17英里"的海岸线，在岸边礁石和柏树林间星罗棋布地密集分布着众多世界级的私人高尔夫球场。卡梅尔镇上典型欧式风格的主街Ocean Avenue（海洋街）上更是布满了一间间精致的名牌服装首饰店和画廊，那些画廊里不乏各个大师的名作。

卡梅尔的街道上什么时候都熙熙攘攘簇拥着来自世界各地的观光客，这一带的房子都是百万美元起价，上千万美元的豪宅也是毫不稀奇，许多富人都以能在卡梅尔拥有自己的一套豪宅为傲。

乔伊说话缓慢、简洁。当他带着我到卡梅尔镇和他们家在镇外海边拥有的山林参观时，告诉了我许多有关卡梅尔，还有自己和他妻子哈妮的家族的故事。

乔伊和哈妮都在卡梅尔生、卡梅尔长，哈妮她们家族在卡梅尔已经是第四代了。哈妮的父亲是位医生，早已过世，母亲辛西娅还健在，刚过完90岁生日，现在就和乔伊夫妇住在一起。

“卡梅尔早年是个没有名气、非常平静的小镇。我小时候镇上没什么观光客，居民也大都是本地的渔民。20世纪70年代开始，这里一下子成了观光名胜地，从各处涌来了大批旅游者和新住户。结果使得房价、地税飞涨，很多以前世世代代住在这里的人家都搬走了，现在卡梅尔这些房子的主人绝大多数是后来才来的，”乔伊边开车边指着林荫道两旁密集的庭院说着，“很多人甚至根本就不住在这里，他们在这买房只不过为了能够向别人说：‘我在卡梅尔有处房产。’晚上你出来看的话，这里有一半的房子漆黑一片没有住人。”乔伊摇摇头说，“我们正在失去邻里这个概念。”

乔伊带我到卡梅尔镇中心去看了他出生、长大但早已不属于他们家的房子。然后谈到了他的家族：“我的祖父是个葡萄牙水手，

19世纪70年代他是随船到旧金山时跳船游到岸上来的。我父亲很早参军，最后在陆军里做到上校。他从军队退役后回到卡梅尔，自己买了条船当了个渔民。高中毕业后我进了大学，可却发现在大学里找不到我想要的东西，于是就退学加入陆军去了欧洲……在委内瑞拉旅行时我遇到一个德国女孩子，我跟她去了德国，在她家乡小镇的建筑工地上找了个活干。不过我俩最后还是没成。后来我去了伦敦，在一个酒吧做调酒师。一天深夜，一个混蛋在大街上找我麻烦，我一拳把他揍得满脸开花，不过打完后才发现警察就站在我后面，于是我被关到监狱里去了。

“我一直这样四处游荡，一直到去了澳大利亚。我在澳大利亚待了差不多两年。37岁那年，一次出外旅行时，两个当地青年偷了我的汽车。汽车上有我的全部家当……这件事对我也是个转折，觉得是该回家的时候了。于是我就回到卡梅尔，接过父亲的渔船，也做了个渔民。”

乔伊带我到他们家的山林里，那是Rock Creek Canyon（红岩谷）。紧靠太平洋海岸线的大山，著名的太平洋海岸公路就从这座山的山脚擦过。整座山占地很广，山势既高又陡，一条极窄的土路从山脚曲折盘旋着直到山顶。山脚下是条深谷，密密麻麻地长满了各种树木植被，其间有一条水流湍急的小河从峡谷尽头、山脉深处蜿蜒而来，直奔数里之外的太平洋而去。

乔伊开着切诺基吉普车载着我在长满野草的土路上左右剧烈摇摆着绕着山坡环行而上。翻过山顶来到东面，在道路尽头，密林的空地间有栋不小的木板屋。乔伊告诉我这是哈妮父亲当年搭建的，冬天度假的。乔伊在四周看了看，确认连日的大雨没有给木板屋带来什么损害后就带我下到山谷去看看夏天的度假营地，顺便确认营地和峡谷里的山道有没有因连日暴雨而受到暴涨的河水的影响。

我们走在密林间的小道上，乔伊接着前面的话题聊着：“我回来后结

了婚。可是作为一个渔夫，我早上3:30就要出海捕鱼，回港后还要到各处餐馆、商店兜售捕到的鱼，每天等回到家都是晚上20:00了。我前妻无法忍受这样的生活，最后我们就离了婚。”

乔伊弯下腰，用手捧起一朵歪倒在小道旁娇嫩的白色小花仔细看了看，然后直起身说：“但是我喜欢做个渔夫，大海这么美，独自驾船在大海上，可以不用想各种各样烦心的事情。后来渔业这行越来越难做，我卖鱼的收入还不够油钱。既然无法再靠捕鱼为生，我只好把船卖掉，放弃了渔夫这个行当。”

在一处靠近山崖的转弯处，乔伊伸手拾起一块从路边山崖上崩落下来的状似花岗岩的石块，将其放在双手间一拧就立刻粉碎成一堆沙砾。他捧着沙砾让我看，“这种石头看着坚硬，其实早就被风雨侵蚀透了。不过倒是铺院子的好材料，等会儿我要用车上的大桶装几桶回去。”

这时我才注意到乔伊的一双大手布满了累累伤痕，两只大拇指严重变形，左手手掌中间凹下一大块，五个手指也无法伸直。他看我注意到他的双手，便竖起左手大拇指说：“这是我以前做木工钉钉子时自己用榔头砸的。”再竖起右手大拇指说：“这是年轻时被朋友不小心用车门夹的。”最后又举起整个左手对我说：“我还在当渔夫时，一次出海捕鱼，我在甲板上左手拿着根雷管在抽烟，烟上的火星溅到雷管上，雷管当场在我手中爆炸，五个手指全部炸翻过去，仅靠皮连着。后来直升飞机把我送到医院做断指再植，当我从昏迷中醒过来，看到手指头一个不少都还在时，真是非常高兴。”这时我才注意到，乔伊的左手虽然完整却使不上劲，握起东西来很吃力。

我们走出密林来到一处能看到大海的空旷地带。“我离婚后本来没打算再结婚的。我不在乎孤独，也准备好了这辈子一直独身到死。我对自己的人生很满足，去过很多地方，经历过很多事情，交过很多女朋友。我没有什么值得悔恨的事情了。”

乔伊说完这句想了想又说：“也不全是，有次见到年轻时的女朋友已经长大成人的女儿时，心里突然感觉挺难受的。”乔伊说到这看了我一眼，“不过你也知道，那也算不上是真正的悔恨。”

乔伊慢慢往大海的方向走去，“五年前我和朋友去看橄榄球赛，在那里我遇到了哈妮。我们俩是高中同学，高中一毕业就各自分开，四十多年里我们再也没有见过面，但那次还是第一眼就认出了彼此。哈妮当时也是独身，过了一年，我俩就结婚了。”乔伊转过身来，“人生就是这样子，你永远不知道会有什么事情发生。”

五

那天我们大家一起一直待到很晚，当最后互道晚安时，我走到门口，回过身对他们说："I really love you all."哈妮说："We love you too."

在Point Joe的日子里，每天清晨我就早早醒来，窗外的景色让人不愿虚度待在这里的每一刻时光。

在晨曦中走出木屋，顺着山坡树林间的小路走一会儿就会到一块长长伸入海中的半岛状礁石，走到礁石的尽头，隔着一段极其狭窄的海面有块巨大的岛礁叫Bird Rock（鸟岩），鸟岩上什么时候都密密麻麻地站满了各种海鸟。

加州的海岸没有台风，所以紧贴海边的断崖上覆盖着各种各样娇嫩、美丽的野花，这样的海岸风景在别处难得一见。鸟岩的边上有个很小的海湾叫China Cove（中国湾），之所以取这个名字，我从插在小路边上的一块木牌上看到，是因为一百多年前来自中国的移民在这个小海湾一带搭屋造船，把这个小海湾当做他们出海打鱼的港口的缘故。

翻开美国西部史，尤其是加州的开发史，可以看到那同时也就是一部中国移民在美国的奋斗史。早期华人劳工的足迹遍布加州每一个角落，使

得加州从南到北，从繁华的海岸都市到荒凉的内陆山野，到处都有不少以“中国”为名的地址地标，像旧金山北边的China Camp（中国营地）和市区西边，地处豪宅区的China Beach（中国海滩）（距旧金山以南不远的旅游胜地蒙特雷市也有一处相同名字的美丽海滩）以及加州和内华达交界处的内华达山脉上的China Peak（中国峰）、莫哈韦沙漠里的China Lake（中国湖）、死谷中的China Ranch（中国庄园），等等。

一百多年前，当加州还只是以闭塞、落后闻名的美国新边疆时，华人劳工就已经来到这块干旱、荒凉的陌生土地上筑路开矿，耕种捕鱼，让铁路跨越平原、沙漠和群山，从东边延伸到加州的海岸，把人员、货物还有繁荣从东海岸带到了这里。华人劳工们还劈山挖沟，将引水渠从遥远北边的内陆雪山一直修筑到南加州，使得本来只是一片干涸荒原的洛杉矶成为风景宜人、遍地绿树草坪的国际大都市。可以毫不夸张地说，没有华人劳工，就不会有加州今天的繁华。

中国湾不大，整个海滩也就一百米左右，两边长长伸入海中的岛礁像一双臂膀将海滩搂在怀中，将这个小海湾与外面的广阔海面区别开来，自成一片天地。每天早上当我一个人在三月明晰的晨光中走到这里时，总能见到十多只海豹排成一溜躺在沙滩上享受着清晨的第一缕阳光。白沙无染，碧水如镜，这里实实在在是一个不为人知的世外桃源。

住在Point Joe的小木屋，洗澡和上厕所不再是一件不得不做的例行公事，而完全成了一种充满乐趣的享受。小木屋的淋浴室就是屋后空地灌木丛间用木板围起来的一小块空间，地上似乎随意却又别致地铺着一块边缘不规则的大理石板，周围撒着些五彩斑斓的小鹅卵石和大小不一的各种贝壳。有趣的是，这个淋浴室没有天花板，完全露天。夜里洗澡时，可以一边抹肥皂一边看夜空的繁星。下雨天则更有意思了，里边没有一般封闭浴室的闷热雾气，呼吸着海边树林中自然清新的空气，莲蓬头喷出的带着

呼呼热气的水柱夹杂着冰凉的雨珠打在赤裸的皮肤上，全身在阵阵热流中又感觉到点点清凉。头顶无遮无盖，从木板的缝隙间偶尔伸进四周灌木丛的几根枝叶，树林里鸟鸣不止，不经意间还真能洗出一种天人一体的感觉来。小木屋的卫生间在木屋西北角。西墙也是很大一块窗户，坐在马桶上刚好面对窗口。几簇洁白的马蹄莲就长在窗外，眼前是翠谷柏林，透过树林可以看到山坡下的银沙碧浪，此感难述，此景无价，也就由不得我每次上厕所时不多坐会儿。

四月一日是星期六，也是我决定离开Point Joe继续旅行的日子。离去前一天的晚上，乔伊和哈妮开了个小小的送别晚餐会，请来哈妮的妹妹、哈妮的妈妈辛西娅以及两位住在附近的好友到家来一起为我送行。哈妮的妈妈辛西娅今年已经90岁了，也住在Point Joe，由乔伊和哈妮照顾。虽然辛西娅已90高龄，脑子却依然清醒，而且还是位很有幽默感的老人家，当我们聊天时无意中说起战后欧洲的一些事情时，辛西娅故意问道："你们这是在说哪个'战后'啊？你们跟我说话时可得注意，我经历过两次世界大战。"顿时引来大家的笑声。

吃完饭，哈妮给我们大家放了2005年10月，庆祝辛西娅90岁生日时的派对录像。那个生日派对从早上一直持续到深夜，并且不止一个会场，从辛西娅在卡梅尔诞生的老房子开始，依照她在卡梅尔成长生活的轨迹，特意布置了不同的会场，辛西娅就在不同的会场间移动，接受人们的祝福。

晚餐桌上，哈妮挽留我道："天气预报说后天又要开始下雨了，你干嘛不多待阵子，去找些书坐在屋子里慢慢看，等天气好些再走吧。"

我听了认真地回答道："我前面还有很长一段路，必须得走了。其实我也想在这里多留些日子，很幸运能够认识你们，得到你们的帮助，听到你们的故事。我会记住你们的，结束完旅程我一定会再回来看你们。"

乔伊说道："在路上要时刻警惕，不要总依赖运气，好好旅行，要平安无事，哪天你要回来，通知我们，我开车去机场接你。"哈妮也说："到了纽约打电话来，我把我在纽约一些朋友的电话号码告诉你，都是非常好的人，有事情可以找他们帮助。"乔伊又说："如果你有朋友到加州来，让你的朋友来这里，我们会好好接待你的朋友。"

我们大家一起一直待到很晚，当最后互道晚安时，我走到门口，回过身对他们说："I really love you all."哈妮说："We love you too."

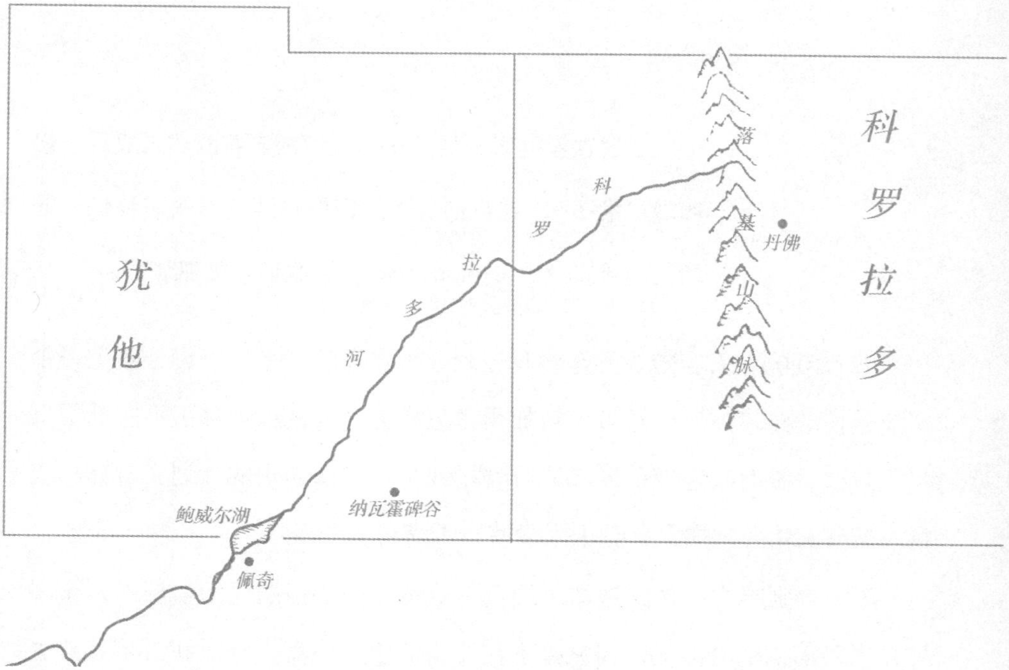

04 从太平洋到莫哈韦沙漠

一

“过铁丝网时，蚊子——我们把警察的巡逻直升飞机叫做‘蚊子’，到我们头上用探照灯照来照去。我们一起的人冲我直说：‘Holga，Holga，我们要被抓住了。’”

早上10:00左右，哈妮开车将我送到卡梅尔镇外太平洋海岸公路上一个车流繁忙的路口。我已经被今年加州海边看上去大概永远都下不完的雨倒尽了胃口，临时决定取消原来顺着海岸线步行到南加州的计划，打算尽快搭车离开海边，转向东，到雨水少些也干燥得多的内陆去。

挥手告别哈妮，在路边站了约三十分钟，一辆银灰色的丰田面包车斜停在了我面前的公路上。司机是个拉丁裔的中年妇女，她听我讲了我要去的下一个目的地后就说：“我也去那个方向，可以搭你大约两个小时的路程。”我们就贴着海岸线，沿着太平洋公路向南飞驰而去。

搭我的人叫Holga，说话挺干脆直接。她在一家福利机构做看护，主要照顾行动不便、需要帮助的老人。她今天是去太平洋海岸线南边的一处

海滩收集雨花石，用这些收集的雨花石做各种首饰是她的爱好。我大致向Holga介绍了我的计划和行程，当她听说我是在穿越美国时，就说：“要是哪天你去南美洲旅行的话，可以去洪都拉斯，我从那里来，我

父母姐妹现在都还在洪都拉斯，你如果去可以住在我们家。”

在路上我们聊起了各自的经历。Holga是22年前只身从洪都拉斯来到美国的。“我先到墨西哥，然后从边境偷渡过来的，”她边开车边平静地述说起那些往事，“那是夜里，我们一队人潜伏在边境线上，旁边就是移民局的检查站。过铁丝网时，蚊子——我们把警察的巡逻直升飞机叫做‘蚊子’，飞到我们头上用探照灯照来照去。我们一起的人冲我直说：‘Holga，Holga，我们要被抓住了。’我回应他们，‘他们抓不到我们，我们才不会让他们抓到我们！’”

“进了美国，我在加州一带到处打工。刚开始的时候很苦，我没有身份，只能打黑工，每天工作12个小时却只能拿到一点点钱。后来我嫁给了我前面的丈夫，可他抽烟抽得太凶，最后得癌症死了。不过还是得感谢他，他给我留下了我现在住的房子，也让我在美国有了合法身份。”

这是加州海岸线一年中最美的季节。今天是个近来难得的晴天，阳光灿烂。公路左边绵延的山脉朝向大海的一面山坡完全被春天嫩绿的青草覆盖，像一面绵延不绝的绿毯从顶峰一直延伸到公路右边、陆地尽头的大海边缘。

太平洋海岸公路是一条知名的观光公路，Holga偶尔会在路边特意为过往游人开辟的展望台停下，让我有机会拍几张照片。

拍完照回到车上，我们继续上路。“十年前我遇到了现在的丈夫，”Holga接着讲她的故事，“我今年56岁，你知道我丈夫多大吗？”我摇了摇头，她看了看我，然后说：“他大概要比你大一些，今年34了。我们是在教会认识的。那时他正在找房子，刚好前夫去世后我一直一个人住，家里有好几间空房，我就租了一间给他。我丈夫的父母也是拉丁美洲移民，不过我丈夫是在这边出生长大的，所以他和我不一样，都是美国人那一套。我丈夫那时候有事没事就来找我，后来我看出来了就直接对他说：‘你想和我约会吗？那好，但你可得想好了，不要后悔。’就这样，我们两个到了一起。”

海岸公路沿着山脉和海岸线蜿蜒曲折地路过白色沙滩，翻过峭壁，穿过片片树林，不断向前延伸着。在行驶到一处跨越海湾的临海拱桥时Holga把车停住说：“我就到这里了。”

告别Holga，很快我就又搭到了车。司机是个刚从捷克到卡梅尔一家贸易公司出差的小伙子，星期六公司不上班，他就租了辆车独自沿着海岸线兜风。我的目的地是前面大约六十公里外一个叫Cambria（坎布里亚）的海滨小镇，打算从那里转到往东的46号公路上，离开海岸线，向东边内陆进发。这个捷克小伙子听了就说他反正也是出来兜风，可以直接送我过去。

到坎布里亚的时候已经是下午四五点了。我想着时间已不早，晚上就在此地宿营，等天亮再走。到了太平洋公路与46号公路的交会口，下车告别了那个捷克小伙子，我刚把背包背上肩还没等站定，一辆丰田越野车就在我身前戛然而止。

驾驶席上是个皮肤黝黑，寸发，戴副黑框眼镜，文雅、干练的拉美裔年轻人。他微笑着对我说：“上车吧。”我心里是既喜出望外又充满感激，因为我根本就还没有做出要求搭便车的手势。这个小伙子住在坎布里亚，在镇上一家墨西哥餐馆当侍者，他这是到东边约三十多公里外的一个城市去与朋友踢足球。

没多久我们就到了这个叫Paso Robles（帕索罗布尔斯）的城市，搭我的拉丁裔小伙子把我放在城南郊的高速公路旁就离去了。可是当他离去，等我拿出地图来研究时才发现一个问题：我要去的是东边，而要去东边的话，得先穿越这个城市。我现在需要进城，可看了看四周，小城在望，眼前却除了这条高速公路外就没有任何普通道路可以进城。美国各州都严禁行人在高速公路上行走，再说在昏暗的暮色中这样做也实在是危险。

二

我问戴维："你知道那个地方吧？""嗯，我知道。"戴维边开车边不动声色地说着，"我从那里来，我就是纳瓦霍印第安人。"

我在高速公路旁四下找了半天，偶然发现一条铁路伴随着一条小河往北而行，我于是沿着铁路北行，走了二十多分钟终于来到了城市的边缘。

在帕索罗布尔斯城外的树林间过了一晚，第二天早早起来，烧水煮面吃完早饭我就又上路进了城。

走进城里却迷了路，我带的是加州地图，现在这个城市在地图上面只是由一个小圆圈来表示，根本就帮不上忙。当我背着背包，手里拿着地图，在街上问路时，一个刚好从旁边走过、头裹一条黑色海盗头巾、满脸络腮胡、戴副墨镜的瘦高个男子给我指了路，我向他道完谢，就按照他指的路线走去。还没走多久，一辆很破旧的皮卡从后面超过我，在我前边的公路旁停住，我一看，司机就是刚才那个男子。他向我招手，让我上车。

男子名叫托尼，他说反正现在也没事，可以送我出城到东郊。路上托尼告诉我，他还是高中生的时候和弟弟两个人也靠搭便车去过不少地方。到了城郊，来到一条往东的公路上，托尼把我放在了一处有个加油站的十字路口。“这种地点比较容易搭到车，”托尼笑着冲我说道，“没办法，伙计，本来想再多送你一段的，可是我的车快没油了，现在油价又实在是贵得没谱。”

目送着托尼离去后，我走进加油站的厕所，放下背包拿出毛巾、刮胡刀，也不管周围人们诧异的眼神，抓紧时间在洗手池前洗漱起来。一个人在路上，肮脏、邋遢的外表只会令人敬而远之，甚至招来不必要的麻烦，所以一路上，我从来不放弃任何一个可以清洁自己的机会。

洗漱完毕，我走到加油站小卖部的柜台边向店员讨了个空的硬纸箱，把它拆开，用小刀裁出一块长方形的硬纸板，拿出背包里的黑色蜡笔在上面用粗粗的笔写上MOJAVE（莫哈韦），然后就拿着硬纸板走到路口，站在公路边，举着牌子面向东行车道做出了要搭便车的手势。

莫哈韦是南加州内陆的一个小镇子，它位于著名的内华达山脉南麓，美国最大的沙漠——莫哈韦沙漠的西北角，这个小镇的名字就是由莫哈韦沙漠而来。我下面的计划是先搭便车到莫哈韦镇，然后沿着内华达山脉南麓穿越莫哈韦沙漠北端到内华达山脉东侧的Lone Pine（隆派恩镇）。再从那里进入内华达山脉，去攀登内华达山脉的主峰，也是美国本土最高峰——Whitney, Mt.（惠特尼峰）。

但从我现在所在的北加州滨海地区去深处内陆的莫哈韦大约有三百公

里，路程长不说，更麻烦的是没有主要道路从这里直接连到莫哈韦，中间要曲曲折折转好几条不同的国道和州道，这就意味着我很有可能要断断续续转搭多次车才能到莫哈韦，我估计最快大概也得要花上两到三天。

路边等了约二十分钟，我正全神贯注地盯着迎面而来的车流时，前面一辆停下来正准备左拐进加油站的大卡车的司机从驾驶室窗口探出身子向我大喊道："在你后面！在你后面！"我闻声莫名其妙地回头一瞥，这才看到一辆有些年头的凯迪拉克轿车已经停在了我身后的路旁，它在公路旁土地上扬起的灰尘还没散尽，看来也是刚刚停下。我兴高采烈地从地上拎起背包往肩上一扛就跑上去。

这时凯迪拉克的司机已经打开车门走了下来，是个长着副黄种人的面孔，身材矮胖、皮肤黝黑、其貌不扬的中年男子，头上随随便便地扣着顶邋里邋遢的棒球帽。进了这辆凯迪拉克，才发现车子里头不少小部件早已松动脱落，或者干脆消失了。暗红色的真皮座椅色彩斑驳，布满了显示漫长岁月的丑陋裂纹。座椅和地板上乱七八糟地堆满了空饮料罐、吃剩下的点心袋，还有随意堆放着的行李、衣服。中年男子为我把副驾驶席收拾出来，让我能坐上去，然后我们就朝着东边飞驰而去。

"我刚去北加州看了我女儿，现在回亚利桑那的家，"他答道，"我等会儿就会路过莫哈韦，大约三个小时我们就能到。"

这个中年男人叫戴维，他在得知我试图穿越美国后，就不解地问我去莫哈韦做什么。当我告诉他我是准备要从北端徒步穿越莫哈韦沙漠时，戴维更是觉得莫名其妙地说："那地方可是荒漠，什么都没有呀？"正当我想着该怎么解释他的疑惑时，戴维又自己回答了自己的疑问："我明白了，你就是想那么做罢了。"

戴维问起我下面的打算。我告诉他，过了沙漠，登完惠特尼峰后，我准备从隆派恩搭车往东到Death Valley（死谷），再步行穿越死谷，到亚利桑那的Navajo（纳瓦霍）印第安人保留地去访问那里的Navajo Monument Valley National Park（纳瓦霍碑谷国家公园）。

我问戴维："你知道那个地方吧？""嗯，我知道。"戴维边开车边不动声色地说着，"我从那里来，我就是纳瓦霍印第安人。"

随着眼前的道路不断延伸，身后绵延的海岸山脉在地平线上越来越远，四周的植被越来越稀疏，景色也越来越荒凉。我们的汽车已经远离了加州的海滨地区，奔驰在纵贯加州南北的西边海岸山脉与东边内华达山脉之间广阔的Great Central Valley（中央大峡谷）中。

中央大峡谷南北纵横600公里，因为地形的原因，极其干旱少雨，本来是大片荒漠。但自从西部淘金热以来，经过大约一个半世纪的开拓经营，这块荒漠已经成为加州乃至世界最主要的农业产区之一。提到加州，一般人心目中总会联想到好莱坞、硅谷、迪士尼。但很少人知道，先进的农业科技和巨大的农业投资已经使得当年这个荒凉落后、号称"最后的新边疆"的加州成为了美国最大的农业州，其农业本身也超过加州驰名的电影、航空航天业、电脑、生物等热门产业，一直居于加州支柱产业之首。

路上当我们经过加州内陆中部的大城市Bakersfield（贝克斯菲尔德）时，戴维特意到当地的一家大商场去给他太太买生日礼物。

戴维虽然是个粗人，但一路接触下来还是能感觉到他慷慨豪爽的个性。他知道我要去纳瓦霍印第安人保留地后，主动给我介绍当地的风景名胜，还让我到时去他家住。我们一路天南海北地聊着，言谈间汽车穿过平原田野，翻过高山牧场，当远处的山脊上出现了一排排密集的巨大的白色发电风车阵时，我知道莫哈韦到了。

三

方便面也是许多野外旅行者喜爱的野外食物。在旷野寒风中一天奔波下来，咸咸辣辣、热腾腾、鲜乎乎一碗下肚，倒是比什么都能消解跋涉的辛劳和异域的孤愁。

匆忙别过戴维，我背着包，顺着公路走入莫哈韦镇。

莫哈韦镇极小，一两公里长的所谓主街实际上也只能算是半条，一面分布着为数不多的几家餐厅、加油站、汽车旅馆、商店。而另一面只有个与公路平行的建在沙漠中的铁路中转站。

莫哈韦镇虽小却不平凡。一百多年前，华人劳工把铁路由北加州铺到这里，在此修建了南加州最大的铁路中转站并创立了这个镇子。现在14号和58号高速公路在这里交会，小镇南边紧邻著名的爱德华兹空军基地，小镇外沙漠中的莫哈韦空港更是美国政府批准的第一家民用太空港，世界上第一艘民间载人太空飞船Spaceship One（太空船1号）和第一架不加油成功环绕地球飞行的私人飞机Voyager（航行者号）都是在这里建造、起飞的。站在镇里随便什么地方都可以看到莫哈韦机场里密布的各类飞机，那景象只有在大都市的国际机场才能见到。

几年前我曾经自己开车经过莫哈韦镇，依稀记得镇上有家中国餐厅。在小镇主街上很快我就找到了那家名叫福星的中国自助餐厅。走进空荡荡的大堂，找张空桌子放下包，我就去靠墙的自助餐台上满满装了一大盘食物回到座位大快朵颐起来。

吃完饭我就近找了家汽车旅馆住下。这家旅馆价钱极其便宜，房间极其陈旧，床对面的桌子上放着一台不能仅仅再用“极其陈旧”来形容的电视，拉杆式天线早断成半截，断口处被不知哪位深谙无线电接收原理的房

客或者干脆就是旅馆老板本人插了根铁丝做的衣架。换台是靠旋转屏幕旁边的一个巨大旋钮，操作起来感觉就和开保险柜似的。我试着打开这台古董的电源，喇叭里居然有声音传出，才等了很短的几分钟，椭圆的电视屏幕上隐隐开始出现图像，最后我终于震惊了：居然还是彩色的！

对于这家旅馆的陈旧我倒并不在乎，之所以临时决定奢侈一下不留宿野外而住旅馆，是因为明天开始我就要进入荒野长途跋涉，现在我需要的是养精蓄锐，好好洗一个热水澡，再在一张真正的床上好好睡上一觉。

在浴室洗澡时顺便把换下来的脏衣服搓搓，晾在房间里。洗完澡，换上干净内衣裤，把房间里的暖气开得足足的，舒舒服服地靠在床上喝着刚买的冰啤酒，看着那台彩色电视里图像模糊的节目，将接下来的计划和安排在心里一遍遍反复整理着，不知不觉中就躺在柔软的席梦思上沉睡了过去。

早上9:00，一夜好觉醒来，窗外风挺大，天气不阴不晴的。我用汽车旅馆房间内的电咖啡壶烧了锅开水，泡了两包方便面权当早餐。

在路上我随身携带的主食只有两种，一是墨西哥薄饼，二是方便面。美国有近4000万从中南美洲（主要是墨西哥）来的移民及他们后代组成的拉丁裔族群，占美国总人口数的13%，他们在美国人数众多，自成一体，拥有巨大的影响力。这其中一个重要体现就是在饮食上，且不说满街遍地的墨西哥餐厅，仅是各处超市里的墨西哥食品专柜就是很大一块，不输其他。

上路前我专门考虑了路途中食物和饮水的补充问题。天天下馆子既不可能也不实际，沿线大多是荒郊野外，食物和饮水必须自己解决。水没有什么选项，我带了个约能装2公升水的便携式旅行水袋和1瓶1公升的瓶装水，这样我就保证了两天的饮用水。并且我在规划行程时也特意将每天的宿营点安排在有居民点或者水源的地方，这样就可以随时补充。虽然事先考虑到了路上将不得不经常使用未经处理的野外水源，但我依然没有带专门的滤水器，主要是嫌那东西占地方。我那个60公升Jan Sport登山背包已经沉沉地塞满了各种各样的必用品，一路上我一直都在不断琢磨着的一件事就是：怎样再能减轻1克的重量。我带了个很小的Coleman（科尔曼）野外旅行用汽油炉，反正到时候实在不行可以将水煮沸，这是最好的消毒方式了。

至于食物，重点就是四项：一轻，二便于保存，三容易补充，再有就是可以有效补充能量。在基本原则之下权衡利弊，最后选定的就是墨西哥薄饼和方便面。墨西哥薄饼这里称之为Tortillas，是拉丁裔的主食，相当于欧美人的面包或者中国人的米饭。墨西哥薄饼就是烤熟的一块块薄薄圆饼，尺寸有大有小，小如巴掌，大个如特大号海碗，用料主要分玉米和面粉两种。这种薄饼没有经过发酵，所以看上去不厚，掂在手里倒是挺有分量，袋子口都有密封条，也利于保存。

方便面也是许多野外旅行者喜爱的野外食物。在旷野寒风中一天奔波下来，咸咸辣辣、热腾腾、鲜乎乎一碗下肚，倒是比什么都能消解跋涉的辛劳和异域的孤愁。

我还带了一些巧克力条，主要是作为补充体力和热量的辅助手段。我包里还带了一盒牛油，吃薄饼时切一块裹在饼里，下面条时也刮两勺在锅里，甚至早上起来煮热巧克力喝时也会加点进去。倒不是我喜欢牛油，负重远行，气温也低，体力、热量消耗非常大，我带的都是素食，没有一点肉制品（因为肉制品重，带少了没用，带多了又不好保存，容易变质），这种情况下直接食用动物脂肪就是最有效、便捷的补充体力和热量的方式。记得以前看过一部关于西伯利亚因纽特人的纪录片，整日在野外狩猎放牧的因纽特人就是依靠食用大量驯鹿油脂才得以在零下二三十度的气温下抵御严寒、保持体力的。

我一路上基本都保持着早上、中午吃墨西哥薄饼，晚上烧水吃面的规律，连日不改。只是偶尔路过城镇时才会找家餐馆好好改善一下。

在出旅馆房间前，我仔细地把装备物品好好检查了一遍，蹲下身背上立在地上半人高的背包，站起来将背带调整到尽量舒适的位置，走到浴室的镜子前看了看镜子里那个背着墨绿色背包、身穿黄色登山服、面色沉静的自己，觉得还算满意。然后掏出挎在前面的小腰包里的数码相机对着镜子拍了张照以兹纪念，就拿起登山手杖，出到门外，来到路上，向着东边铅云密布的荒凉旷野独自走去。

艾奥瓦州
密
密苏里州
伊利诺伊州
内布拉斯加州
布拉什
丹佛
堪萨斯州
西
圣弗朗西斯
堪萨斯城
圣路易斯
古德兰
肯塔基州
科罗拉多州
西
新墨西哥州
田纳西州
俄克拉何马州
阿肯色州
比
河
密西西比州
得克萨斯州
路易斯安那州
新奥尔良
墨西哥湾

05

沙漠日记

一

上路没多久，天又开始下起雨来，套上雨衣走了一段，身子开始发热流汗，塑料雨衣把热气捂在里头出不来，感觉闷湿闷湿的很不舒服，最后我索性脱了雨衣，用它将背上的背包裹好，迎着风雨，无遮无掩地向前走去。

4月3日

来到莫哈韦镇外，路旁孤零零地树着个指示牌，标识着到下个城镇的里程。

加州58号公路越过这个指示牌笔直地指向广袤无垠的莫哈韦沙漠深处，一直延伸向天边的地平线。大约四年前我曾开车路过这里，当时还特意将车停在这个指示牌前拍了张照片作为留念。现在故地重游，风景依旧，只是我却已经将汽车换成了肩上的登山包。

我现在的目标是约两百公里外，位于荒漠另一边，内华达山脉东麓的隆派恩，大致路线是沿着沙漠中的58号公路再接14号公路到隆派恩，因为完全靠徒步穿越，我估计将要在莫哈韦沙漠中花上5～7天的时间。

在沙漠中的第一天并不轻松。早上出发时天空只是多云，偶尔还可以看到些许蓝天；过了中午后，沙漠里的风越来越大，耸动低垂的乌云自西方，从太平洋的方向层层涌来，没多久就开始星星点点地飘起了雨滴。雨越下越大。当初改变计划从海岸线转道进沙漠本来是想快点摆脱海边的绵绵阴雨，可是自己这个一厢情愿的想法最终还是可耻地失败了。

走在雨中，沉重的背包像座山似的压在背上，刚买没多久的靴子有些硌脚。我边走边调整着背包的带子，想尽量把它调到舒服一些的位置，可总是觉得哪里不如愿，明显感觉出行进速度要比预想的慢。

在寒风中走了一上午，中午休息时坐在沙漠公路边的路基上，胡乱吃了几口面饼，然后摊出地图，发现一上午才走了十公里多，明显太慢。不过也没办法，毕竟还是第一次在这样的环境里徒步旅行，需要一个适应的过程，所以也只能如此了。

早上出发没多久就开始感到双脚酸痛，而且越来越变本加厉。中午休息时把脚上的靴子脱下来才发现脚底已经磨出三个硕大的水泡，左脚两个，右脚一个。当初买靴子的时候我是按照双脚的正常尺寸挑的，但是现在负重远行，路面又布满了石子、沙砾，双足被压迫得变形肿胀，靴子尺寸就相对变小，等于穿了双小鞋走远路。对于这个问题的严重性我当初估计不够，而这本来是徒步旅行中最忌讳的。但在这前不着村、后不着店的荒郊野外也没处让我去换鞋，只能忍耐了。

祸不单行。中午休息完毕准备重新上路时才发现，背包里的水袋盖子没有盖好，不知什么时候里面的水都漏了个精光，我现在只剩下随身带的一瓶水，看来到下一个有水源的地方前我得小心了。

在凄风苦雨中一步一步沿着公路蹭行到下午16:00，乏、累、酸、痛一起压来，精神萎靡，额头感到有些烫，意识竟然有些恍惚，于是我决定今天就到此为止。离开公路，走入公路边的荒野中，在一簇半人高的稀疏枯黄的灌木丛后面，我冒着细雨安好帐篷，累饿交困却毫无胃口，于是干脆省了晚饭，外套也不脱，疲惫不堪地爬进帐篷，钻进睡袋，在暮色到来之前就睡了过去。

4月4日

早上又是在雨滴敲打帐篷的噼啪声中醒来，在帐篷里等到10:00，趁雨停的间隙才得以出了帐篷。昨天睡觉前把随身带的锅碗瓢盆各种容器全拿出来摊在帐篷边的空地上，指望能接点雨水，一晚上都觉得雨没停过，结果起来一看，所有容器里面都只是底部浅浅地存了一层积雨，把所有容器里的积雨收集到一起还不够一口。

重新上路。足足睡了一晚，体力恢复得不错，精神也好了许多，双脚虽然还是酸痛，不过连着两天这么一直疼下来，倒也不似昨天那样感觉折磨人了。这就跟生活一样，坎坷也好，逆境也罢，当终于能从容面对时，其实往往倒不是因为战胜了什么，而仅仅只是因为已经习惯了而已。

经过昨天的磨合，终于有些适应了沙漠里的徒步旅行，感觉比昨天顺畅了许多，速度大增，甚至有闲暇边走边观赏起四周的景色来。沙漠里所谓的景色其实也就那么回事儿，一眼看上去和一百眼看上去都没有什么区别。这里的沙漠虽然荒凉却并不像撒哈拉或者腾格里那样有绵延不尽、令人遐想不已的巨大沙丘，更准确地说莫哈韦沙漠更像戈壁：四野平坦荒凉，遍地沙砾，野地里簇拥着低矮的沙漠灌木丛，在遥远地平线上起伏不已的山脉群更是光秃秃的，连枯黄的灌木丛也没有半点。

荒凉寂寞的沙漠中，时不时可以见到形状特异、鹤立鸡群般零星点缀在无边荒野中的Joshua Tree（约书亚树）。约书亚树是莫哈韦沙漠的特产，散布于美国加州、内华达州和亚利桑那州的沙漠中。约书亚树可以说是辨别美国西部荒原最明显的标志，因为这里是它唯一的生息地。

约书亚树有着粗壮低矮的躯干，树皮干燥丑陋，枝干上密密麻麻地覆满了刺猬般的细长针叶，坚硬如铁，锐利如刀。当地人聊起约书亚树时都略带敬畏，这种长相狰狞的沙漠怪物，一年最多长10厘米，沙漠里随便一棵看似貌不起眼的约书亚树都可能是已经在自然环境恶劣、号称死亡之地的莫哈韦沙漠中顽强生存了几十甚至上百年。以生存能力来说，莫哈韦沙漠里最厉害的动物该算是野驴了。据说它们可以泰然吃下并消化从厚木板到报废橡胶轮胎等所有它们可以在沙漠里搞得到的东西，即便如此，对于满身钢刺的约书亚树，这些彪悍的野驴们照样是束手无策，敬而远之。

上路没多久，天又开始下起雨来，套上雨衣走了一段，身子开始发热、流汗，塑料雨衣把热气捂在里头出不来，感觉闷湿闷湿的很不舒服，最后我索性脱了雨衣，用它将背上的背包裹好，迎着风雨，无遮无掩地向前走去。

沙漠里的雨间歇性地下一阵又停一阵，雨停时风又起。走上一会儿，身上的衣服也就差不多让沙漠里的强风吹干了，然后又开始下雨，把衣服重新打湿。就这样，我身上的衣服在交替而至的风雨中湿了干，干了又湿，反复不止。

乌云当头，四野茫茫，但此时只顾赶路，无暇顾念其他，心绪反而平静了许多。征途在前，脚步不停，心中只有一个明确的念头，那就是早日走出沙漠，抵达前方的目的地。

下午14:00左右，终于在沙漠公路边找到了一家叫Jawbone的加油站，这个加油站孤零零地矗立在沙漠里，屋檐下高高悬挂着个硕大的白色牛头盖骨。一眼就看得出来那是个货真价实的纯种公牛的遗骸，而不是市面上四处可见的拙劣塑料仿照品。不过这个真家伙却不像它的那些仿照品一般刻意故作狰狞，而只是低调地保持着生前的朴实。在那个高悬于头顶的牛头的注视下，我兴冲冲地进了加油站，当然我要加的不是油而是水。

我向加油站小卖部的大妈说明了来意，她很爽快地就允许我使用院子里的压水机。沙漠里的住户基本上用的都是地下水，刚好这时风停雨住，我走到院子里把水罐装满，拿出毛巾、牙刷就着水龙头好好地洗漱了一番，然后架起汽油炉开始烧水煮面——终于可以吃点热的东西了。

等到水开，面刚下锅，突然间又是狂风大作，且夹杂着豆大的雨珠噼里啪啦地打下来，我连忙端起汽油炉上的小铝锅冲到小卖部的门廊下躲雨。门廊下放着几张给过路客们休息的木头桌椅，我把铝锅放在桌子上眼巴巴地等方便面泡开，趁着余温尚在，三口两口连汤带水下肚，然后心满意足地坐在门廊下的长椅上，一边喝着在小卖部里买的一罐冰镇啤酒，一边远眺着门廊外面无尽旷野间飘动着的迷蒙雨雾，无意间不由得想起，在天涯的另一端，此时的四月江南，我的家乡，也该是这幕景象吧……

等到这阵雨过去，我又匆忙上路，今晚准备要在一个叫Red Rock Canyon（红岩谷）的地方宿营。一路走到下午17:00，终于按计划抵达了红岩谷。

红岩谷位于莫哈韦沙漠中的一片红土丘陵地带，14号沙漠公路正好从中劈山而过。

沿着公路进入峡谷走了一段，远远地注意到右边一处峭壁附近的空地上有片约两人多高的约书亚树丛。约书亚树都是独生，但有时也会从根茎

上分生出新的树苗形成连生树丛，不过像这么大的约书亚树丛却极其少见，也不知道它们在此处已经待上几百年了。

踩着满地松软的沙石走到那片约书亚树丛后面，地势平坦，四周山壁环绕，果然是处宿营的好地方。当我正准备搭帐篷时骤雨又起，我忙不迭地跑到约书亚树丛下想躲雨，还没站定，左边大腿突然一阵刺痛，原来不小心让边上伸出的约书亚树长长的针叶戳到了。这边刚躲过，一不小心右边的胳膊也被扎了，锋利坚硬的针叶穿透厚厚的登山服和里面的衬衣，一直到肉里，伸手一摸，血都流出来了。这下我领教了约书亚树的厉害，只得小心翼翼地尽量缩成一团，半蹲在树丛间。等了半天雨终于停了，这才开始赶快搭帐篷，做晚饭，在下一场雨到来之前把一切收拾妥当，钻入帐篷休息。

二

我心里这时不仅只有意外，也升起些许恼怒：坟墓的主人果然是一了百了当个Freeman去了，可我却被那该死的地图给晾在了这个只有野鬼孤魂出没的荒郊野外。

4月5日

一大早就醒了，不知什么时候雨已经停了，晨光渐现，空气清冽，峡谷中一片安宁。

出帐篷前，我先轻轻踢了踢晚上放在帐篷外的靴子，看着里面没什么动静才开始穿鞋。莫哈韦沙漠里响尾蛇、蝎子不少，我可不想被趁黑躲到我靴子里的蝎子或者毒蛇给来上一口，所以每天早上穿靴子时都很小心。

出了帐篷，太阳正在升起。峡谷后面，靠西的整整一面红岩峭壁在初升旭日的光芒中赤橙金黄，不断变换着华丽的色彩，像一片跃动的大火寂静地燃烧在沙漠早晨澄明的空气中。这夺目的景象一览无余地尽情展现在我这个唯一的观众面前，令我屏气而视，此情此景可算是对我一路辛劳的最好补偿了。

上路后一切依旧，雨时下时停，衣服湿了干、干了湿，沙漠公路一成不变地笔直伸向远方的地平线，唯一有所改变的是高高低低多了许多起伏。公路边上的海拔标志，2000英尺、3000英尺不断地变换，看来已经越来越接近内华达山脉了。

双足越来越痛，到中午时变得有些不能忍耐，把靴子脱了才发现脚上的水泡已经增加到了四个，块头也非前两天可比。感觉长此以往也不是办法，于是决定自己把水泡解决掉。从背包里翻出针线包，将缝衣针穿上线，将随身带的不锈钢旅行小酒壶里的伏特加涂在上面权当消毒，再用医

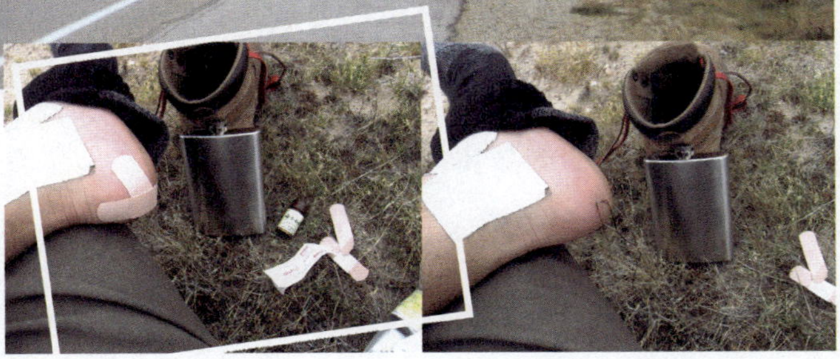

药包里的药棉蘸些伏特加把水泡四周皮肤清洁好，然后将缝衣针刺入已经胀得雪白的水泡，然后连针带线从水泡中间穿过，两端各露出一截线头，轻轻拉动两头，水泡里的水就从两边的针眼顺着缝衣线一股股流了出来。等到水泡消解得差不多了，将线抽出，水泡针眼上涂好消毒药膏，再一横一竖贴上两张创可贴就算大功告成。就这样把脚上的四个水泡一一解决后，套上靴子试着走了几步，果然轻松了许多，心中充满了成就感，对自己的动手能力真是不得不由衷钦佩。

走了没多久才发现，这根本就是治标不治本。水泡消了，可靴子仍然挤脚，走不了多久水泡又会东山再起，痛楚依旧。我消得了水泡却改不了靴子，只好每走上一两个小时就坐下来，脱了靴子、袜子，接着给脚上的水泡们放水，真是不胜烦扰。

中午的时候看到公路边的电子显示牌上打出HIGH WINDS AHEAD（前

方有强风）的警示。这一带接近内华达山脉南端，是个风口，时速上百公里的强风是家常便饭。日渐西斜，考虑到在大风天里野外宿营是件很头痛的事，我决定：如果可能，还是尽量找个有人烟的地方过夜。查了一下随身携带的加州地图，看到在前方14号公路和178号公路的交会处上有一个小黑点，旁边注释着地名Freeman，看来那里应该有个小镇，最少也是个居民点，于是当下决定：今天就在Freeman宿营了！

下午17:00，快到Freeman时，风速越来越强，卷起漫天飞沙走石横抽在脸上火辣辣的生疼，在狂风中我被吹得摇摇晃晃，双手紧紧握住登山手杖抵住地面尽力保持着平衡，低着身子，一步一踉跄，艰难地挪行着，肆虐的狂风掠过旷野时发出厉鬼般的刺耳尖啸声，令人毛骨悚然。

在狂风中挣扎着终于抵达了14号公路与178号公路的交会处，可是令我困惑的是，四周除了一片荒漠，其他的什么也没有——没有人烟，没有房屋，甚至连棵约书亚树都找不到。这怎么可能？！地图上明明标着就在这个地方，我现在站着的地方应该有处居民点。

心有不甘的我四下寻找了一下，才在路边的沙砾和灌木丛间依稀发现几处已经难以辨认的房基遗迹，附近还孤零零地立着个白色十字架，走近一看原来是座坟墓。看来这里曾经是处居民点，但早就不知多少年前就被遗弃了，只留下旷野中的这座孤坟在此独自守候。我心里这时不仅只有意外，也升起些许恼怒：坟墓的主人果然是一了百了当个Freeman去了，可我却被那该死的地图给晾在了这个只有野鬼孤魂出没的荒郊野外。

时近18:00，天色已晚，但我实在无法在这狂风肆虐的地方宿营。在这样的大风口，风刮过来时连呼吸都困难，更别说安营扎寨。不用试我也知道，就以我那便携式旅行帐篷，撑开来想不被这时速七八十公里的狂风给吹个四分五裂是不可能的。原来还想着只要有人烟，找户人家借个宿本应不难，再不济寻个车库或者废屋也可以在这种大风天里对付一晚上。可现在这野地里连个土坎都没有。万般无奈中，只有在狂风中硬着头皮继续往前走了。

走到晚上18:30，天整个黑了下来，心里开始犯虚，觉得再这么走下去也不是个办法，于是停下来看能不能搭个便车到有人烟的地方去。路边等了一会儿，终于有辆过路车停下。司机是位从纽约来的农学院研究生，是到这一带来研究苹果树、顺便去附近的死谷旅行的。这位学生用车上的卫星导航仪替我查了下，离这最近的是个叫Inyokern（因约肯）的小镇，镇上有家汽车旅馆，不过这个小镇不在14号公路边上，需要往南开个10多公里。他说他可以绕路送我过去，车外低垂的夜幕和呼啸的狂风让我无从选择，只能如此了。

离开14号公路，在黑暗中车开了一段来到了因约肯。这是个荒凉到昏暗的街道上连只游荡的野狗都找不到的破败小镇，我们毫不费力就找到了那家汽车旅馆。谢别送我来的那位纽约客，我走进了汽车旅馆门口狭小的办公室。

旅馆陈旧办公室的柜台后面，一个脊背稍有佝偻的老人正拿着电话筒大吼大叫着，听情形好像是这家旅馆刷信用卡的机器出了些故障，老人正在和信用卡公司的客服人员进行交涉。柜台外面已经站了一位正等待登记住房的客人，手里拿着张信用卡不断叩打着柜台，一副很不耐烦的样子。

旅馆的男主人，也就是那个老人也不正眼瞧一下进来的客人，自顾自地大着嗓门向电话另一头的信用卡公司那可怜的客服人员嚷道："什么?!你让我耐心等待？我已经82岁了，没法子再耐心等待了！"我在柜台外边耐着性子等了会儿，待他终于有工夫搭理我了，就直接说："我要一个房间，不用麻烦信用卡公司了，我付现金。"

付完钱取了钥匙来到我的房间，不出预料，房间又小又旧，床上的被单，要么是没洗干净，要么就是干脆没有洗过，污垢斑斑，泛着可疑的黄色。但是在这种寒冷的大风天里，不用躲在帐篷里忍冻受寒，心惊胆战，而能在暖气开得足足的房子里美美洗个热水澡已经足以让我心满意足，无所抱怨了。

三

他的语气渐渐又平缓下来："死亡并没有吓倒我，它只是激励我去更加努力地感受生活。"

4月6日

早上起来居然是个近日少有的大晴天，昨天那仿佛就要把世界带往末日的无休无止的狂风忽然间踪迹全无，窗外阳光明媚，万里无云。出旅馆房间前，我趁收拾背包的时候顺便又把随身物品精简了一些。其实也没什么好精简的，本来带了两盒牛油，丢掉一盒半；几本准备路上没事时用来打发时间的简装本读物都留下了；还有一件鸭绒背心，背心还挺新，我把它仔细叠好，放进旅馆房间衣柜的抽屉里，上面留了张纸条：如果有谁需要，请便。

出了旅馆，顺着昨天来的路走回14号公路，然后在China Lake（中国湖）转上395号公路向北，在这里算是绕过了内华达山脉南端，进入了它的东麓。

绵延的内华达山脉起伏在395号公路左侧，雄峻宏伟。右边空旷浩大的平坦谷地就是著名的中国湖。这里本来是个干涸的远古湖床，它的名气得自于这一带的一个庞大的军事基地。这个军事基地叫China Lake Naval Air Weapons Station（中国湖海军航空武器试验场），属于美国军队最重要的武器试验场之一。理论上我只要下了395号公路再多走几步就算进入了军事禁区。不过说是这么说，放眼望去旷野中既没有铁丝网，也看不到警示牌，遍野倒是长满了不知名的紫色小野花，一直开到远方的山脚边。在灿

烂的阳光下，野花在和煦的微风中泛起阵阵紫色碎浪，明媚妖娆。想来整个试验场占地浩大，这里离真正的禁区还离得很远吧。

天朗日和，对沙漠旅行也逐渐适应，心情轻松，感觉今天是上路以来状态最佳的一日。有时累了就坐在路边休息一下，看看风景，顺便替脚上的水泡放水减压，一路上走走停停倒也惬意。时不时有公路上擦身而过的大小汽车鸣起喇叭，驾驶室的司机向我挥手，或者跷起大拇指，想来在这人迹罕见的荒漠里，我独自徒步旅行的身影一定很让他们意外吧。

突然，一辆车体有些旧的克莱斯勒单门轿车停在了我前面的路肩上，我马上意识到大概是这辆车的车主想问我要不要搭车。昨天在路上也有一位妇女主动停车要搭我一程，不过被我婉拒了。搭车是一件很简单也很轻松的事情，但现在这些都不是我所考虑的，我的计划就是步行穿越沙漠而不是搭车。

我走上前准备去谢绝这位司机的好意。车里坐着一个胡子拉碴、脸庞消瘦、面容显得有些憔悴、苍白的中年男子，和他打了声招呼，突然间我改了主意，决定还是上车，反正昨天傍晚拐下14号公路去了因约肯，今天花了半天时间才重新绕回来，搭上一程便车把损失的时间补回来也不错。我放好背包，坐到副驾驶席上对司机说："你只要载我10英里就好了。"

司机名叫Kevin（凯文·），他听我是去隆派恩就说："那还远着呢，正好我要路过，可以直接送你过去。"我忙说："谢了，我只需要到10英里外的那个加油站就好。我并不着急赶路，只是想好好体验在沙漠旅行的整个过程。"

"我刚才看你站在路边时还想：'这个人说不定是在享受这种方式的旅行，我也许不该去打搅他。'"凯文在听我大致介绍完自己的计划和经历后，边开车边说，"但我看到你弯着腰站在那里，又想你是不是身体不舒服，就停下来，看看你需不需要什么帮助。"

凯文今年45岁，职业是电工，住在南加州洛杉矶附近的圣博拉蒂诺县，昨天到离莫哈韦镇不远的Lancaster（兰开斯特）工作，今天又要赶到北边500公里外，内华达州第二大城市Reno（里诺）去。

言谈间我注意到凯文只用右手扶着方向盘，左手半举着，整个手掌又红又肿，五根手指变形得跟胡萝卜一样。我询问是怎么回事，凯文说是他昨天晚上不小心把左手伤着了。

"看样子伤得不轻，你得赶快去医院检查才对呀。"凭经验我想大概是骨折。

凯文很平静地回道："我知道，等到了里诺就去看医生。"

"你伤成这样，应该现在就去看医生，最好不要拖延。"

"我没有时间了，在里诺我已经和别人约好了，不能迟到。"凯文显得一副不经意的样子说着，但是我知道依他现在的伤势必然同时也该伴随着剧痛。

凯文知道我要横穿美国，就主动转了话题，聊起关于旅行的事情。凯文告诉我他有两辆哈雷摩托车，两年前，他骑着他心爱的哈雷也曾经纵横穿越过整个美国大陆。“我是哈雷俱乐部的会员，‘9·11’三周年时，我和其他朋友们骑着哈雷从加州一路直奔东岸，从世贸中心到五角大楼，再到宾夕法尼亚州。我们凭吊了所有的坠机点，后来还去了11年前被恐怖分子炸毁的俄克拉何马城联邦大楼遗址。”凯文说完让我看他右手臂上的哈雷俱乐部刺青，说：“这就是全程结束时的纪念。”

凯文告诉我他骑着哈雷，到处游荡，去过不少地方，有过很多有意思的经历。

我是一个很好的倾听者，而凯文显然也很愿意向我这个刚刚结识的陌生听众讲述他的那些难忘经历和感受。

凯文握着方向盘注视着前方滔滔不绝地回忆着他路途上的见闻，他的朋友，他到现在为止的许多遭遇，还有他以前的女朋友。说到最后，他感叹道：“人生真是美丽。”然后微微一顿，“不过，我快要死了。我得了病，医生说已经没有办法治好了。”

听到这里我却不知道该说些什么，不忍心也觉得不应该在这个时候问些无用的话题，只是继续沉默地倾听着。

“但是我一点也不害怕，”凯文的语气依旧平静，既像是在向我诉说，也像是在自言自语，“很多像我一样的人都被死亡吓倒了，但我没有，我才不在乎呢，我反而要更加投入地去做我要做的事情！”

“就像现在，”凯文的语气开始有些激动起来，“我口袋里装着昨天赚到的一千块钱，还有这辆从来不给我找麻烦的车，我可以去任何我想去的地方，做任何我想做的事情，爱我想爱的人，我才不会让自己的人生有什么遗憾！”

他的语气渐渐又平缓下来：“死亡并没有吓倒我，它只是激励我去更加努力地感受生活。”

凯文把我送到了我要去的加油站，临别时我为他拍了张照片，凯文把受伤的左手藏进裤兜里，但是非常开心地伸出右手臂，把上面的哈雷刺青展现在照相机的镜头前。

离别时，我扶着车窗，弯着腰对坐在车里、全身沐浴在下午温暖阳光中、正对我微笑的他说道：“凯文，你多保重。”

我下车的地方看地图叫Coso Junction（柯索隘口），位于内华达山脉和柯索山脉左右相夹的一块谷地间。从这里往前是个非常大的斜坡，谷地两边的内华达山脉和柯索山脉的山脚就在远方的斜坡顶端相连。路边上的路牌标明从这里到下一处居民点Olancha（奥兰察）还有30公里，这基本上正好是我一天的路程。虽然才下午16:00，天色尚早，不过汲取昨天的教训，我还是决定在此宿营，明天再上路。

走进加油站的小卖部，和加油站的负责人聊了会儿，他允许我在小卖部后面的白杨树林里宿营。说完事走到外面，时间还早又无事可做，于是我买了罐啤酒，走到小卖部外面，把背包放下，坐在吊在门廊下的秋千椅上休息。

这是方圆几十里唯一的加油站，时不时有汽车停下加油。我坐在长椅上无所事事地慢慢前后荡着，一边惬意地享受着下午温暖的阳光，一边和小卖部里进进出出的过路客们友好地打着招呼。

一辆车体庞大的白色休闲车停在小卖部前，车上下来一个衣饰时髦、身材魁梧得像座山似的小伙子和他的两个同伴。那个小伙子一脸兴奋的样子径直冲我而来，向我打招呼道："嘿！伙计，我昨天就在路上看到你了，当时还和我哥们说你可真疯狂啊！没想到今天又碰到了你！"

这个小伙子来自洛杉矶，是到内华达山脉中的滑雪胜地Mammoth Lake（马默斯湖）去滑雪的。他告诉我，他经常开车走这条路，还是头一次看到有人像我一样在沙漠里徒步旅行，令他印象深刻，刚才一眼就认出坐在加油站小卖部门廊下休息的我，所以特意上来和我打声招呼。

和那小伙子聊了会儿天，一个过路的印第安男人也加入到我们的交谈中，他听说我是徒步旅行时还吃了一惊说："你怎么选这个时候？现在是一年中野地里风速最强的时候，风大到经常把路上的汽车吹翻。"

我告诉了他昨天我在Freeman一带的遭遇，他听了点点头，又摇摇头，一副很难理解的样子。在攀谈中得知他在附近的一家发电站当技术员，刚下班，来加油站给汽车加完油就得赶回一百多公里外在Lake Isabella（伊莎贝拉湖）的家去接准备下课的孩子。我随口说道："那可够远的，都这么晚了，你干吗不让你太太去接？"

他喝了口手里的可乐，看着院子里的过往客人回答道："我没老婆，都离婚了，孩子归我。"

一问之下才知道他离过两次婚，现在独自带着三个小孩。我说那可难为他这个做爸爸的了，他却并不在意地说，他的孩子们都很乖，对他很好，言谈中很是一副自豪父亲的架势。我问他，难道不打算再找个老婆或者女朋友什么的吗？他显得有些无奈地说："我已经受够了，钱全让前面两个老婆拿去了，有老婆太累。"

近傍晚时，照例风又越刮越大，我早早吃了饭，在加油站后面的白杨树丛中搭好帐篷。一路上就没有河流水源，所以基本上看不到什么树，不过在荒漠里零星的加油站、居民点等凡是有人居住的地方，因为有井水灌溉，房前屋后必然会有些树，这在干枯焦黄的荒漠中显得亮丽醒目。

低矮树丛茂密的枝叶把肆虐呼啸的狂风严严实实地挡在了树林外头，但地气潮湿，太阳下山后四周气温骤降，帐篷里内暖外寒，没多久离鼻子不到二三十厘米的内侧顶棚上就已经凝结了一层水珠，我躺在睡袋里连翻身都不敢，怕一不小心把顶棚上凝结的水珠震落下来。

四

然后当我查到宿营车中段，打开一个刚才没有动过的半人高衣柜的门时，我顿时被眼前的光景惊住了：里面堆满了各色长短枪支！看到这儿，我二话没说，关上衣柜门，转身拿起背包，冲出门外，向着公路匆匆而去，只想离这地方越远越好。

4月7日

自进入内华达山脉东麓后，我终于摆脱了绵绵阴雨的追击，早上

6:00，在冉冉升起的旭日中醒来，天空又是万里无云——今天肯定是个好天气。

昨天在凯文的车上经过一处叫Fossil Falls（福斯尔崖）的地方，看到遍地漆黑嶙峋的火山熔岩，还有一个不是很高但形状完美的火山，早上起来后把背包寄存在加油站柜台，就一个人往回走了约十公里到福斯尔崖去访问火山遗址。

看完火山遗址回来时，想到今天还要赶路，就站在路边搭车回加油站。等车的那会儿，心里冒出了念头：我上路以来搭了这么多次车，却多是旧车，从来没有搭过宝马、奔驰这等的高级车。想到这里我不禁感叹道：看来钱确实会让人变得要么胆怯，要么冷漠。当然，富人们的冷漠其实更多的是来自于他们的胆怯。

正当我一个人站在路边感慨时，一辆飞驰而来的香槟色轿车猛然刹车停在我身后公路边。好了，搭到车了。我回头一看这辆车，哈！真是天遂人愿，居然是辆奔驰！

不过这辆车看得出来出厂都有二三十年了，喷漆早已褪去了昔日的光泽，车身上也布满着各种丑陋的凹槽和划痕，作为古董它还太年轻，作为新车它又已经太老。

司机Paul（保罗）是家住前面Independence（独立镇）的一位摄影师，正在回家的路上。他听说我要走到隆派恩去登惠特尼峰就说："今年冬天雪下得很大，你要现在去登惠特尼峰估计不容易。"

当我穿越莫哈韦沙漠时，从南面眺望内华达山脉，南端诸峰早已雪尽冰融，只露出山岩的本色。可是自从转入内华达山脉东侧后，内华达山脉东面连绵的雪峰开始逐渐显露在我的眼前。我还没有过雪地登山的经验，不过这倒也没太动摇我的信心，不管成不成，不试一下又怎么知道呢？再说天气渐暖，山上的积雪应该已经消融了不少。

保罗把我放在加油站，临走时送了我一张他的作品光碟，让我有机会路过独立镇时去他家做客。我告别保罗，到加油站小卖部拿了背包重新上路。

出了加油站，往前是条非常长的上坡路，翻过了这个坡就进入了Owens Valley（欧文斯谷）。

当我背着硕大的登山包顺着公路爬坡爬到一半时，一辆拖着个装满废旧轮胎的小皮卡停了下来，一个胡子拉碴、穿着件沾满机油污垢的白色背心的男子问我要不要搭车，他说这坡又陡又长，至少他可以搭我到坡顶。我谢绝了他的好意，不过心里却充满了温暖，一路上都能遇到像他这样萍水相逢但充满善意的陌生人，正是与这些人的相逢，使我心中的勇气不断增长，不走到终点决不放弃的信念愈加坚强。

走到下午17:00时，天开始阴了下来，每天的狂风也按时而至，于是我决定找地方宿营。

我现在已经算是走出莫哈韦沙漠，进入了内华达山区。250万年前开始的第四纪冰川期将本是高原平台的整个内华达山脉耕犁得支离破碎，这一带的野地里大大小小布满了无数颗被冰川从深山里搬运来的碎石，如此之多，以至于连想找一块还算平整、没有石块的沙土地搭帐篷都不容易。像昨天一样，我决定还是找处有人家的地方，至少也得有个树林或灌木丛什么的可以挡挡风。可找了半天也没看到合适的地方，天越来越黑，心也越来越急，最后终于无意中远远瞥见公路右边，靠着柯索山脉一侧的野地里隐隐约约有两辆白色宿营车的影子，看样子像是放牧牛仔或者护路工人的营地。

我下了公路，找到一条似乎是通向那个野营地的简易土路，踉踉跄跄地顺着布满石块坑坎的简易土路向着那两辆宿营车走去。走了大约十五分钟，到近前一看，一片被稍微平整过的空地上散乱停着大小各一的两辆老旧宿营拖车，还有一黑一白两辆相同款型但颇有些年头的单门日本轿车。地面上散落堆放着一些铁路枕木，有些被电锯锯成一小截一小截的，营地中央用石块简单垒了一个火灶，里面是厚厚一层冰冷的灰烬和几块烧剩的枕木块。

我站在宿营车边大喊了几声："有人吗？"但除了旷野里呼啸的风声外一无回应。等了一会儿看到没有反应，我小心翼翼地开始检视起这个野营地来。那两辆旧日本车里的仪表盘、发动机都被拆掉，看来是被遗弃在这里的废车。地上有一条长长的塑料输水管从远处的山脚延伸而来，像是为了引山里的泉水，不过中间有好几节都不翼而飞，看不出有水的痕迹。野营地遍地凌乱不堪地散落着各种机械零件、烟头、垃圾和大大小小的酒瓶。小的那辆宿营车，轮胎是瘪的，车身倾斜，车窗玻璃也都碎了，窗口都用塑料布蒙着，车门上了锁，而且还用一根枕木牢牢顶着，看来是没有人住的样子。

大的那辆宿营车要比小的新一些，车窗也完好无损，但车身左侧门上的锁耷拉在门把手上，显然是被人用工具撬开的。不知为什么，虽然我一路上基本都是风餐露宿于无人的野外，但这处荒野中的无人营地却总让人觉得有什么地方不对劲，有些诡异。

我绕着大宿营车转了两圈，摇了摇架在宿营车外面的煤气罐，还有半罐，看来不像是处废弃的营地，又想了想，上去再敲了敲车门，等了会儿没有任何反应，就拉开车门，小心翼翼地走了进去。

车里很暗，空无一人。车头是厨房，洗碗槽里堆放着一些用过但没清洗的餐具，上面的油渍污垢早已干透，看来像是放在这儿有段日子没人动过了。可是洗碗槽边的台子上孤零零地放着一大罐超市卖的瓶装水，还没被打开过，看上去很像是才被人放到这儿没多久。车中段过道两边是几个储物柜，打开上面一个，里头堆满了罐头、方便面等各种食物，这么说来

是有人住这儿了，所以就不敢再到处乱翻。车后面左右是两张简易床，但是床上光光的既无垫子也无被子，又不像是有人居住。车尾是卫生间，我打开门一看，里面一片混乱，肯定很久没人用过了。淋浴间的帘子脱落一边，马桶地板上堆满垃圾垢物，令人看了恶心，我连忙又把卫生间的门关上了。

把这辆宿营车从头到尾检查完，我反而拿不定主意了。宿营车里各种情形给我的都是完全相反的信息，实在搞不清这地方到底现在有没有人住。如果这里是被人遗弃或者暂时无人居住，那自然好办；但如果是有主的地方，只是现在外出还没回来，那我擅自闯入算是违法，自找麻烦，甚至被拿枪崩了从法律上来说也是无话可说的。更何况虽然我对这处营地的主人一无所知，但那遍地烟头、酒瓶却让我深深觉得如果这地方是有主的，而且等会儿我有可能还会遇到的话，最好还是别让对方看我不顺眼。这里是荒漠野地，连手机信号都没有，真要遇到麻烦，没人能救得了我，甚至永远不会有人知道这里发生过些什么。

犹豫了很久，虽然心底隐约觉得有些古怪，但天已经快黑下来了，车外寒风呼啸，走了一天又冷又累的我实在是不舍得走出密闭得严严实实、一丝细风也透不进来的宿营车。于是我安慰自己道：要不先在宿营车里等着，如果等会儿真有主人回来，解释一下就是了，这一路都挺顺的，没那么巧就在这儿遇到坏人吧。想到这，我就在宿营车里的一张小床上坐了下来。

可是等了会儿，心里却越来越空洞洞的，坐立不安，于是索性又起来，打开随身带的应急电筒再次在漆黑的车里前前后后细细检查起来。在车头厨房里我伸出一根手指在餐桌上抹了一下，放到电筒下一照，干干净净，一丝灰尘也没有，这下可以肯定了，这车里至少直到最近还有人来过。然后当我查到宿营车中段，打开一个刚才没有动过的半人高衣柜的门时，我顿时被眼前的光景惊住了：里面堆满了各色长短枪支！看到这儿，我二话没说，关上衣柜门，转身拿起背包，冲出门外，向着公路匆匆而去，只想离这地方越远越好。

我的反应很简单：荒郊野外，住处备一两支枪防身很正常，但这一带根本就没有什么猛兽，防身也用不着那么多枪支弹药。从柜子里的那些长短枪支，联想到被人拧坏的门锁，再联想到遍地的烟头、酒瓶，我不知道是谁住在这里，也不知道他什么时候回来，更不知道回来会不会找我麻烦，也不打算知道他既然柜子里有那么多枪，那么他身上会不会也带了枪。

我一口气赶回到公路边，这才稍微安了些心。天刷地一下黑透了，天空中隐约几点寒星闪烁，旷谷中一片漆黑，只有狂风凄厉的呼啸声依旧不绝。黑暗中根本无法仔细寻找宿营地，我只好沿着公路继续往下走去，地图上标着前方应该有个叫Olancha（奥兰察）的小镇，我只有先走到那里再说了。翻过前边的一个山坡，果然看到道路前方远远有几点昏黄的灯火在一片无尽的黑暗中时隐时现。在黑暗与寒风中，我向着那几点灯火一刻不停地走去。

一口气走到晚上21:30才抵达了小镇的边缘。这真是个小镇，黑暗中只见几座平房散落在公路两旁，没有餐馆，没有商店，甚至连路灯都没有一盏。在荒野里跋涉劳累了一整天的我，这时已经是精疲力竭，再也走不动了。

挨家挨户寻了几家房子，要么是空无一人，门窗都被木板钉死的废屋；要么就是没有人在家。最后我终于找到这个镇上的一家，也是唯一一家汽车旅馆。进了办公室，按了下柜台上的召唤铃，过了会儿从里屋出来个身材高大、衣着随便的男子，显然是旅馆老板。他看到我时显得有些意外，我问这个旅馆老板是否能允许我在他的院子里搭帐宿营，那个旅馆老板为难地说不行，这会违反他和保险公司签的合约。时间已经太晚，天气又糟，我不想再折腾，于是就说："那好吧，我要一个房间。"进了房间把暖气开足，好好地洗了个热水澡，然后就一头睡到第二天上午日上三竿。

五

刚开始时我还小心翼翼地选择着下脚的地方，不想踩踏到地面上任何一朵小花；可是离开公路深入荒野越远，这些花儿就越多，最后简直到了让人无从下脚的地步。

4月8日

早上起来，洗漱完毕。走到院外，这才发现昨晚太暗没注意，原来我住的汽车旅馆平房边上也不知道是真是假，有座坟墓。坟墓一头插了根木桩，上头斜扣着顶黑色的牛仔帽，下面吊着块脏兮兮的木牌子，上头用白色油漆写着首打油诗般的墓志铭（原文）：

Here lies NEO, 此处尼奥躺，

NEO IS DEAD, 脑门中了枪，

with BULLET IN HIS HEAD, 要问为什么，

CAUSE HE GOT IN THE WRONG BED. 全因上错床。

读到此我不禁一笑：看来昨晚我没进错房间也没上错床。9:30上路，上午的天气照例总是很好。昨天晚上没有看清这个叫奥兰察的地方。说是小镇，其实名不副实：顺着395号公路，从头走到尾，只看到一家孤零零的专卖牛肉干的小店、一家印度人经营的加油站和一家餐馆。我依稀记得四年前开车路过这里时，曾经在这家加油站买过东西，等走到加油站一看，早就不知道什么时候倒闭了。门口的加油装置被拆得一干二净，门窗被用木板封死，墙上的油漆龟裂脱落，露出里面灰暗的砖头。

又走了几步，路边有座石头垒的房子，四面窗户都用木板封住，但大门洞开。走近一看，房门向内倒在地上，看样子是被人踢翻的。我小心翼翼地探头进去看了一下，原来是家酒吧，柜台上落满厚厚的灰尘，吧台凳子还保持着原样，后面墙上的酒架空空如也，只孤零零地立着一个空酒瓶。

从前到后走下来，这个镇子70%的房子都被遗弃了，毫无生机。显然

是座死镇，或者正在死去。

我并没有在奥兰察这个荒凉破败的陌生小镇多加驻留，只是匆匆而过，就如我一路上经过的许多其他地方一样，虽然当时并没有想到我将与这里结下一段不浅之缘。

从奥兰察到隆派恩还有最后四十多公里，一切顺利的话，明天就可以抵达隆派恩完成我从莫哈韦开始的旅程。

天晴日朗，身旁雄峻的内华达山脉绵延的雪峰在蓝天的映衬下明媚妖娆。欧文斯谷地这时气温适中，微风时起。

我已经在荒野里跋涉了6天，脸上、手上凡是暴露在外面的皮肤，经过连日货真价实的风吹日晒雨淋之后，都结了一层黝黑的硬壳，双肩的皮肤也早被沉重的背包磨破。但我终于完全适应了每天在枯燥荒漠中的长时间跋涉，脚上的水泡都已结成厚厚的老茧，总算是摆脱了它们的连日折磨。本来挤脚的靴子也被撑大，但因为是负重远行，路面状况又很糟糕，买了没几个月的靴子已快磨穿。

过了奥兰察镇，欧文斯湖逐渐展现在眼前。欧文斯谷地位于平均海拔高于4000米的内华达山脉与White Moutains（怀特山）之间，南北长约120公里，海拔1200米，是美国大陆最深的谷地之一，而欧文斯谷地正得名于欧文斯湖。欧文斯湖曾经拥有一片280平方公里的浩瀚水面，养育了数以百万计的水生鸟类以及无数其他生物。但是，这个曾被誉为“西部荒野中的物种天堂”的高原咸水湖早已于82年前（1924年）彻底干涸，成为一个死湖。如今展现在世人面前的只是一片浩大的、被雪白色盐碱层覆盖的平坦湖床，在群山间，在西部旷野强烈的阳光下反射着异常刺眼的光芒。

从奥兰察开始，因为不再怕迷路，我干脆远远地离开了公路，在野地里，顺着内华达山脉，在布满一簇簇低矮耐旱灌木丛的荒原中往北而去。

这是荒漠中最美的时刻。漫长寒冬终于结束，而酷热的夏日尚未来临。今年冬天异于常年的充沛降雨给荒原带来一片清新跃动的生机。从来都是枯黄的沙漠耐旱灌木丛呈现出少有的暗绿色光泽，时而有褐色的长耳兔和地鼠奔跑穿梭其间。松软的沙质土壤上贴着地面开满了密密麻麻的野花，绝大多数是亮丽明黄的Mojave Tickseed（莫哈韦金鸡菊）、Goldfield（金地花）和Desert Dandelion（沙漠蒲公英），其间偶尔点缀着洁白的Mojave Desert Star（莫哈韦沙漠之星）、紫色的Chia（鼠尾草）、大红的Indian Paint Brush（印第安画笔）以及其他许多叫不上名字的各色野花。

行进在野地里，刚开始时我还小心翼翼地选择着下脚的地方，不想踩踏到地面上任何一朵小花；可是离开公路深入荒野越远，这些花儿就越多，最后简直到了让人无从下脚的地步。遍地野花开满了荒野里所有裸露在外的地面，向四面铺展开来宛如一张灿烂的金色巨毯。

独行在空荡谷地，穿行于无边花野，万籁寂静，只有脚步在沙地上踩出的沙沙声不绝于耳。轻风自内华达山脉来，夹杂着山脉深处森林与雪峰的气息，吹拂着满是征尘的脸庞和衣襟。在高原清澈空气中，在白晃晃阳

光的照射下，远处的怀特山脉暗显神秘的黛蓝；近前的内华达山脉，峭壁嶙峋，群峰巍峨。天空万里无云，蔚蓝如洗，映衬出雪线上如犬牙般尖耸刺天的群峰的气势与魂魄。

此时此刻，路途上的一切劳苦艰辛都如被踩于脚下的沙土不足为道，身处天地之间，心地澄明，不再有喧嚣尘世的烦恼纷杂。野花、群山、蓝天、雪峰，置身其间，这一刻仿佛已经忘却了自己，但又从来没有这样清晰地感受自己。

快走到山脚边时却被野地里一道不见头的铁丝网拦住了，铁丝网上的布告牌上写着“洛杉矶市政府所有地，无关者严禁入内”的告示。铁丝网后面沿着山脉的走势是一条南北走向的宽阔混凝土引水渠，引水渠中湍急的流水往南滚滚而去。这就是著名的Los Angeles Aqueduct（洛杉矶引水渠）。

这条洛杉矶引水渠后面有着一个鲜为人知的故事。1769年，洛杉矶市建立时只有11户居民。但伴随着美国西部开发热，铁路修通，大量移民涌入加州，气候宜人、拥有良港的洛杉矶的重要地位也逐渐凸现出来。但洛杉矶地处干燥炎热的南加州，附近没有大的河流水源，用水就成了制约洛杉矶发展的一个重要因素。

一百多年前的洛杉矶市市长Frederick Eaton（弗雷德里克·伊顿）预见到了洛杉矶作为一个巨大都市的发展潜力和制约条件，并且敏锐地察觉出拥有大量内华达山脉雪山融水的欧文斯谷可以成为洛杉矶市的一个重要水源地。于是伊顿通过他在美国垦荒局工作的熟人弄到了欧文斯谷一带的水文资料，然后以个人名义在欧文斯谷地购买了大量土地，准备有朝一日再卖给洛杉矶市政府以便从中大赚一笔。

伊顿委任他的朋友William Mulholland（威廉·马尔霍兰）为洛杉矶水电局主管，负责修建从欧文斯谷到洛杉矶的引水渠。但在修建这条引水渠之前还有三个问题必须解决：首先，当时的美国政府正准备为欧文斯谷的农民修筑一个灌溉系统，这样的工程势必与洛杉矶引水渠产生冲突，在与联邦政府的对立中，洛杉矶市未必能占便宜。伊顿于是设法说服当时的美国总统Theodore Roosevelt（西奥多·罗斯福）取消了整个欧文斯谷的灌溉系统计划。

但此时还有另外两个难题需要解决：一个是如何说服欧文斯谷居民同意洛杉矶市政府获得欧文斯谷的用水权，另一个就是如何获得修建这项庞大工程必要的资金。

马尔霍兰告诉欧文斯谷的居民，引水渠只用来供应洛杉矶市的生活用水，不为他用，这样就无须担心引水渠会耗尽整个谷地的用水。但事实是，洛杉矶引水渠最早引自欧文斯谷的用水不是供给了洛杉矶市民，而是引给了洛杉矶北面的San Fernando Valley（圣费尔南多谷）用于谷地大片的农业灌溉。事前伊顿的朋友Harrison Gray Otis（哈里森·格雷·奥蒂斯）早已根据内幕消息在圣费尔南多谷购买了大量土地，从中大发横财。

伊顿同时又大造舆论，鼓吹修建引水渠的重要性。《洛杉矶时报》也应声起舞，甚至用伪造的数据刊登危言耸听的夸大报道来渲染洛杉矶市的用水危机，使得发行修建引水渠公债的议案很快通过。而奥蒂斯正是《洛杉矶时报》的发行人。

伊顿就这样终于巧妙地扫清了横在他宏大计划前的一切障碍。1905年，洛杉矶引水渠动工。洛杉矶引水渠全长357公里，它截断了本应从内华达山脉流入欧文斯湖的河流。

1913年，洛杉矶引水渠完工，10年后，早在冰川纪就已存在、曾经碧波万顷、生机盎然、被称为“加利福尼亚的瑞士”的欧文斯谷地彻底干涸，成为一片荒原。

80年后，洛杉矶已经是人口千万的世界级大都市，而寸草不生的欧文斯湖则成为美国最大的单个沙尘暴发源地。

六

那位中年妇女于是说："那还有3英里，我可以顺路捎你过去。"我微笑着摇摇头道："不用了，我已经在荒漠里走了7天，就让我再走完这最后3英里吧。"

4月9日

昨晚宿营在内华达山脚，日出前就早早起来了。

清晨的气温还很低，一边收拾营帐一边看着太阳从东边的山脉上慢慢升起，心中也随之升起一丝兴奋。如果一切顺利的话，今天再走上半天左右就该抵达隆派恩了。

吃完早餐，迎着清冷的晨风，顺着荒野里的电线杆继续向北而去。

一路高高低低，坑坎沟渠，遍地是碎石岩块，当然还有不变的灌木丛和遍地野花。这些都是野地独行的乐趣，什么也不用想，只是向着前方的地平线不断前行，四野无人，听着脚下沙沙的脚步声，享受着这无尽坦然的从容和自在。

下午13:00时，拐过一处山脚，回到395号公路边，这时前方荒原里如一片绿洲似的隆派恩已经遥遥可见。一辆银色的韩国现代小轿车在我身边停下，开车的中年妇女问我去哪里。我告诉她去隆派恩，那位中年妇女于是说："那还有3英里，我可以顺路捎你过去。"我微笑着摇摇头道："不用了，我已经在荒漠里走了7天，就让我再走完这最后3英里吧。"

走到下午两点多，路边终于出现了一块大木牌，上面写着大大的"Welcome to Lone Pine（隆派恩欢迎你）"。

隆派恩不大，沿着395号公路从头到尾15分钟也就走完了。主街上分布着些汽车旅馆、餐馆、酒吧和小商店等。隆派恩因镇西边的美国本土最高点惠特尼峰（海拔4421米）闻名，凡要想攀登惠特尼峰的登山者都基本上需要先到隆派恩。并且同时从隆派恩由190号州道往东直插死谷，那里又是美国最低点（海平面下44米）。所以，隆派恩是美国本土最高点和美国最低点的共同门户。我的计划就是攀登完惠特尼峰后再从隆派恩搭车进死谷，徒步横穿死谷去内华达州。

……

吃完饭，时间已是下午，我决定先找好宿营地再说，还得在隆派恩待上好几天，找一处隐蔽舒适的宿营地是当务之急。我顺着Whitney Portal Road（惠特尼入山路）往西出了隆派恩，向着惠特尼峰的方向没走多久，就来到了Alabama Hills（亚拉巴马山）入口。

亚拉巴马山是进入惠特尼峰的必经之处，同时也是著名的电影外景取景地，典型的西部荒野风光和林立的奇特怪石吸引了众多西部电影在此拍摄。

在亚拉巴马山指示牌的后面有一片茂密的野生树林，在只长低矮灌木丛的荒地里很是少见。我走到林子边上，看到一块硕大的布告牌立在一旁，原来这里属于内华达国家公园管辖地，告示牌上写着此处属于国有

地，不准宿营。不过我才不管他呢，政府除了向你收税时会说“Yes”以外，在其他任何情况下都只会向你说“No”。

一路上的经验告诉我，这种茂密的树林挡风、隐秘，肯定是宿营的好地方。我绕过告示牌，踩着满地过膝的荒草，拨开密密麻麻的枝叶钻了进去。

进去以后才发现，这条狭长的树林带，原来是围绕着一条由山中流下来的小溪一直生长开来的。繁茂的树木布满在小溪两旁，而这条小溪的流水就是在干旱的荒野地里会有这么条狭长林带的原因。

我逆着溪流而上，走了一会儿，最后居然在林子深处找到一块平整的空地。空地很小，但足以让我铺设帐篷了。空地四周被乱石和树丛严严实实地围住，从外面无法看到里面，野地里的大风也被完全挡在了外面。这小片空地边上就是小溪，我设好帐篷，钻过繁密枝叶来到小溪边，头上被茂密树枝笼罩，几乎没有办法站直身子。坐在小溪旁的青草地上，脱去靴子、袜子，把双足伸入清澈见底的湍急溪水中。四月的雪山融水冰凉刺骨，全身一阵激灵，但在长途跋涉之后，历经乏痛的双足在冰凉溪水中泡了会儿之后，先是刺痛，然后开始发热，最后彻底放松了开来。

泡完脚，再拿出毛巾、牙刷好好洗漱了一番。简单地吃了点东西，天色还早，给自己烧了杯热巧克力，拿本探险游记，坐到小溪边，背靠着棵小树，潺潺溪水在脚边流过，听着林中归巢鸟儿们的鸣叫声，一边喝着热乎乎的巧克力，一边慢慢翻着书页，直到天光暗去，回到温暖的帐篷里酣睡入梦。

在经过7天的长途跋涉，步行200公里穿越荒野，经历各种艰辛之后，在高耸的惠特尼峰之脚、荒凉的美国西部旷野深处，我发现了这个狭小但美妙无比的天堂，而我，此时此刻，就是这个天堂的主人。

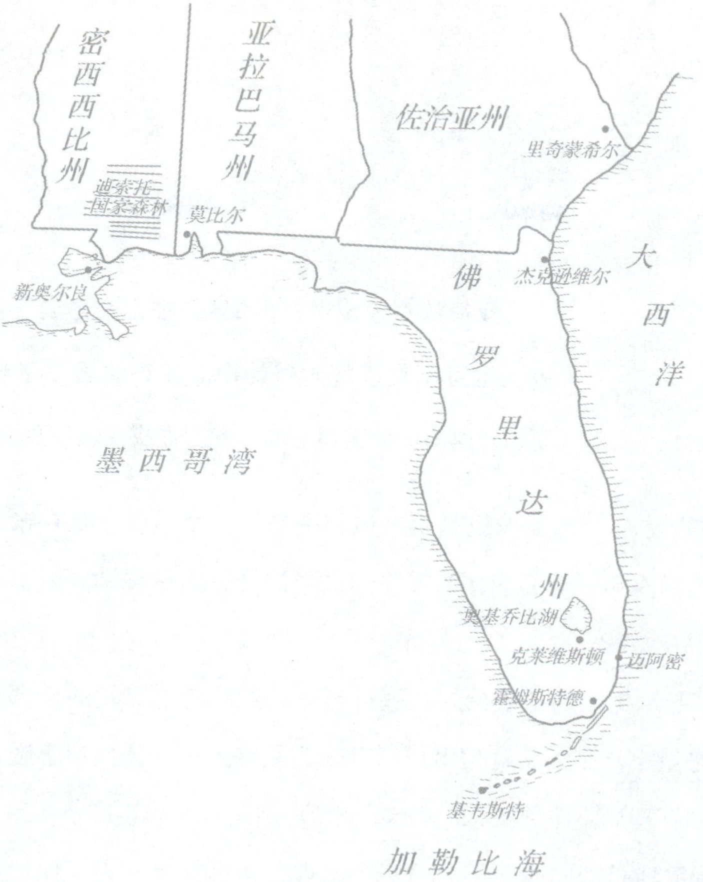
密西西比州
亚拉巴马州
佐治亚州
里奇蒙希尔
迪索托国家森林
莫比尔
新奥尔良
杰克逊维尔
大西洋
佛罗里达州
墨西哥湾
奥基乔比湖
克莱维斯顿
迈阿密
霍姆斯特德
基韦斯特
加勒比海

06

惠特尼峰

一

他很认真地说道：“如果你在上面遇到了意外怎么办？这可不是座好对付的山。我在这里住了将近20年了，对这座山知道得一清二楚，你应该相信我的话。”

我在隆派恩镇外亚拉巴马山口树林中的第一个早晨，是在帐外林间不绝于耳的鸟鸣声，还有隆派恩镇东边高耸的怀特山脉顶端照射下来的第一缕阳光中开始的。

早早起来把东西都收拾好，塞进包里，然后就背着我的全部家当小心翼翼、尽量不被别人察觉地潜出树林来到大路上。我先到位于隆派恩镇的美国森林管理局隆派恩Range Station（管理站）申请入山许可。

惠特尼峰是美国非常著名的一个景点，访客众多。为了保护这一带的自然环境，美国森林管理局特别制定了法规。虽然入山费只有15美元，但限制每天入山人数不能超过160人。从每年5月～10月底，气候和登山路径状况最适宜登顶的这一段时间里，申请人数如此之多，以致从2月初就需要提前申请，而且总是早早地就被预订一空。但我现在来的时候正是淡季，很少有人来登山，所以也就不用提前预约。

进了395号公路旁隆派恩森林管理站的平房，里面居然没人值班，大概现在还是大雪封山，这里也就没什么事可做，不需要专人守候。空无一人的森林管理站柜台上放着一叠入山申请表，旁边是一张说明书。我按照说明书上的指示将入山日期、预计逗留天数、姓名、住址、电话、紧急联络人等一一填好，放入管理站门口的一个木盒子里就算完成手续了。

投递申请表时，看到在木盒上方的墙上贴着一张告示，告示上印着一个身材魁梧、笑容灿烂，背着登山包正在攀岩的登山者的照片。这位叫Steven（史蒂文）的登山者在一个多月前独自攀登惠特尼峰时在山里失踪，森林管理站组织了搜救活动，但最终一无所获。因为大雪，森林管理站的搜救活动无法继续，他们推测史蒂文已经丧生。告示上要求任何发现史蒂文遗骸、遗物的登山者立即向管理站报告。

办理完入山证，我坐在森林管理站门口的长椅上开始等待，想看看能不能在这里遇到别的登山者。等了大半天，中午已过，依旧一无所获。

出发前我先到镇上昨天去过的麦当劳吃中午饭。透过麦当劳西墙整面的落地窗，远远眺望着如参差犬牙刺向乌云低沉的天空的惠特尼峰。顶峰一带倒也看不到多少积雪，不过这不说明什么，那一片坡度陡峭，近乎垂直，再加上山顶狂风，根本就存不住什么积雪。但是在到达顶峰之前我先得在山坳斜坡上行走很长一段路程，而那里的积雪状况我坐在这里是一无所知。

吃完饭再到隆派恩镇上的一家商店补充了些食品。本来还想看看能不能换双靴子，可是一条街问下来，唯一一家有靴子卖的商店架子上放着几双筒长过膝、表面皮革上雕满琳琅花纹的牛仔靴。这些花里胡哨的牛仔靴穿上拍电影是足够了，可是用来登山却实在是差得太远。无奈中只好还是穿着我那双就快磨穿鞋底的靴子上了路。

下午16:00，我离开隆派恩，顺着惠特尼入山路开始往山脚走去。

出了镇子没走多久，一辆老旧的、车体油漆已经脱落得斑驳不堪的面包车在我身旁停了下来。驾驶座上一个褐色头发、面容和善、声音低沉的中年男子问我需不需要搭车，我喜出望外，连声道谢。那中年男子让我把背包放到车子后面，打开面包车侧门，里面密密麻麻地摆满了各种机械修理工具，我小心翼翼地把背包放在那些工具上面，尽量不要沾染到地板上的油污。

中年男子自我介绍他叫Rich（里奇），职业是机修工，家住亚拉巴马山后的一处小牧场里，现在正在回家的路上。里奇知道我是要去登惠特尼峰后就不假思索地再次对我说："现在可不是爬惠特尼峰的好时候，你知道为什么吗？"

"大概是因为太多积雪的缘故。"我回答。

"不全是。"里奇开始耐心向我解释道，"今年冬天下的雪要比往年多，最近天气也不稳定，时冷时热，山上整个冬天的积雪层很不稳定，经常有雪崩。而且现在积雪已经开始融化，山上的岩石土层都很松软，落石特别多，非常危险。说起来你就算12月或者1月天气最冷、雪最大的时候来爬惠特尼峰也要比现在安全。"

"我知道，不过既然已经到了这里，我还是想试一下。"

里奇见我并不为他的言语所动，显得有些失望地问我："你带了无线电对讲机吗？"

我摇摇头，于是他很认真地说道："如果你在上面遇到了意外怎么办？这可不是座好对付的山。我在这里住了将近20年了，对这座山知道得一清二楚，你应该相信我的话。"

"里奇，谢谢你的关心，我知道你是对的，只是我走了很远到这里就是为了爬这座山，既然想了要去做，连试都不试一下就放弃，这不是我的性格。不过，你也不用为我担心，我并不是来这里冒险的，如果上面的情况确实超越了我的能力的话，我知道如何去放弃。"

里奇把我送到离山脚还有一段距离的一处岔路口，告诉我右边是进山的道路，一直能到山腰处，但从左边的岔路走进去有一处公共宿营地，我晚上可以在那里宿营。

临分手时里奇告诉我，晚上这里会很冷，如果实在受不了尽管到他的住处去："来我家喝杯热咖啡暖和暖和也不错。"我笑着和他约定，不管成不成功，从山上下来后都要去他家坐坐。

二

没想到走了没多久就发现一切要远糟于我当初的预计。山道狭窄陡峭，没有什么明显标志，经过一冬雪雨侵蚀后，不少路段难以辨认，有些路段被不断飘下的积雪覆盖，有些又被山上积雪融成的小溪冲成一截一截的。

里奇和我道完别，他开车调了个头回家去了。而正当我准备往里奇说的宿营地走时，一辆轻型越野车迎面驶来，我连忙拦住车，想打听一下宿营地的情况。

车里坐着两个从洛杉矶来的女孩米歇尔和艾文勒。她们告诉我那处宿营地还得走一段才能到，并且里面也没有什么设施。她们本来是打算去那里宿营，可是刚才去看了一下觉得不满意，最后决定还是回隆派恩住旅馆。听她们这么一说，我想与其如此，还不如直接往山里去，晚上就在入山道路边上找块地方宿营算了。

我背着包顺着公路改往入山口走了没多久，刚才遇到的那两个女孩又开车从后面追了上来。她们说上山的公路已经封了，从这里到封山口还有一点距离，她俩刚才商量了一下愿意捎我到封山口。我连声道谢，上了她们的车，没多久就来到山脚处通往惠特尼峰的入山口。入山口的公路正中立着块"道路封闭"的标识，边上是处简易停车场，散停着几辆汽车，想必是其他登山者留在这里的。

下车告别了米歇尔和艾文勒，我在公路边坡下的一片松林间找到一处还算隐秘的宿营地。

刚才离开隆派恩时还天空晴朗，可是在向着惠特尼峰进发的路上就看到前方的山中云雾密布，平日可以清晰见到的惠特尼峰踪迹全无，等到了山脚时天空已是乌云笼罩，寒风嗖嗖。在松林间的空地上用汽油炉烧了点开水下面条时，天空中竟然洋洋洒洒地飘起雪花来。我在细雪中躲在一棵松树下赶快吃完热乎乎的面条，然后就早早钻进了帐篷里，躺在睡袋中考虑着下面的计划。

其实，我所谓的计划一路上早已在心里重复过无数遍。惠特尼入山公路，从山脚一直盘旋着深入到山腰处约海拔2250米处，然后从公路尽头开始有一条17公里长的登山道通向海拔4417米的惠特尼峰顶。有公路的一段应该没什么大问题，顺着往上走就是了，现在的问题是从山腰开始的这段山道。

山上的积雪以及登山道的状况依目前得到的各种消息来看不容乐观。我的计划是先抵达公路尽头的登山道起点，在那里宿营半宿，凌晨出发，争取于中午前登顶，然后立即返回山腰宿营地。这样算来，单程17公里，也就是说往返全程需要走34公里。

按照以前的经验，我在山地徒步行进的速度约为每小时3公里，甚至还能更快些。一天34公里的山路对我倒不是个问题，我以前最好的记录是从早上8:00到晚上22:00，用14个小时走了50公里山路。不过那是在毫无积雪困扰的夏季，我雪地徒步行进的经历虽然不是很多，但以前那些有限的经验已经足够让我明白雪地行进的艰难和缓慢。

不过此时此刻，我也不再去想些无用的事情来自寻烦恼。反正在山脚什么也不知道，这些天气温一直在回升，或许山道上的积雪已经化了不少也说不定，明天先上去看看再说。

第二天是4月11日。早上6:00起来，7:00我就背着大包沿着入山公路开始往山里行进了。

入山公路紧贴着峭壁，路面上布满了山崖上滚落下来的大小石块。内华达山脉的地质构造非常脆弱，250万年前的第四纪冰川期更是将山体表面的岩石层耕犁得支离破碎。冬天山体表面的积雪到了气温转暖的春季，白天化成水渗入岩层的缝隙处，到晚上温度降低后又重新结冰，膨胀的体积一点点将岩石缝隙撑大。第二天被撑大的缝隙渗入更多的水，晚上再结冰将裂缝撑得更大，就这样周而复始最终竟能将巨大的岩层峭壁肢解成大小碎石，四处滚落。看着道路上遍地大小不等的碎石，还有一旁山崖石壁上纵横交错的裂缝，不得不感慨起老子所说的：“天下莫柔弱于水，而攻坚强者莫之能先也。”

走了一个多小时后，开始进入深山。本来早上一路还是蓝天白云，阳光明媚，可是走着走着，在近山腰处，公路一拐角，沿着一条深峡折进山中时，迎面立刻是浓密云雾一片，头顶的天空顿时阴了下来，旁边近在咫尺、堆满积雪的山峰的顶端都在云雾中被遮掩着若隐若现。

继续前行，走进了云雾之中。四周渐渐飘起鹅毛雪花，公路上也开始出现积冰。随着高度的增加，积冰越来越多，越来越厚。最后路上的积冰都变成了厚厚的积雪。快走到公路尽头时，路上的积雪竟然厚约半人多高，埋掉了路旁两米多高的道路指示牌，只露出最上面一截在外面。

道路上的厚厚积雪中间有一条被前面那些登山者踩出来的，布满各种脚印，在一片雪白中略显肮脏的狭窄路径。我小心翼翼地踩着别人的脚印往前走，有时一不小心踩到还没被踩实的积雪处，腿一下子就会陷下去大半截，连忙拔出来时，靴子里已经灌满了积雪。

花了约两个多小时，我终于在中午时冒雪抵达了惠特尼入山公路尽头，登顶山路的起点。

我到达后做的第一桩事就是赶快设营。第二天拂晓前就要出发，所以现在得早早睡觉，为第二天的行动做好准备。

漫山的大雪中，我在雪地中的一棵枝冠繁盛的松树下找到了小小一片没有积雪，倒是铺满了柔软松针的平地，紧靠着松树支好帐篷。帐篷旁边立着块注明附近有狗熊出没的警示牌，不过我倒不是很害怕，这样的大雪天想必狗熊们还在冬眠，反正它睡它的，我睡我的，大家互不干扰就是了。

帐篷设好，弄了点热面条吃，时光尚早，于是决定先顺着登山道试着走一段，熟悉一下环境，顺带侦察下山道上的雪情路况。

没想到走了没多久就发现一切要远糟于我当初的预计。山道狭窄陡峭，没有什么明显标志，经过一冬雪雨侵蚀后，不少路段难以辨认，有些路段被不断飘下的积雪覆盖，有些又被山上积雪融成的小溪冲成一截一截的。

对于登山道简短的考察一下子让我真正开始踌躇起来，看情况大概有必要更改计划。但前面的实际情况到底怎样也还不是很清楚，就这么放弃毕竟不甘心，心里寻思着：管他呢，明天先上去再说，实在不行再撤。

回到营地，当我正蹲在营帐边的一条小溪旁，边洗着炊具边考虑着现在的状况时，前面的山道上突然传来人声，有人从山上下来！我心中一喜，这下可以搞清楚前面的状况了。

我赶忙跑到路边，看到前方的积雪山路上下来一男一女两个全副武装的登山者。他俩那套行头绝对专业：全套高级防寒登山服，雪地专用钉靴，比我那背包还要大的专用登山包外面挂满了登山绳、冰镐和其他装备，这架势就算去登比惠特尼峰还要高一倍的珠穆朗玛峰都绰绰有余了。

我大声地向他俩打了招呼，然后问他们："你们上到山顶了吗!?"他俩都显得幸福而自豪地点头称是。

祝贺完他俩后我接着再问："你们一共几个人结伴?"他俩告诉我他们一共6人，后面还有4个人马上下来。

最后我问道："你们一共花了多长时间?"这次我得到的回答是：路况很糟，他们一共用了4天：3天上，1天下。

听到这里我也就什么都不用再问了，唯一做的就是立刻收帐下山，登顶计划就此放弃。原因很简单，我根本不可能在雪山上待上4天3夜。

下了山，沿着公路快走到亚拉巴马山一带时，远远看到公路边的荒地

里零星分布着几处院落。这时已过了下午17:00，想着里奇大概已经下班在家了，就决定依约顺路去看看他。

三

我随口半开玩笑、半认真地说道：“里奇，你这里朋友多，认不认识哪家牧场需要帮手？这地方可是名副其实的The Wild West（荒野西部），能在这里做个货真价实的牛仔那可就太酷了。”

里奇告诉过我，他住的是一栋漆成绿色的小木屋，可是沿路找了几户住家都不得要领，正站在公路边疑惑时，一辆丰田皮卡在我身边停了下来，开车的是位满头银发、气色健朗的老妇。她问我要不要搭车，当我告诉她我是在找里奇的家时，她毫不犹豫地说道：“上车吧，里奇是我邻居，就住前面院子里，我带你去。”

翻身上了小卡车后面的车斗，顺着野地里的土路，没多久就来到一处离公路300米左右的院子。院子里散落分布着几栋木屋，老妇人带我走到靠南的一栋低矮、窄小犹如车库般的木屋前，拍打着木屋门嚷道："里奇，你有客人。"

木屋门开了，里奇出现在了门口，他魁梧的身影将木屋衬托得更加矮小。里奇见到是我显得非常高兴，谢别老妇，里奇把我领进了屋。

我把在山上的经历大致说了一下，又聊了我在路上的经历和接下来的计划。里奇听了很欣慰地说："你做了一个很聪明的决定。"

后来里奇聊起了他自己。里奇出生在遥远的南方，二十多年前他和妻子一起来到了隆派恩。里奇的妻子无法忍受这里的荒凉和闭塞，和里奇离了婚又回南方去了。但里奇却独自留了下来，从未离开。里奇后来不曾再婚，这些年来甚至连女朋友也没有。但里奇显得很满足地说道："我觉得很好，这是个很美的地方，人也很好，在这里我有很多朋友。我喜欢这种平静的生活。"

无意中我问他这间小木屋是他自己买的还是租的，里奇告诉我这间小木屋是这处院落主人的房子，"我平时替他们老两口照料一下他们的牲口，作为交换，我可以免费住在这里。"听到这里我才想起刚才来的路上确实看到路旁的栅栏中散养着一些牛。

我随口半开玩笑半认真地说道："里奇，你这里朋友多，认不认识哪家牧场需要帮手？这地方可是名副其实的The Wild West（荒野西部），能在这里做个货真价实的牛仔那可就太酷了。”

里奇听我这么一说，马上一脸认真地答道：“哦，那当然。我刚好有个朋友叫Dianna（黛安娜），她有处牧场，主要是照料许多从附近Death Valley（死谷）里营救出来的野驴。黛安娜那里很缺人手，如果你愿意去，她一定会要。不过她可付不起你工资，在那个牧场工作的都是志愿人员。当然，黛安娜会提供你免费吃住。”

听到这里，我眼睛一亮，马上说道：“好呀！就这么定了！里奇，我愿意，你一定要帮我这个忙！”于是里奇翻出黛安娜的电话号码，打了好几回都没人接，里奇最后给她留了言，说明了我的状况。放下电话，里奇显得很习以为常地对我说：“黛安娜一般都不接电话的，不过我留了言让她打回给我。”

惠特尼峰没有登成，但我无意中却得到了一个可以在西部荒野中当个牛仔的机会，心中本来的郁闷一扫而光，只庆幸自己的运气实在不错。

天色已暗，里奇坚持留我吃饭，他煎了一些豆子火腿招待我。吃完饭，他问我晚上准备在哪里过夜：“如果你不介意的话，院子里我还有辆厢型车，你可以睡到后面车台里，说不上舒服，但至少吹不到风。”

不过想了想我还是婉言谢绝了。分手时我俩约定，我们尽量保持联系，一旦黛安娜那边有了消息，里奇就来通知我。

在汽车旅馆柜台签单领了钥匙，进房间一看，喜出望外，没想到浴室里竟然有浴缸！因为这一路上住的汽车旅馆浴室里都只不过是个淋浴头而已。我连忙踢去脚上已经走得歪塌塌的靴子，卸下背包，在浴缸里放满水，三下两下脱个精光躺进洁白的浴缸里，一边让雾腾腾的热水从脚到脖子泡个严严实实，一边喝着刚才从旅馆旁边的小商店里买的冰镇啤酒，在满室蒸腾的水雾中回顾着到目前为止的各种遭遇的同时，又开始憧憬起下面将要开始的新鲜经历。这一刻，身心舒爽之极，真是从里到外都惬意得快酥透了。

在旅馆舒适的席梦思上一觉睡到了第二天上午日上三竿。出了旅馆给里奇打电话却一直找不到人，想来他大概工作去了不在家。我闲着没事，小小的隆派恩也已让我逛得再也无处可逛，索性来到镇上那个只有一个小房间的图书馆，翻翻杂志，顺便用电脑查查信箱，给一些关心我的朋友写信报平安。

快天黑时我又回到我在亚拉巴马山口树林的那个小小天堂。

四

正当我等得有些百无聊赖时，一辆白色道奇皮卡停在了我前面。从副驾驶席上下来一个高个子、宽肩膀、戴顶宽檐帽的中年男子，他走过来向我伸出手说："你是在等我们吧？"我笑着看着他说："我希望如此。"

第二天早上起来，还是个阳光明媚的好天气，心情也格外的好。收拾营帐准备去镇上时，想到今天或许就要告别此地了，所以特意在周围检查了一下，把这两天存下的一些垃圾杂物收拾干净装入一个塑料袋里准备拿到镇子里去丢掉。当我离去时，特意回头再次看了一眼这片乱石围绕的小窝。亚拉巴马山冈之下，茂密树丛之间，它祥和静谧如初，就像我第一眼看到它时一样。踏波将去，港湾依旧，那一刻的留念和感触或许也只有像我这样的过客才能感受得到吧。

到了镇上，当我正顺着主街闲逛时，突然听到有人在后面向我打招呼。我回头一看，是个长发青年。他穿件黄色背心，肌肉结实，跨着辆加固自行车站在我身后的公路上，自行车的前后架子上大大小小挂满了包裹，一看就猜得出来是个骑自行车的旅行者。

这个长发青年显得有些腼腆，他问我："你是在横穿美国大陆吗？"

我听了一愣："是呀，你怎么会知道？"

"我看你背那么大的一个背包就猜到了。"

这个长发青年叫Ray（雷），他从加州北边的俄勒冈骑了2000公里去内华达州的拉斯维加斯，现在是在回俄勒冈的路上。我俩聊了一下彼此的经历，大有惺惺相惜之感。互留了地址，然后我们才道别而去。

在旅途中，很多时候的乐趣就正来自于与这些陌生人的邂逅和相识。

到了公用电话前，正准备给里奇打电话时，却听到里奇就站在街对面叫我。里奇端着杯咖啡，走过街很高兴地对我说，黛安娜终于回他电话了，刚好有人从她的牧场收养了几头野驴，她今天要来隆派恩办移交手续，顺便来接我回牧场。

一直等到下午16:00，正当我等得有些百无聊赖时，一辆白色道奇皮卡停在了我前面。从副驾驶席上下来一个高个子、宽肩膀、戴顶宽檐帽的中年男子，他走过来向我伸出手说："你是在等我们吧？"我笑着看着他说："我希望如此。"男子自我介绍说他叫Dan（丹），在黛安娜的牧场工作。他让我把背包放到皮卡后面的车斗里，然后拉开车门让我坐到皮卡后排座上。

这辆道奇皮卡的驾驶室里不仅塞满了各种杂物，而且还已经坐了两位女士另加两条大狗。我们大家简短地互作了自我介绍。坐在前排驾驶座上，戴着顶大号遮阳草帽，脸庞红润，面带和善微笑的中年妇女就是黛安娜；后排座位上的身材娇小、满头淡黄头发的年轻女子也是黛安娜牧场的工作人员，叫Rebecca（丽贝卡）。两条大狗，一头是神态威武、肌肉发达、褐色短毛的斗牛犬，名字叫Mojo（莫琼）；另一条则是长毛苏格兰牧羊犬，叫Ruben（鲁宾）。两条狗虽然块头不小，却很聪明，刚见我这个陌生人时还叫了两声，被黛安娜说了几句之后就乖乖地不再做声了。

后座的地板上塞满了各种包裹，我和丽贝卡就盘腿挤在上面，鲁宾和我们一起待在后排，它偎依在丽贝卡的怀里，时不时抬眼偷偷看我几下。黛安娜、丹、莫琼则坐在前排。我问牧场在哪里，才知道原来就在隆派恩南边约40公里，我曾路过的奥兰察。

在车上跟大家聊了些关于我的事情，他们顺便也向我介绍了些牧场的情况。丹是个爱说话的人，一路上滔滔不绝地告诉我各种各样和我将要去的牧场有关和无关的事情。黛安娜却话不多，更多时候是面带笑容地边开车边听着我们的交谈，偶尔才讲两句。坐在我旁边的丽贝卡则更是沉默，只是搂着鲁宾默默地倾听，她虽然年纪不大，但看得出来因为长年在自然环境苛刻的荒野中工作，日晒风吹，脸膛黑红黑红的显得有些粗糙。丽贝卡有一头亚麻色的头发和一双晶莹的绿色眼睛。

沿着395号公路往南奔驰了40多公里，回到了房屋稀疏衰败的奥兰察

镇。白色道奇皮卡在镇上唯一的一家小加油站旁驶下了公路，斜斜地沿着一条布满石砾的狭窄土路向着荒野深处、远处的内华达山脚颠簸不已地开去。

这时丹在前排回过头大声对我说道："欢迎来到奥兰察！先觐见一下我们的奥兰察酋长吧！"

我听了一愣，没明白他的意思。我迷惑的表情或许正是丹所盼望的效果，他颇为得意地指向车窗外的内华达山脉顶峰对我说："那处最高的山峰就是Olancha Peak（奥兰察峰），你看看这边的山脉像不像一个平躺着的印第安人？"我顺着丹所指的方向一看，果不其然，在湛蓝无染的天空映衬下，被皑皑白雪覆盖着的内华达山脉群峰惟妙惟肖地在天空中勾勒出一个朝天平躺、长着一副典型印第安男子面孔的男人轮廓，奥兰察峰正是这个印第安人的鼻尖。

当地人就都把它称做Chief Olancha（奥兰察酋长）。我们的牧场，也就是野驴拯救与保护组织，就正位于奥兰察酋长的脚下。

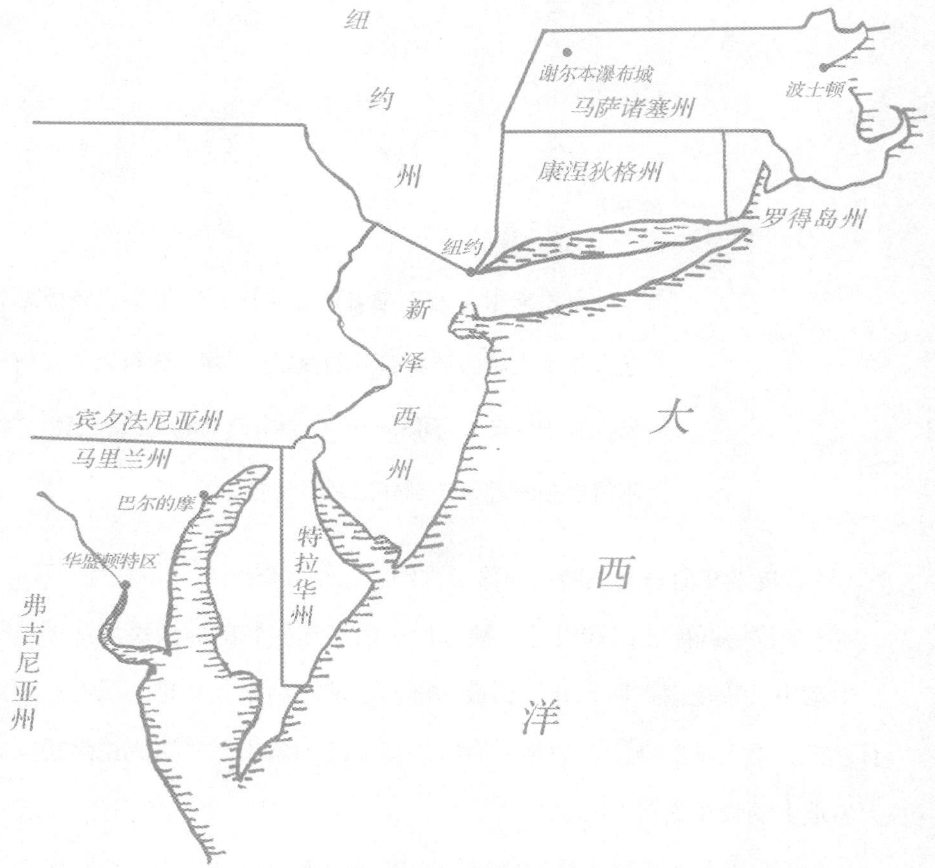

07

内华达山脚下的**小牧场**

一

克里斯很真诚地指着这三张床，对正小心翼翼地站在杂物堆中尽力洁身自好的我说："翔，你可以挑任何一张你喜欢的床。"可那一刻我心中充满的却只有悲愤，恨不得立刻背起包走到外面睡野地去。

道奇皮卡在简陋的土路上颠簸了大约八公里才终于来到了牧场。

这个牧场远离公路和奥兰察镇，位于内华达山脉脚底大缓坡上的一处小山坳中。牧场南、西、北三面被一圈凸起的山冈紧紧环抱，只有东面没有遮拦，整个欧文斯干湖谷地还有谷地对面的柯索山脉一览无遗地袒露在大斜坡上的牧场面前。

布满石块和沙漠灌木丛的山坳寂静安详，山坳中央长着一小片稀疏的树林，在枯黄色的山谷、荒漠间展现出一抹与众不同的青翠。树林间散布着一栋石屋和一栋木造小楼，还有两座简陋狭小的库房，这就是整个牧场的中心了。围绕着树林和房屋，分布着二十多个大小围栏，远远地就可以看到围栏里面的众多毛驴、马和骡子。

我们先来到牧场入口，入口的栅栏上挂着个告示牌，上面写着："老狗们，小狗们，这里还有些笨狗，请你小心驾驶。"丹跳下车打开栅栏门，我们的车子缓缓驶入了牧场内，一直到石屋边的树荫下。

说是牧场，却完全没有脑海里那种风吹草低见牛羊的景象。

在这海拔4000英尺的高原谷地，荒凉干旱的莫哈韦沙漠深处，这里除了遍地石块、四下散布的驴马粪球，就是无处不在的厚厚沙土了。当我跳下车子时，腾起的尘土一瞬间还真让我心中也同时升起些许踌躇。

刚下车，院子里就立刻响起此起彼伏的狗吠声，看样子这里的狗可不少。院子里走来一个满脸络腮胡的瘦高男子迎接我们，他穿着一件沾满尘土和陈旧污垢的黑白格子厚布衬衣和一条与他的衬衣一样脏的深蓝色牛仔裤。男子有副消瘦的脸庞，像刀锋一样尖挺的鼻子，还有一双令人印象深刻的深邃眼眸。虽是初次见面，但看过去总觉得有些眼熟，似乎在哪里见过似的，想了半天才突然悟到，原来他的神貌和耶稣基督非常相似。

黛安娜为我们作了介绍，这个男子叫Chris（克里斯），也是牧场的志愿工作人员。克里斯很腼腆——又是个不太说话的人。

整个牧场包括黛安娜、丽贝卡、克里斯、丹，再加上我一共就只有5名工作人员。

黛安娜先领我到石屋休息。刚打开石屋的门，几条块头都不小的狗争相吠叫着拼命摇着尾巴迎上来，黛安娜喝退了众狗，笑着对我说："把这些家伙都放在外面的话，它们就会成群结队去野外追兔子、撵土狼，有时候还会惊吓到牧场里的驴子和马，所以我把它们关在屋子里，按顺序逐个放到外面去。"石屋挺大，但有些阴暗，约30平方米左右，一通到底。屋子北头有个煤气灶、一台旧电冰箱，靠墙的架子上放满了锅碗瓢盆和各种食物罐、调料罐。石屋中间横放着一条摆满书籍信笺以及三四个烛台的长桌和五把椅子。长桌边是一张木床，靠南墙放着一圈桌子、柜子，摆着许多书籍。几副垒放在地板上的马鞍和大大小小几十盆长势不错的花卉植物满满地挤占了整个南边的角落。这间石屋既是牧场的厨房、餐厅，又是黛安娜的卧室和办公室。

我把背包从肩上卸下放在石屋的木头地板上，地板上顿时腾起一股尘土。黛安娜简短地和克里斯聊了聊牧

场的事情，然后就让他带我去宿舍，再到牧场里四处看看。克里斯把我领到了木楼的二楼，说我们俩住一间屋。一开门，立刻迎上来一条个头健壮的德国黑贝狼狗和一只非常小的花猫。克里斯告诉我狼狗是他的，叫Max（马克斯），他干活时就让狗在屋子里待着，免得四处乱跑惹麻烦。小花猫叫杜依，是黛安娜刚收养的一只被人遗弃的小母猫。克里斯告诉我："我们刚把杜依领回来没多久，要等过阵子给它做完节育手术后才能放到外面去。我们已经收养了太多猫，不想让它们再生个没完。"

"你把马克斯和杜依关在一间屋子里，马克斯不会欺负小猫吗？"我好奇地问道。"哦，当然不会，在我们这儿，狗是不允许欺负猫的，它们都各干各的，互不打搅。"

看上去也正如克里斯所言，马克斯除了摇着尾巴绕着我们转之外，对在它身旁窜来窜去的小花猫杜依基本上采取的就是一副熟视无睹的态度。

二楼的房间大约有二十多平方米，三面都有大窗户，倒是明亮，不过整个房间里却弥散着一股刺鼻的霉味。房间的地毯上布满了各种陈年污垢，地毯隐约显出当年的白色，不过现在早已变成一种非常深的灰色。

这间大屋子看来很久没打扫过了。地毯上散乱堆放着各种杂物，几大堆乱糟糟的旧衣服，垒得高高的空纸箱，遍地空啤酒罐、香烟盒，几个落满灰尘的小型煤气罐和一个煤气取暖器，满满几大纸箱袖珍版的Louis L'Amour（路易斯·拉穆尔）的廉价通俗小说（路易斯·拉穆尔是美国著名的通俗小说作家，其作品主要都是关于美国西部早期的各种传奇故事。他的作品众多，在美国民间拥有大量读者，其作品的风格和影响与金庸的有很多相似处，所以将路易斯·拉穆尔称为"美国的金庸"也不为过）。地毯上有两个旧饭盆，一个装满了狗食，一个装着水。满地杂物堆之间的空地上还有个方形的猫用便盆，里面的猫屎都早已干硬得失去了它们应有的色泽，我心中深深地怀疑整个房间里的刺鼻怪味就是那一带散发出来的。

面对房门的北墙放着一张双人席梦思床，不过那床垫既旧又脏，布满黄斑，一如既往地布满尘土不说，上面连个最基本的床单也没有。东、西则对放着两张单人床，除了尺寸小一些以外，其他状况和那张令人叹为观止的双人床毫无区别。如果要在这间大屋子里乱七八糟的各种无序杂物中寻找出它们唯一的共同点的话，那就是：它们都颜色可怖且布满了厚厚的尘土。苍天为证，我这一生还从来没有身处过如此脏乱之处所。

克里斯很真诚地指着这三张床，对正小心翼翼地站在杂物堆中尽力洁身自好的我说："翔，你可以挑任何一张你喜欢的床。"可那一刻我心中充满的却只有悲愤，恨不得立刻背起包走到外面睡野地去。

不过最后想想也只能忍耐了。如果暂时没本事改变境遇的话，那就只好改变自己了。我安慰自己道：虽然这里脏是脏了一点，也算是种新体验了，日后也可以问心无愧地对人说："好歹咱也算是体验过真正美国西部的牛仔生活，而且是原汁原味。"看到靠东墙的单人床显然是克里斯在睡，我就挑了靠西的单人床，在上面铺好随身带的野营防水垫和睡袋，放好背包，然后克里斯就带着我到牧场里四处巡视。

整个牧场面积不小，全部有280英亩（113公顷），大部分还都是荒地没有被利用。现在牧场里收养着从附近死谷国家公园以及一些私人手里保护下来的187头毛驴，另外还有10匹马、5头骡子。这些野驴大部分本来是要被美国国家公园管理局射杀掉的。黛安娜告诉我，她前后从死谷国家公园营救出来500多头野驴，它们大部分都被野驴营救与保护组织的会员和一些普通民众收养了，剩下在这里的则多是高龄体弱、需要特殊照顾、比较难被收养的驴子。"我们也无偿收养其他牧场和私人拥有的因为年纪大、生病而要被杀掉或者送到工厂做成猫狗食物的驴子和马。在这里，我们照料这些动物一直到它们最后自然老死。"

牧场里没有自来水，用水完全靠从内华达山里引来的一处泉水，牧场

里的所有用水都依赖这泓泉水。“一年中其他时候还好，一到冬天全天气温都在冰点以下时，泉水会结冰，整个牧场就完全断水了。每天早上起来第一件事就是用铁锹一个围栏一个围栏地把驴圈里盛水的大塑料盆里的厚冰敲碎清理出来，这样驴子们才能喝到水。”克里斯这么介绍道，“然后还得开车载着水罐到镇子上的朋友们家，从没结冰的井里抽满水回来饮驴。”

“那么生活用水怎么办？至少每天干完活不需要冲个澡吗？”“我们这里没有自来水，也没有电。有个煤气热水器可以烧水洗澡，不过煤气用完了得扛着煤气罐去镇上的加油站充气，很麻烦。冬天水管一冻就连洗手的水都没有了，要洗澡得每个礼拜去一趟镇上的一处trailer park（宿营车场）交5块钱洗个澡。”

听到这里我顿时暗自庆幸：“幸好我来的是时候，现在春暖花开气温适合，不说奢侈到每天都能洗个热水澡，至少有个冷水洗脸洗脚还是不成问题的。”

二

在面对整个牧场的东方，欧文斯谷的另一面，蜿蜒的柯索山脉在东方的夜空中勾勒出一道绵延不绝的银边。黛安娜低声说道：“月亮就要出来了。”

日落前，大约傍晚18:00的时候是给毛驴们喂食的时间。这时每天惯例的大风又来了，狂风卷起地上的沙石，草秆枝叶打在脸上生疼。我戴好棒球帽，再用登山服的帽兜将整个脑袋连嘴巴严严实实地捂好。戴好克里斯递给我的一双厚厚的帆布手套，就跟着贝琪（丽贝卡的昵称）、克里斯、丹开始在围栏间忙碌起来。因为我是第一天来，所以就跟着克里斯，由他带我。

我们先来到草料堆，这些从草场买来的干草都是一捆捆约1.2米长、半米宽、30分米高的干草捆，每一大捆干草又可以分成约20小捆，全部被机器压缩紧后用3根结实的塑料绳紧紧捆扎在一起。我抓住捆干草中间的塑料绳提了一下，沉甸甸的腰都直不起来，尽管带了厚帆布劳动手套，但双手依然勒得生疼。克里斯看着我说：“小心点，这样一捆轻的有70磅重（约30公斤），重的超过100磅（约50公斤），搬运的时候不要不小心把自己给伤了。”

我抱着沉沉一堆干草走到驴圈边，里面靠着栅栏放着两个黑色硬塑料压成的椭圆形草料盆，约0.5米深、1米长，比一般的洗澡盆还要大。圈里头的驴子们看到在草料堆旁忙碌的我们时，早就自动围在栅栏边的草料盆旁冲着我们伸直脖子，张大鼻孔，大声鸣叫不已。整个牧场的驴子们都仿佛一瞬间得到了号令似的同时鸣叫起来，此起彼伏的驴叫声像汽笛一样在牧场的山坳里飘旋回荡。

我把干草分投到两个草料盆里，然后钻进驴圈，奋力挤进紧围在草料盆旁埋头苦吃的驴子们中间，试图把草料盆从栅栏边拖到驴圈中央的空地上，克里斯告诉我一定要这么做，好让驴子们能够有更多空间围在草料盆周围从容进食，防止它们因为抢食争斗受伤。

可问题是驴子们都紧紧地挤在一起，我根本就无法弄开哪怕是一个极小的细缝让我能挤到草料盆旁。克里斯看到了连忙大声说："翔，说话，或者随便发出点什么声音。"

我听了就依计而行，嘴里发出一连串"啧啧"声，有意思的是，一头刚才还把头深埋入草料盆中对我的推搡寸步不让的毛驴果然猛地抬起头来，含着满嘴的干草，倒退着出来留出一个空间足够让我走到草料盆前。

按照克里斯的指点喂完几处小群毛驴，最后丹、克里斯，还有我，牧场的全部三个男人集中在了最大的一个驴圈前。这个驴圈密密麻麻挤着96头毛驴，因为它们都是母驴，所以被称为"Ladies（女士组）"。牧场里原则上把公驴和母驴分开饲养，黛安娜告诉我，这是因为整个牧场不靠出卖动物或者任何动物制品赢利，维持牧场运营的全部收入完全是依靠外界的募捐，牧场一直为窘迫的财政状况所困惑，人手也不够，所以目前的状况让她不希望现有的毛驴们无限制地繁殖下去。

“女士组”的围栏里安放着6个高大的金属制草料喂食架。草料喂食架是由两大片钢栅栏组成倒A字形焊接在一个长方形的金属托盘上，两头用铝片封死，喂料时将干草投入倒A字栅栏中间，这样既可以让驴群都公平地吃到草料，又可以避免散开的干草被大风吹走。

我们三个男人在诸位“女士们”热烈的注视和呼喊声中将一大捆一大捆的干草拖到围栏四周，割断绳子，做好准备投料。为了防止众多毛驴互相挤压争斗，向大群毛驴投放草料时必须隔开距离同时进行。我们三个人分三边站好，同时举起双手示意，高呼一声“OK”就以最快的速度在震耳的驴鸣声中将地上的干草投入栅栏边的各个钢制草料架中。只见一块块草料在空中分解开来，四散着落入喂食架中，腾起一股股尘土，狂风卷带起草料中落下来的无数碎草秆和沙土粒将我们从头到尾笼罩住。草料投完，再钻入驴圈，踩着满地石砾和驴粪，吃力地将沉重的草料架从栅栏旁拖到驴圈中央的空地上。

喂完“女士组”，牧场一天的工作也就基本结束，我狠狠地向地面猛啐了几口唾沫也没能把口中的沙土弄干净。干完活低头从上往下再看看自己，从登山服，到裤子，再到靴子，都已经被厚厚的尘土覆盖。虽然出门前将全身包裹得严严实实，但依然无法防止众多短小、坚硬的细草秆透过一层层外衣坚忍不拔地钻进内衣里，刺得身上又痛又痒。

这是我在牧场的第一天，耳闻目睹的都是些前所未闻的全新体验。各种感受交织相错，心情复杂。

当然，这么一天下来收获也不能说是没有，至少终于搞清楚了一点：以前看过的所有那些描写动人田园生活的小说或者电影里，每一对浪漫的帅哥美女们都不能避免地在金色的干草堆里嬉戏打滚的动人场景显然是在扯淡！除非他们的皮肤都如毛驴一般坚韧、厚实，并且对干草中夹满的尘土沙石能甘之如饴。

晚上19:00，夜幕降临，气温转寒，黛安娜在壁炉中升起炉火，所有人都聚集到了石屋里。石屋长桌上点着四五根蜡烛，牧场没有电，虽然有一台柴油发电机，可是已经坏了有阵子了，况且牧场财政紧张，现在油价又这么高，尽量能省一点是一点。

黛安娜戴着头套式照明灯在灶旁忙碌着给大家做晚饭，其他人则散坐在石屋的沙发和椅子上，喝着啤酒，聊着天。

吃完晚饭已是晚上20:00，大家围着桌子在烛火下接着聊天，一直等到21:00。

狂风早已经不知在何时停息，除了偶尔传来毛驴的声音，山坳中万籁俱寂。远离一切城市的繁华，深处四千英尺高原之野，四下漆黑如墨，仰头望去，满天星斗灿烂，夜空中的繁星如此密集，很难在漫天繁密星宿中找出些许间隙。这样迷人壮观的星空不是身处都市中的人们可以想象得到的。

在面对整个牧场的东方，欧文斯谷的另一面，蜿蜒的柯索山脉在东方的夜空中勾勒出一道绵延不绝的银边。黛安娜低声说道：“月亮就要出来了。”

三

“我从来没有这么满足过。每天和动物们在一起，在这里我是我自己的老板，用不着看别人的脸色。我愿意待在这里，不再回到以前的那种生活，哪里也不去。”

我很快就适应了牧场的生活。这里每天都保持着相同的程序和节奏。早上7:00起来，大家先聚到石屋喝一杯早晨咖啡，算是一天的开始。8:00

开始早上的喂食，直到9:00结束。然后开始做各种杂事，清理驴圈，给各个驴圈加水，隔天还得到镇上的一处草场去运草料。

运草料是一项重活，喂养将近200头毛驴、骡子和马，每天都要消耗大约15大捆草料。牧场的草料都是从各处草料场购买的，每次买进的草料先由草料场的超大型卡车送来。但到牧场有很长一段都是狭窄土路，且路面状况非常糟糕，大卡车无法开进来，所以这些草料都是先卸载到奥兰察镇上一处黛安娜认识的牧场主的草料场，隔天再由我们开牧场的皮卡去按照需要分批运回来。

在牧场里大家干完活也没什么事可做。没有电，当然电视什么的就想都不用想。奥兰察镇上也是除了间邮局，连个图书馆都没有，想买个东西、借本书，或者查一下电子邮箱得开车去四十多公里外的隆派恩。但我们只有一辆车可以合法上路不说，油价这么高，除了偶尔黛安娜开车去隆派恩办事顺便捎我过去以外，基本上成天只能待在牧场里了。

每天下午，我要么独自坐在石屋外面门廊的长椅上眺望着远处欧文斯谷地和山脉的风景，要么就是搬把躺椅到院子里和克里斯一起边晒太阳边聊天。

我们大家休息时，贝琪却依然自己一个人穿行在各个栅栏间干活。贝琪是一个非常勤劳的姑娘，一刻都停不下来，而且凡是她觉得自己能做的事情都不要别人帮助。喂干草、铲驴粪、干起各种脏活累活来也是毫不含糊，不输于任何男人。我本以为贝琪来自于农家，因为我所认识的美国女孩都是在城市长大的，个个爱漂亮，有洁癖，别说让她们去打扫驴粪，就算见到蜘蛛都会吓得大呼小叫。但一问之下才知道贝琪出生于堪萨斯，父亲是律师，母亲是家庭主妇，有两个姐妹，她是个城市里生、城市里长的标准城市女孩。从13岁开始，因为喜欢动物，贝琪自动成为一个素食者，并且从阿拉斯加的动物收留所到中美洲的海龟保护地，她在各处的动物保护组织当志愿工作者。其间贝琪也曾进过大学，但没有毕业，她把她的时间和精力——或许也可以说她把她的一切，都花在照料动物身上了。20岁时，贝琪在一份动物保护杂志上看到黛安娜的“野驴拯救与保护组织”需要志愿者，就主动和黛安娜联系，其后为黛安娜工作了12年直到现在。

贝琪养了一条四爪黄色的长毛大黑狗，名叫Rex（雷克斯），它是牧场里个头最大的一条狗了。雷克斯从来不和牧场里的其他狗搭伙结伴，成天只跟在贝琪后面。贝琪告诉我，她是在阿拉斯加动物收留所工作时收养的雷克斯——雷克斯被前主人遗弃，正要被动物收留所人道毁灭，理由是它攻击性太强，贝琪当时刚好在动物收留所当义工，就把它要了下来，一直带在身边。听了贝琪的介绍我简直无法相信，因为雷克斯现在是如此温顺，牧场里的小猫们经常放心地在它身边蹭来蹭去，我甚至从来没有听到雷克斯吠叫过。

从平时的交往中我能感到，贝琪虽然对关于动物的事情了如指掌，但却不是很善于和人打交道。经常可以看到她英姿飒爽地骑在高高的马背上从容、自信地在野地里行进，但她却从来不敢开车上路。在牧场，戴着顶大草帽正在干活的贝琪和慢腾腾跟在她后面形影不离的雷克斯是一道随时可见的风景。

因为和克里斯是室友，黛安娜又安排他带我一起工作，自然而然我们俩就比较亲近。克里斯来自犹他州的St. George（圣乔治市）。克里斯话不多，干起活来却是把好手。他独自承担了牧场里的大部分重活，而且牧场里从汽车到水泵，什么东西坏了都是他来修，克里斯在这方面可以说是很有天赋。

克里斯是一年多前由他的朋友布赖恩介绍到黛安娜的牧场来的，那之前他在犹他州当建筑工人。克里斯一共有三大爱好：听重摇滚乐，抽烟，喝酒。

我们去运草时克里斯总爱把汽车收音机开到最大音量，然后叼着根自己卷的劣质烟，在音乐声中猛烈地摇晃着脑袋，仿佛是觉得土路还不够颠簸似的。

至于喝酒，世界上一般有两种人：一种人是把酒当成酒来喝，一种人则把酒当成水来喝。而克里斯则是第三种：他把酒当成空气——是用来呼吸的，一刻不可以缺少。在牧场大家都是志愿义工，没有任何工资福利，又基本上没有其他什么娱乐，所以在喝酒一事上黛安娜尽量满足大家。但黛安娜一般只买啤酒，很少买烈酒，而且啤酒也只买最便宜的牌子。除了每天早上的一杯咖啡，克里斯永远都是手里一罐啤酒，开车时在喝，干活时在喝，不开车、不干活时依然在喝，从早上一直喝到晚上上床。我有时候真怀疑他长得那么瘦，怎么会装得下这么多源源不断灌下去的啤酒。如果哪天黛安娜一时手头紧张拿不出钱给大家买啤酒了，克里斯就会一副坐立不安、魂不守舍的样子，直到黛安娜买啤酒回来救急。

虽然在干活上我远远比不上克里斯，但我总是全力以赴，虚心请教。而克里斯做事时总是主动将大头揽下，把容易做的部分留给我。所以我们俩都互相信任，彼此很合得来。

在牧场我最早干的脏活就是打扫驴圈里的驴粪。牧场人手紧张，驴圈里每天积累起来的驴粪和大风刮来的灰土掺和在一起，再被众毛驴们反复踏踩，最后整个驴圈里就垒起厚厚一层干硬的粪。牧场没有专用清除机械，完全都是靠人用铁锹一铲一铲地挖。我第一次和克里斯钻进驴圈挖驴粪时，一铁锹下去，抬起来正准备往雪佛兰的后车斗里倒时，一阵大风兜头而来，扬起的干驴粪塞了一嘴，我连吐几口唾沫，随口骂了一句脏话，旁边的克里斯顿时大笑。

牧场里最吃力的活就是开车去镇上运草料。我在牧场的时候，运草料基本都是克里斯和我去。我们有时开道奇——它块头大一些，一次可以运24捆干草，不过因为黛安娜经常要开道奇去办事，所以我们用得最多的还是那辆香槟色的破雪佛兰，用它我们一次可以运18捆回来。

每次我们都先到镇上的草料场，牧场一般一个月买一次草料，每次买约五百捆，堆在草料场上高高的跟座山似的。我们把皮卡开到干草堆边，跳到干草堆上，一手操一个像虎克船长那样的大铁钩，从两边紧紧地把铁钩插入每块约三五十公斤的干草捆，握紧铁钩把，连提带拖地把一捆捆干草垒到皮卡的后车斗里。回到我们牧场，再把干草卸到驴圈旁的各个草料堆放处。这活不仅累，而且脏，每次干下来我们全身上下都像刚从土堆里钻出来似的。

每当到镇上装完草料回牧场的路上，终于把最累的一部分活干完，我们心情轻松地坐在驾驶室里，打开一罐啤酒，边享受着啤酒的沁凉，边在收音机里传出的震耳欲聋的重摇滚乐声中随着汽车的颠簸拼命地摇晃着脑袋。我们听的当地小电台，永远就那么几张CD翻来覆去地放。有张经常播放的CD音轨完全坏掉，音乐放一半收音机里就传来一阵尖锐刺耳的噪声，持续老半天也没人管。这个时候克里斯和我就会一起猛烈地向着汽车收音机大叫："赶快换CD！！"

四月中的高原，野花更加繁盛，开在通向牧场的土路上，四周漫山遍野的野花金黄，透过没有玻璃的车窗，清凉的空气中，弥漫着阵阵浓郁香甜的野花的气息。在这里我无意中发现，荒野中最多的嫩黄色沙漠蒲公英的香味居然和巧克力非常相似。

每次快到牧场时，我都会大叫一声："克里斯，停车！等我一分钟！"然后就跳下车，冲入花野，抽出随身小刀，寻一束最漂亮的嫩黄色沙漠蒲公英、大红印第安画笔或者紫色的山艾齐根割下，带回去交给黛安娜插在玻璃瓶里，放在我们吃饭的长桌上。每次当我在花丛间忙碌时，克里斯必定坐在方向盘后面向我大喊："翔！快点！水箱又要开锅了！"

我和克里斯干完活坐在石屋门廊下的长椅上乘凉时，或者吃完晚饭坐在院子的躺椅上看星星的间隙，还有晚上回到漆黑的宿舍，躺在床上入睡前，我们总会东一搭西一搭地聊会儿天，说些彼此的经历。他知道我靠搭便车旅行，就很高兴地告诉我他以前也搭便车旅行过。"好些年前我和我一个朋友搭便车从犹他去艾奥瓦看我们的一个伙计。路上搭车真的不容易，不过好歹我们最后总算到他那了。我们那伙计在一家赌场当发牌员，自己租了间公寓，他和他女朋友住一间屋子，我们俩住另一间。我们本来只是去看看那伙计，准备待两天就走，可他妈妈却认为我们是去揩我们那伙计油的。结果头天刚到，第二天早上5:00，天还没亮，外面下着大雨，我们正在睡觉，他妈妈溜进我们朋友的公寓，悄悄地跑到房间里把我们俩弄醒，让我们收拾东西马上离开，并警告我们不许惊动在隔壁房间睡觉的我那伙计，否则她就叫警察来。

“你知道我们跑老远才到那里，睡得稀里糊涂被弄醒也不知道是怎么回事，只好乖乖地拿了包，上了她的车。她开半天车到荒郊野外，给我们一人10块钱就把我们扔了下去，还警告我们不许再到我们伙计那儿去，否则就让警察把我们弄进监狱。你能相信吗?！早上5:00，下着暴雨，我俩浑身淋得透湿，就跟个傻蛋一样呆呆地站在屁也没有的高速公路旁。

“没法子，我们只好又想法子搭车回到犹他。到了犹他我们打电话给那伙计想弄个究竟，我们那伙计也是在电话里才知道到底发生了什么：‘我当时睡死了，你们干嘛要走！干嘛不来告诉我！’我告诉他：‘你妈不准我们弄醒你，还威胁我们要告警察！’我那伙计听了在电话里火冒三丈：‘你们干嘛要听我妈的！那是我付的房租，是我的房子，我妈凭什么说三道四！’”

克里斯很高兴有人可以和他做伴，倾听他讲话。牧场里工作繁重，生活枯燥，克里斯自从到牧场的那一天起，一年多的时间里没有休息过一天。大小两百多头动物们每天都需要照料，而人手总是不够。因为牧场的工作是没有工资的，所以夏天的时候贝琪一般会离开两三个月，到附近旅游点的观光驿站打一段零工，赚一点儿零花钱。克里斯告诉我，去年夏天，牧场里只有他和黛安娜两个人。黛安娜要处理与牧场营运有关的各种事务，并且黛安娜的皮肤不能经受阳光暴晒（她曾经因为在户外工作时间过长而造成皮肤病发作不得不入院治疗），所以照料喂养近两百头驴马的工作就全由克里斯一人承担了。

听到这儿，再想到那些堆积如山的干草捆，这一带夏天最高气温要到40多度，牧场唯一的山泉也常干涸，得三天两头开着牧场唯一的那辆最高时速6公里的破福特水车去镇上拉水。每匹驴马，每天都必须喂草加水。没有收入，没有娱乐，工作繁重，条件恶劣，我实在无法想象是什么东西支撑、鼓励着克里斯如此勤奋、无怨地在这里工作。

在石屋的门廊下，我们坐在屋檐下的长椅上，克里斯一边用一张纸和一撮烟丝卷着香烟，一边告诉我他是怎么来到牧场的：

我以前不认识黛安娜，也不知道这里，是我一起做建筑活的伙计布赖恩介绍我来这的。几年前，黛安娜的男友汤姆在奥兰察北边的Bishop（毕晓普）镇上遇到流浪到那里的布赖恩，把他带到牧场，让他住在这里，帮助他。汤姆是个很好的人，有一个伟大的灵魂，每个知道汤姆的人都很敬佩他，我希望自己也能认识他，可惜他已经死了，胰腺癌，去年春天刚去世。

可是布赖恩这家伙喝了酒就到处惹祸，给牧场带来了很多麻烦，最后黛安娜没办法只好让他离开。

“前年秋天汤姆得了癌症，熬到第二年年初就不行了。在他最后的时刻，汤姆在病床上告诉黛安娜，牧场只靠她和贝琪两个女人不行，他实在放不下心。汤姆要黛安娜打电话给布赖恩，让他回来。汤姆去世后，黛安娜打电话给布赖恩。布赖恩就打电话给我，电话里他告诉了我大概的情况，希望我来帮助这两个女人。我听了说：‘好，我去。’就这样从犹他来到了加利福尼亚，来到这个牧场。”

在牧场的工作属于完全没有工资的志愿义工性质，所以克里斯可以领取一些政府给低收入者的食物补贴券和健康保险，但没有任何现金收入。作为室友我知道克里斯身无分文，有时他要到镇上洗衣房去洗衣服还得临时问黛安娜要几个硬币。克里斯烟瘾大，黛安娜都是给他买烟丝回来自己卷烟抽，这样要比买盒装香烟便宜不少。

我问克里斯：“那你总要有些零花钱用吧？”

“不，黛安娜管吃管住，我在这里什么都不缺。”

“衣服、鞋子怎么办？”

“我穿汤姆的，黛安娜把汤姆留下的衣服给了我不少。我在这里什么也不缺。”

石屋朝向东南的门廊下挂着8个金属和竹筒做的风铃，还有12个大小不一的铜铃。一条长长的红绿黄蓝白五色藏文经幡悬在门廊的屋檐底下——黛安娜是个藏传佛教的信徒。

仲春午后清凉的微风，摇曳着大小风铃和铜铃，发出高高低低的清脆、悠扬的声音。屋檐下，五彩经幡在湛蓝的天空中轻缓地随风飘摆。从门廊下眺望而去，山坳中大小栅栏中的毛驴们正一圈圈围在草料盆前埋头安静地吃着草料。偶尔会有一条狗摇着尾巴，吐着舌头从门廊前的小道上匆匆跑过。黑白杂色的小猫躺在我们脚下的一个棉垫上，侧着身子，专心致志地正用舌头细细梳理着自己的毛发。

我们俩坐在门廊的长椅上，沉默地注视着这一切。

在很长一阵静默之后，克里斯卷好一根烟点着，慢慢地吸一口，然后望着门廊外远处的空谷山脉，接着说：“我从来没有这么满足过。每天和动物们在一起，在这里我是我自己的老板，用不着看别人的脸色。我愿意待在这里，不再回到以前的那种生活，哪里也不去。”

每天看着这些动物自由、快活地在野地里跑来跑去像到了天堂一样，我也觉得像到了天堂一样。这里就是我的天堂。

四

绮丽的山脉，优美的海岸线，丰富的物产，繁华的都市，加利福尼亚州早已是被众人向往的“黄金之州”。但在一百多年前却并非如此。

我在牧场的日子也并非一成不变。黛安娜有时会开车带我到牧场附近的一些地方去看看，其中印象最深的有两次，一次是到隆派恩附近的Manzarnar二战日裔集中营，另一次则是去死谷中的Wildrose Peak（野玫瑰峰）。

奥兰察距离举世闻名的死谷不远。黛安娜牧场的绝大多数野驴都是黛安娜一头一头从死谷国家公园中营救出来的，所以她对死谷一带很熟悉。一次黛安娜带我去死谷中最荒凉、偏僻的地域之一——野玫瑰峰一带，去看她以前展开野驴拯救行动的旧址。

我们的道奇皮卡在死谷深处荒无人烟的土路上开了大半天，越过空旷的帕纳明特谷地，顺着蜿蜒颠簸的土路爬上位于死谷中央的Panamint Range（帕纳明特山脉）。在空无人迹的顶峰一处荒凉之极的高山平谷旁我们下了车，黛安娜指着近处的荒原和远方的山峰，回忆起十年前她在这里展开野驴救援行动的场景。

大约从20年前开始，死谷国家公园管理处开始实行一项政策，要把公园范围内所有的非原生动植物彻底消灭掉。作为美国最大的国家公园，面积约1.35万平方公里的死谷国家公园中原来栖息的6000头野驴，数百年来一直是死谷代表性的动物之一。但因为这些野驴是约400年前开始由欧洲引入的，不属于所谓的原生动物，所以国家公园管理处命令其职员清除，其实就是射杀境内所有野驴。管理整个死谷的美国国家公园管理局在其印发的公园介绍中甚至只字不提野驴的存在，以利于他们的野驴剿灭计划。

后来黛安娜得知这个消息，于是她站出来，倾尽全力独自与美国国家公园管理局斗争，最终迫使国家公园管理局暂时停止了在死谷剿杀野驴的行动。但作为停止剿杀行动的条件，黛安娜本人必须持续在死谷国家公园内开展救援活动，收养这些险被射杀的野驴。

在没有任何官方支援的情况下，黛安娜一个人筹集资金，招募志愿者，雇佣专业人士，在整个死谷展开了大规模的野驴救援行动，这也就是野驴拯救与保护组织的缘起。

听着黛安娜的介绍，我实在是难以相信在这个海拔两三千米，最高温度轻易超过四十度，最冷可以低到零下十度，严重缺水的高山之上，自然条件极其恶劣的广漠荒野间，作为一个女人，黛安娜是怎样单枪匹马完成这样一项大规模的动物拯救行动的。

在帕纳明特山脉顶峰附近，我们的车子绕过一片低矮的树林后面，路旁突然出现一排高大整齐的圆锥形石造建筑。这群宛如中世纪骑士头盔的圆锥形建筑一共有9个，形状、尺寸完全一致，它们井然有序、整齐划一地排列在狭窄土路旁的一片空地上。这里不属于普通的游览观光区域，我们一路上来，都是人迹皆无，越走越荒凉，猛然看到这9个在下午阳光中默然矗立在荒野里的巨大人造建筑物时，着实感到有些震惊。

我们下了车走近仔细观看，这些约两三层楼高的圆锥形建筑都是中空的，显然就是用附近山坡上的不规则石块就近取材，巧妙地垒建起来的。黛安娜也是第一次来这里，一时拿不准这些奇妙的建筑是何人所建，为什么会存在于如此荒凉的高山之上。

最后是我在这9座圆锥形建筑对面路旁的一块简单的介绍牌上找到了答案：原来这些建筑都是烧炭窑，竟然修建于1879年，已经在这个荒凉的高山之巅矗立了126年。之所以被修建在此，是因为当年离此处西边约50公里处有一个冶炼场，烧炭工人们在这附近的松树林中砍伐树木，就地烧成木炭，再运到50公里外的冶炼场用于冶炼银和铅。

在仔细阅读这块介绍牌上的文字时，并不太让我意外的是：这些炭窑果然又是当年的中国劳工们修建的。

当我在西部旷野中旅行时，不管是多么偏僻、荒芜的地方，到处都可以见到一百多年前的华人劳工们留下的痕迹。

当年那些寻找传说中金山的华人劳工们远涉重洋来到这块荒凉大陆时，他们很快就赢得了最优秀劳工的称誉。一个著名的例子就是：爱尔兰劳工一向以吃苦耐劳著称。曾经有两个铁路公司老板聊天，其中一个老板宣称他的劳工一天可以铺设10英里铁路，而另一个雇佣爱尔兰劳工的老板死活不信，掏出1万美元要打赌（在19世纪60年代，这算是笔巨款了）。最后的结果是那个铁路公司老板轻而易举地赢到了那1万美元：他的那些看上去瘦弱矮小的中国劳工只用12个小时就把10英里铁路铺设完毕。

绮丽的山脉，优美的海岸线，丰富的物产，繁华的都市，加利福尼亚州早已是被众人向往的“黄金之州”。但在一百多年前却并非如此。

作为尚未开发的新边疆，对于远在美国东部的人们来说，加利福尼亚完全是个远离文明、生活不易、充斥着暴徒和逃犯的荒蛮之地。加州大部分地方都缺水，像洛杉矶当年完全就是一片只长些枯黄灌木丛的荒漠，远不是现在这副遍地繁花绿茵的国际大都市景象。一般说法认为，包括加州在内的整个西部能够得以大发展是因为加州发现黄金所掀起的淘金热，但实际情况却并不完全是这样。当时困扰美国西部开发的最大问题就是交通不便。从美国东部到西部的人员、货物运输主要靠两种：一是经由南美洲的海上船运，再就是传统的畜力大篷车。而这两种运输途径都耗时耗力。交通不便使得美国西部远离了东部文明，成为其发展的最大障碍。那时的西部完全没有工业可言，绝大多数物资必须从东部运来，因为成本不菲，造成整个西部物价高昂，当年在西部通用的最低货币单位是0.25美元。

虽然后来加州发现了金矿，引来了大批淘金客，但加州的黄金并不能留住这些淘金客们，因为他们的最大梦想就是尽快在加州的崇山峻岭间挖到他们梦寐以求的财富，然后就能早日逃出这块鸟不生蛋、兔子不拉屎的鬼地方，回到东部去享受舒适美好的人间生活。

真正改变加州的是1869年建成的横跨美国的大陆铁路。大陆铁路的建成使得加州的开发真正成为现实。从美国东岸到西岸，本来需要花费长达数月的低效率长途大篷车或者船运旅行，现在仅需要8天，大量人员和物资向洪水一般涌入加州。而华人劳工在这条横跨大陆的铁路修建中起到了关键性的作用。

在大陆铁路最艰险的西半段，华人劳工约占筑路劳工总数的80%～90%，被称为整条铁路线最困难部分的跨越内华达山脉一段就完全是由华人劳工完成的。

……

在荒凉的高山之巅，在我眼前，这些120年前的华人劳工们在酷暑严寒中，在没有任何机械帮助的环境下，仅凭双手一块一块垒起来的高高石窑，它们远离人境，寂寞无语地沐浴在余晖将尽的夕阳之中，等待着黑夜降临。

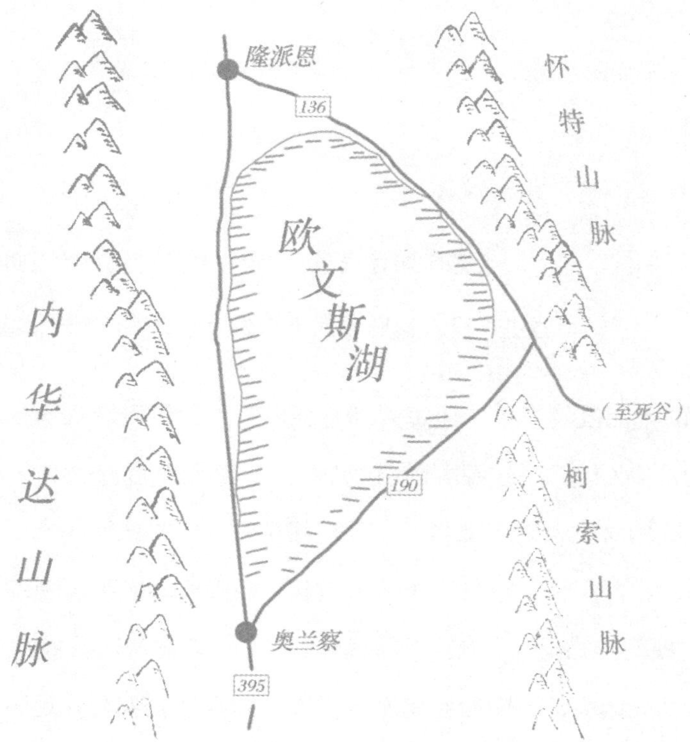

08 欧文斯谷的日日夜夜

一

我想了想才说道："我在乡下时没来得及见到他们，这些牛仔都得肺癌死了，因为他们抽了太多万宝路。"

牧场的生活虽然简单，但每天都有新体验，我可以学到不少崭新的东西。以前心目中关于美国西部乡村和牛仔的印象大多都来自于电影、电视，到了牧场才发现原来根本不是那么回事儿。

以前总以为西部牛仔们的样子该是众多好莱坞电影中表现的那样：鲜衣骏马，戴着洁白的牛仔帽，穿着绣着花纹的笔挺衬衣，扎着华丽的围巾，蹬着油光闪亮的长筒雕花马靴，没事就叼根烟骑着马到处游手好闲地走来走去。

可我在美国西部乡下见到的大多数纯正牛仔们几乎个个邋里邋遢，胡子拉碴：身上套件松垮垮的汗衫，人人一条沾满机油、马粪的旧牛仔裤。他们头上都扣着顶脏兮兮的棒球帽，还真没看见几个人戴着那早已成为标准美国西部牛仔标志的白色牛仔帽。

在牧场里到处都是牲口圈栅栏，过这些栅栏时，电影里的那些牛仔们都是单手一撑，潇洒地一跃而过。可实际情况是，

现实中我所见到的所有牛仔们过栅栏时都是老老实实地低头弯腰从栅栏间小心翼翼地钻过去，像电影里那么蹿上蹿下的实在难以想象，因为满地石块坑坎，跳上跳下搞不好就把脚崴了。还有就是，不管是马、是牛还是驴子，都是很容易受惊的动物。从一开始到牧场我就被各位同事们反复告诫：和动物打交道，动作一定要轻，要从容，如果不想被它们踢的话，最好就不要没事在它们面前蹦来跳去。

当后来重新回到城市时，有朋友指着电视里那些穿着像金丝雀一样花哨，骑着高头大马在野地里四处狂奔的牛仔们问我在西部见到的牛仔是不是那样时，我想了想才说道："我在乡下时没来得及见到他们，这些牛仔都得肺癌死了，因为他们抽了太多万宝路。"

有时我会和同事去奥兰察、隆派恩等这一带的镇上去办事，认识了不少当地人。黛安娜在当地有很多朋友，也经常会来我们牧场做客，牧场的同事向大家介绍我时会开玩笑地说："翔是西部第一个中国牛仔。"

我们的牧场远离镇子，但牧场里发生过的每一件我们大家知道、或者不知道的事都会传遍附近的乡镇，其效率和速度着实让人既钦佩又生畏。

我偶尔才去趟几十公里外的隆派恩，每当去隆派恩，我发现几乎每个隆派恩镇民都对我这个正在横穿美国、现在暂时待在黛安娜农场的中国人了如指掌，而我却对他们一无所知。

一次我们开车去隆派恩办事，给道奇车加油时，本该加柴油，丹却错加了汽油，搞得车子熄火没法开，我们被迫在隆派恩一个朋友处住了一夜。第二天早上我们弄好车回牧场时，发现全

隆派恩的人都站在街边指着我们大笑。

在牧场的这些前所未闻的生活体验，让人充实无比，觉得时间过得飞快，每天都觉得自己仿佛是昨天才到的。

有时干完活无事，就攀到驴圈的栅栏上，坐在上面边晒太阳，边看远处的风景，边逗弄近处的毛驴。

一次，向来闲不住的克里斯从后院弄来堆大木头块，来到我旁边的空地上用电锯锯成一小块一小块的，说是准备冬天烧壁炉的柴火。坐在驴圈栅栏上看着他忙碌的身影，我感到有些无聊，就突然大声喊道："克里斯！想不想要我帮你找个女朋友？"

他一听，直起身，举着电锯回道："那敢情好呀！"

于是我说："要不要我回中国给你找个女朋友来？"

他说："给我找个大胸脯的。"

我笑着说："要真给你找了，你可得娶人家。"

"喔，那当然，不过她可得喜欢我喜欢的，她得愿意跟我待在这里。"

我听了摇摇头："那我就不敢保证了，要不我给你找个农家女吧，现在的城市女孩子，太复杂了，连我也弄不清她们到底在想些什么。"

二

从到牧场的第一天我就向黛安娜提及我需要找个地方买双新靴子。但离奥兰察最近的一个有大商店的城镇是北边一百公里外的毕晓普，刚好我到之后一个礼拜，牧场要开车去毕晓普接一个也要来牧场做义工的英国人，我就顺便搭车去买了双新靴子。

这个英国人从伦敦来，是丹的朋友，居然也叫克里斯，而且年龄也一模一样，都是33岁。在牧场，大家为了把他俩分开就管他叫伦敦克里斯，而把我的室友克里斯叫犹他克里斯。

新来的伦敦克里斯留着短发，胡子刮得溜光，总是一张充满阳光的笑脸。虽然他和我的室友——犹他克里斯一个年纪，但伦敦克里斯看起来要比实际年龄小上10岁，而不像犹他克里斯，看上去比他的实际岁数要大上10岁。

伦敦克里斯性格开朗，很快就和我们打成一片。他告诉我们他是以前在非洲旅行时和丹认识的。丹去年来到牧场，来了后写信告诉他这里的情况，他觉得很有兴趣就决定来帮两个月的忙，到六月初再走。伦敦克里斯是个建筑师，在伦敦与人合伙开了家建筑事务所，所以比较自由。不过他一口浓重的伦敦腔，听他说话比较吃力，就连黛安娜有次都开玩笑说，听我的英语要比听伦敦克里斯的容易懂多了。

两个克里斯和我因为年纪都差不多，脾性也颇相投，所以在牧场里我们三个人总是一起扎堆，除了干活，就是一起聊天，还有就是一起喝啤酒。

在牧场的日子里我喝了如此之多的啤酒，让我有次醉醺醺地向两个克里斯说道："伙计们，我把这辈子该喝的啤酒都在这里喝完了。"

每天晚上吃完饭，我和两个克里斯一人拿罐啤酒，搬把椅子跑到院子里坐着聊天。犹他克里斯告诉我们，这里的夜空中经常有人造卫星和夜航飞机飞过。不像一般星星，人造卫星和夜航飞机都是一个亮点在星空中匀速移动，但飞机有夜航灯，一闪一闪的，容易辨认，而人造卫星则是不会变化的一个亮点。于是我们每天晚上最大的乐趣就成了仰着头在星空中寻找人造卫星，比谁最早发现卫星，发现的最多。

黑夜中，我们三人在院子里的大呼小叫声总是此起彼伏，甚至惊动得牧场里的其他人也出来和我们一起寻找夜空中的卫星。

当然，我在牧场的日子也并非都是一片和谐毫无杂音。

有一次，当大家都在一起时，丹开始向我主动说起中国政府在西藏屠杀、迫害藏族人的话题，他在众人面前滔滔不绝，一副无所不知的样子。我对此不是很高兴，希望他从此闭嘴，就平静地对他说道："丹，我大概知道一些数据。西藏是中国的。比如中国政府每年对西藏的经济援助几乎接近了美国政府对整个非洲大陆的经济援助。再比如1950年政府做的调查表明当时藏族人的平均寿命是35岁，而2000年的调查则是68岁。丹，你说了这么多中国政府在西藏如何如何，但你至少得拿点切实证据出来证明你所说的。并且我非常乐意告诉你一些关于西藏的我个人的经验。我父母都在西藏工作过20年。我妈妈是个牙医，她刚到拉萨时绝大多数藏族人甚至不知道医院是个什么东西。我母亲那一代人在那里建立了西藏最早的公共医疗系统，让每个藏族人有了病都可以得到免费治疗。我父亲是个军人，是个军队兽医。他们虽然主要负责军队的骡马，但驻地藏族人的牲口得了病，我父亲他们照样会给以免费治疗。我小时候每年都会有很长一段时间见不到我母亲，因为政府规定像她这样的医生必须定期离开城市，到乡下农区和牧区去参加巡回医疗。

"现在很多人爱谈论西藏，很多人喜欢谈论他们是如何关心西藏、想帮助那里的藏族人的，但他们最多也就只是谈谈而已，但我父母却做到了。我父母在西藏的20年里，既没屠杀过，也没拷打过一个藏族人，倒是实实在在地帮助过这些藏族人，甚至他们的牲口。"

丹听了脸上有些尴尬。

最后我对丹说："丹，你既然这么喜欢西藏，干嘛不自己去一趟看看呢？现在进出西藏很方便也很自由，你所需要做的只是去买张飞机票而已，我强烈建议你亲自去一趟西藏，没准还真能找到你所需要的证据呢。"

一向能言善辩的丹这回彻底安静了，并且从此再也没有拿他的那些垃圾来烦我。

三

"波皮鼻孔中的热气就喷在我的脸上。一瞬间，我突然在它鼻孔的热气中闻到了沙漠的气息，脑子中出现了沙漠的景象：褐色的荒原，燥热的空气。我好像听到了波皮对我说：'我恨死这里了，我要回到沙漠里去。'"

黛安娜的牧场不折不扣是个动物的天堂。不同的动物和谐相处，而人类则是它们最好的朋友。在院子走一遭，狗和猫们一个接一个地来到你身边，在你腿边蹭来蹭去，抬着头可怜巴巴地望着你，直到你拍拍每一个的头，摸一摸背才兴高采烈地摇着尾巴跑开。

牧场里有7条狗，黛安娜养的5条：莫琼、Lili（丽丽）、鲁宾、Liam（利亚姆）、Zeb（泽布）以及贝琪的雷克斯和克里斯的马克斯。

黛安娜告诉我，莫琼的前主人是黛安娜以前住华盛顿州时的邻居。莫琼刚出生没多久他的主人就去世了，莫琼当时双眼因病瞎了，被关在院子一个小角落里根本没人理它。后来是黛安娜无意中听到小莫琼凄惨的叫声，才去把它救出来，花钱给它治好眼病，一直留在了身边。

在黛安娜为了拯救野驴而四处漂泊的岁月里，莫琼一直守候在她的身

边。黛安娜告诉我，有年冬天大家在屋子里生火取暖，不慎一氧化碳中毒，是莫琼最早发现情况，狂吠不已，从而救了大家。还有一次黛安娜的小狗丽丽在牧场被一群土狼逮住，是莫琼冲上去和众土狼搏斗，从狼口下救出了丽丽，这就是为什么它脸上有那么多伤疤。黛安娜对莫琼感情很深，她说："如果有狗菩萨的话，莫琼就是我的菩萨。"

众狗里另一条黛安娜最疼爱的就是小狗丽丽。丽丽是条小型斗牛犬，满身黑褐色的条纹间杂，有时远远看它跑过来就像一块长了腿的巧克力面包。黛安娜不管到哪里都把丽丽带在身边，而丽丽也只对黛安娜好。丽丽同样曾经有过悲惨的遭遇，它小时候被前主人虐待过，在它的前主人准备枪杀丽丽时，刚好被黛安娜知道，这才被黛安娜解救下来的。

牧场里的每条狗都是被收养的，有过各种不幸的经历。

至于牧场里到底有多少只猫，克里斯和丹争论了半天也没搞清楚。不同于狗，这些猫都是神出鬼没的独行侠，直到我离开牧场，我也没有把握说见到过牧场里的所有猫。牧场附近的乡民如果找到任何被主人遗弃的猫都会送到我们牧场里来，交给黛安娜收养并帮它们找到新的主人。当然美国各地也有政府运营的动物收容所，但它们和黛安娜的牧场有一点不同：在政府运营的动物收容所，在一定期间内收养的动物如果没有被人收养，它们就会被收容所人道地毁灭；而在牧场，这些动物会被一直留在这里，直到有人愿意收养它们。

野驴是很胆小的动物，基本上一有风吹草动就蹶蹄狂奔，但是如果能够取得它们的信任，情况则截然不同。每次当我钻到驴圈时，驴圈的野驴们都会默默地围上来，这些沉默、可爱的动物并不骚扰你，它们只是不声不响地走到你的身边，低着头，贴着你站着，你不动它们也不动。站在沉默的驴群当中，你能感觉到它们对人类那种无条件的信任，因为这些驴子们知道，我是每天来喂养照料它们的人，绝不会伤害它们。

牧场中央有一个养着5头公驴的驴圈，这个驴圈里有一头叫Poppy（波皮）的老驴。驴和人一样，年纪大了以后毛发会开始变白，本来是黑驴的波皮已经是全身花白。因为是野驴，无从知道波皮的确切年龄，黛安娜估计波皮快40岁了，至少相当于人类的80岁。毛驴年纪大了也怕冷，所以每天入夜前我会去给波皮披上毛驴专用的外套，等到第二天早上再去脱下来。牧场里大家都喜欢波皮，因为它对每个人都很亲密，特别温顺。

有天傍晚我去给波皮披外套时，刚钻进栅栏，正和其他几头毛驴围在一起低头吃草的波皮看到拿着驴外套的我，就停止吃草，慢慢地走到我身边，停住，一动也不动地等我将外套给它披上，将三个褡裢扣好，才又慢慢地回到草料旁继续埋头吃草。我知道任何动物，当它们在进食时，外界很难有什么东西可以打搅它们，令它们自愿放弃进食。我心里有些感动，回到石屋时向黛安娜提到了这事。黛安娜听了说："喔，波皮，那可是头不一样的驴子。11年前，我们在死谷营救的波皮。野驴都是群居动物，但波皮却是独自一人没有任何伙伴。当我们找到它，准备把它装上拖车离开死谷，带它回我那时在华盛顿州的牧场时，你不知道它有多愤怒，几乎要试图咬死其中一个推它上拖车的牛仔。波皮是头神奇的野驴。你知道华盛顿州很潮湿，一年到头雨水很多。习惯了炎热、干燥的沙漠环境的野驴不喜欢华盛顿，它们简直就是痛恨那里。有一天我坐在波皮旁边，波皮的鼻孔就冲着我的脸。驴子们之间都喜欢用鼻子来交流信息，我俩是如此之近，波皮鼻孔中的热气喷在我的脸上。一瞬间，我突然在它鼻孔的热气中闻到了沙漠的气息，脑子中出现了沙漠的景象：褐色的荒原，燥热的空气。我好像听到了波皮对我说：'我恨死这里了，我要回到沙漠里去。'当时我向它说：'我发誓，波皮，有一天我一定会把你们都重新带回家乡。'"

黛安娜是野驴拯救与保护组织的创始人，也是整个牧场的灵魂。牧场的187头野驴基本上都有自己的名字，而不是一个编号。黛安娜叫得出每头毛驴的名字，这点对我来说实在有些不可思议，因为在我看来这些毛驴全都长一个样，真不知道黛安娜怎么能每头都认得。

在现实生活中，黛安娜是个慈祥、温柔的女人，什么时候都是面带笑容，即使有什么人或者事让她非常生气，黛安娜也很快会把一切忘记，像没发生任何事一样不给任何人以压力。

黛安娜很爱笑，也很容易笑。我们大家在一起聊天时，黛安娜不是说话最多的，但一定是笑声最多的，往往一个并不滑稽的劣质笑话也能让她开心大笑。我从没见过她和谁生过气，唯一一次例外是有天下午当我们都坐院子里聊天时，小猫Lesta（莱斯塔）嘴里叼着只刚抓到的小鸟得意洋洋地出现在众人面前。黛安娜喜欢小鸟，院子里的树上吊了好几个喂鸟盘，每天都会放些玉米、燕麦给四处飞来的小鸟们。黛安娜见到叼着小鸟的莱斯塔顿时气不打一处来，顺手拎起地上一桶水就向莱斯塔浇去，口里骂道："莱斯塔你这个混蛋！每天都喂够你猫食了，为什么还要去抓小鸟？！牧场里绝对不准有任何屠杀！"

水没能浇到莫名其妙的莱斯塔身上，但把它吓得远远跑开的同时，嘴里的小鸟也掉到了地上。没想到本来我们以为已经没救的小鸟居然飞了起来，一会儿就消失在空中。我们大家拍手叫好，黛安娜也露出满面笑容。

我在牧场的那段时间，黛安娜的心中其实一直是被一团阴影笼罩着。

牧场没有收入，一切运营经费完全来自于数目有限的会员捐款。五年前黛安娜带着一百多头野驴流落到奥兰察时，贷款买下了这个本来是狩猎场的牧场，将它改建成了现在这个动物的乐园。但是黛安娜一直没有办法募集到足够的钱来还清贷款。上百头野驴，每天都要吃下大量草料，一捆干草大约要花十美元，一次向草场买来五百捆，一个月就消耗掉了，这些还不包括其他开销。

牧场一直财政紧张，入不敷出。有一次我和黛安娜外出去莫哈韦沙漠参加野驴保护行动时，一天劳累下来，晚上为了省钱，边上就有设施齐全的旅馆，但黛安娜还是决定在野外宿营。她就睡在道奇皮卡的露天后车斗里。沙漠晚上气温低至华氏21度（摄氏零下7度），最后黛安娜被冻病，呕吐得一塌糊涂。

而最让黛安娜忧心忡忡的是，牧场的贷款一直无法付清。黛安娜为了拯救野驴已经耗尽家财，负债累累，整天被追债公司骚扰，这就是她从来不接电话的原因。仅靠会员捐款，牧场只能勉强维持。贷款债权人已经下了通告，如果到9月份还不能付清贷款的话，牧场就会被收回拍卖，这就意味着牧场的所有动物和员工都将无家可归。黛安娜为了付清这笔贷款一直四处奔波，想尽办法却毫无着落。

四

“前年秋天，汤姆查出了胰腺癌，一直熬到去年2月。在他最后的14个小时中，我就坐在他的病床边，看着他死去。”

随着我在牧场阅历的增长，我和大家的关系也越来越密切，与黛安娜之间的信任也越来越深，连牧场其他的同事私下都对我说：“黛安娜可真的很信任你。”

我和黛安娜有过许多很长时间的交谈，有时是当着众人，有时就我们两个。在这些交谈中，更多的时候我是个忠实的倾听者，而一向话不多的黛安娜却变得健谈起来。从那些对话里我知道了黛安娜的故事：

1956年我出生在华盛顿州，我是一个农家的女儿。我父母有我的时候年纪都很大了，我母亲37岁生的我，而我父亲已经50岁了。我父亲只有我这么一个孩子，但我母亲却不是头婚，她前头还结过两次婚，和两个前夫间有6个孩子。我和母亲的感情一向很淡，但我和我的父亲却感情很深，我们两个彼此简直就无法分离。我这辈子最早的记忆就是当我还是个婴孩时，父亲把我放在一个苹果箱里，放在副驾驶席上，开着他的小卡车回家的情景。但是11岁时，我父亲去世了，真的让我很难过。

我父亲的家族很大，我有一个叔叔和一个姑姑，我父亲去世后其实我是想和他们一起生活的。但我母亲不干，因为这样她就可以多拿父亲的抚恤金。我一直无法从父亲的死这个事实中恢复过来，为了摆脱心中的悲伤，甚至通过酒精来麻痹自己。

17岁时我遇到了我的前夫。我前夫比我大17岁，我们在一起过了25年。

我见过黛安娜和他前夫的照片。黛安娜年轻时漂亮迷人，而她前夫则显得很老，留着雪白的络腮胡子，样子像个老爷爷。

29岁生日的时候，作为生日礼物，我得到了两头刚出生没多久的小毛驴，它们是我生命中最早的毛驴。

当我第一次见到这两头小毛驴时，一下子就被它们迷住了。我看着它们的眼睛，那眼神是多么动人呀，从它们的眼睛中看到忍耐和善良。就是从那时开始我爱上了毛驴。

1991年我得知国家公园管理局在死谷开始射杀野驴，我无法忍受他们如此残忍地对待那些可爱、无辜的生命，就开始和国家公园管理局斗争，阻止他们的屠杀。最后，我们达成协议，只要我愿意收养这些野驴，国家公园管理局就暂时中止他们的射杀行动。

“他们以为我干不长，却没料到我一直做了下来。”黛安娜笑着说道。

“那国家公园管理局的人现在还在死谷射杀野驴吗？”我问道。

“他们不敢，因为他们知道我在这里。”黛安娜自豪地说道，“他们要是敢对野驴重开杀戒，我就带着我的毛驴们到他们的大门口静坐示威去！”

“不过现在死谷也没有剩下多少头野驴了。以前很多人去死谷旅游都是为了看野驴，本来死谷大约有六千头野驴，现在也就一百头左右，如果有人想看死谷野驴，大概要到我的牧场来才行。

“但是没想到，在我开始投入到营救野驴的行动之后，我的前夫也开始对我越来越不满了。我前夫是个控制欲很强的人，在家里什么事都不能违背他。刚开始他还好，可是越到后来我前夫越不喜欢我的毛驴们，不喜欢我拯救野驴的行为，甚至不喜欢我带着和我一起工作的朋友们到家里去。看到我这么专注于毛驴，你不知道他有多嫉妒这些毛驴了。”

贝琪当年曾经在黛安娜华盛顿的家里住过一阵子，她告诉我那段日子对黛安娜而言简直是太可怕了，她的前夫根本就是在刻意折磨她。

“……我搬到驴圈里，把枪放在枕头边，让莫琼就睡在我身边保护我。那次我在家里待了4天，那是我生命中最痛苦的4天。从那刻起我就决定离开他。我和他离了婚，带着我的野驴们来到了加州的死谷。虽然如此，我前夫依然对我满腔怒火。2000年我回华盛顿去接我留在那儿的最后7头野驴，当时我请了两个加州的朋友和我一起去，他们都带着枪，我还约上了我在华盛顿的所有朋友和我一起到农场去接我的驴……

“我带着一百多头毛驴来到了加州。我们先是在死谷附近的一个朋友家借住，当时只有我和贝琪两个人，没想到没住多久朋友就不愿再帮忙，要我们离开，于是我们俩就带着毛驴们一直流浪到奥兰察，找到现在这个牧场。当时除了这些毛驴和为买下这处牧场借的债务外我就一无所有了。”

我问道：“可是你和你前夫离婚时总该分到了些财产吧？你说过你们那个农场有45英亩土地，再说你们在一起一共过了25年，至少你可以得到一半财产。”

“我没有向他要任何东西，不仅如此，他还从我父母留给我的6万美元中拿了4万去给他自己买了辆新车。他甚至连我存了很多年的日记都不肯给我。我不要他任何东西，也不想和他打什么官司，我不是那样的人，我只要带着我的毛驴离开他。”

在美国，这样的事情可以说是非常罕见的，但我却对黛安娜的话一点也不怀疑。

“在奥兰察我遇到了汤姆。那时我们刚到这里，这里除了几间房子什么都没有。要把一个狩猎场改造成动物保护牧场并不容易，何况还要照料几百头野驴，为牧场募集资金。整个牧场只有我和贝琪两个女人，到这里的第一个冬天，牧场下了很大的雪，有一头母驴生产，我和贝琪整夜没睡，用我们做饭的锅一锅一锅地把雪化成水，送到驴圈去为母驴接生，清洗小驴。白天还得去喂养、照料其他野驴。

“光靠我们两个女人显然不行，于是我找来当地的电话簿，一家一家地打电话，直到找到附近一家观光驿站——Rock Creek Pack Station（罗克里克驿站）的老板Craig（克雷格），问他可不可以推荐一个熟悉牧场、热爱动物、不计较报酬的牛仔来牧场帮忙，于是克雷格就推荐了在他牧场工作的汤姆。汤姆在罗克里克驿站当导游，每年的观光季节领着马队带着游客进内华达山脉旅行，但驿站的工作只有半年，秋天大雪封山后就歇业，直到第二年春天开山。

“汤姆是个牛仔中的牛仔，对与牧场有关的一切事情都了如指掌，直到现在只要贝琪和她养的马有了什么问题时都会嘟囔说：‘我真希望汤姆能在这里帮我。’汤姆去过不少国家，是个善良又有智慧的人，所有见过他的人都尊敬他、喜欢他。我从他那里学到了很多东西，比如，牧场刚开始时总会有些人来找麻烦，我有时候态度不是很好。但汤姆却总能友善地和对方沟通。他告诉我：‘你必须和你的敌人沟通，甚至将他们变成你的朋友。’

“我能成为佛教徒也是受汤姆的影响，因为他就是个佛教徒。我们在一起共同生活了4年，真是幸福的4年。我们一同工作、旅行、营救野驴，规划牧场的未来。生活从来没有这么美好过。汤姆比我小5岁，当时我还想，这真是太好了，女人一般都比男人活得长，这样我们就可以一同白头偕老了。前年秋天，汤姆查出了胰腺癌，一直熬到去年2月。在他最后的14个小时中，我就坐在他的病床边，看着他死去。也许我得感谢汤姆，是他让我看清了死亡，学会怎么去面对它，毕竟我父亲去世时我还太小。但真的是很难找到一个像汤姆这样值得去爱的人了。

“我现在有许多压力。每天有这么多账单要付，不知道什么时候才能把贷款付清，或者我们又将四处流浪。我对克里斯说过：‘克里斯，你准备好没有？’他问我：‘准备什么？’我告诉他如果我们被赶出这个牧场，我就决定赶着野驴顺着395号公路一路流浪下去，直到找到帮助。

“有时候我也会想不通，命运怎么能这样对待我？我从小就爱帮助别人，上中学时班上有同学家很穷，脏兮兮的，我把她带回家，让她有地方洗澡，把我的衣服给她。后来长大了我也一直都在帮助问题少年。得知这些无助的野驴将要遭受的命运后，我没法做到置之度外。但我现在几乎快要失去了一切，已经是筋疲力尽了。

“不过我还是觉得自己很幸福，每当看到这些毛驴们，看着它们温顺、忍耐的眼神时。

“其实我也怀疑过自己。很多人觉得我很奇怪，居然为了这些毛驴失去了一切。连我自己也会问自己：我是不是不正常？为了这些毛驴值得吗？后来是汤姆给我一本佛教的书说：‘读一读吧，你要的答案全在这里面。’看了那本书我豁然开朗，生命原来都是平等的，这些毛驴和我们人类并没有什么区别。

“我并不恨谁，即使他们伤害过我。像我的前夫，我现在对他并没有恨，只是觉得可惜，他太偏执了，不然我们也还是可以成为朋友的，毕竟我们一起生活了25年，也有过不少美好的回忆。

“我爱这个牧场，爱奥兰察这个地方。当我第一次流落到此还没见到这个牧场时就一下子喜欢上了这个地方，有种很熟悉、到了家的感觉。我告诉自己：我到家了。虽然没水没电，但所有动物都爱这个牧场，这个牧场对我来说就和天堂一样。

“我曾经一次次地对这里的土地说，对这里的树木说：‘我不知道这里到底发生过什么，但我愿意做一切我能做的，来抚平所有的这些不幸和

怨愤。’

“我的梦想就是有一天能帮助这些野驴重新回到它们原来的家园，这样我们的牧场就可以帮助更多需要帮助的动物。虽然我爱这个牧场，但我并不把它当成我个人的。实际上我一直希望能把牧场的全部土地捐给一个非营利组织。我不在乎是什么性质的组织，不管是宗教团体，还是研究机构都可以，但唯一条件是必须允许和帮助牧场留在这里。这样就算有一天我死了，这些动物们依然可以安心地待在这里，永远不会被再次抛弃。”

五

每天早上当我醒来时，我总是无法确定晚上我会在什么地方，路上会见到哪些人，遇到哪些事。但我知道我的旅途一定会因为路上那些不期而遇的人们和他们的故事而充满喜悦。

来到牧场快有一个月了。我会经常独自坐在门廊下的长椅上，默默地凝视着远处的谷地、山脉和天空。整个山坳中阳光明媚却又如此寂静，微风中偶尔传来风铃简洁、悠长的声音。屋旁两棵白桦树的树叶在风与阳光中摇晃出一片金色的粼光。这时我什么也不做，什么也不想，定神无念之间，忽然感觉到自己的身体似乎融化开来，融入了四周的山冈、蓝天、清风、阳光中，不再感觉到自己的存在，心中只是一片舒适无比的安静、喜悦。这样的感受我以前从来没有过，但在牧场的门廊下却不止经历过一次。

有时我会一个人走上牧场边的山冈，踏过沙地上盛开的满地黄花来到山脊，向北眺望着空旷的谷地和远处的山脉，这时奥兰察酋长的脸庞就在我头顶之上。

很久以前，最早的印第安人从寒冷的西伯利亚越过冰封的白令海峡来到白雪皑皑的阿拉斯加，再走过湖泊、森林纵横密集的北美大陆西北部，就是沿着碧波万顷、满目葱郁的欧文斯谷向南进入沙漠，穿过墨西哥，再向南一直走到了南美洲的最顶端。千万年来，奥兰察酋长就在这里，在高高的山脉之上，见证了这片峡谷所有的沧海桑田，守望着这片土地的悲欢哀乐。

在牧场的日子里，我算是终于有时间和心情坐下来写封信，向那些关心我的朋友们报告我到目前为止的经历和感受……

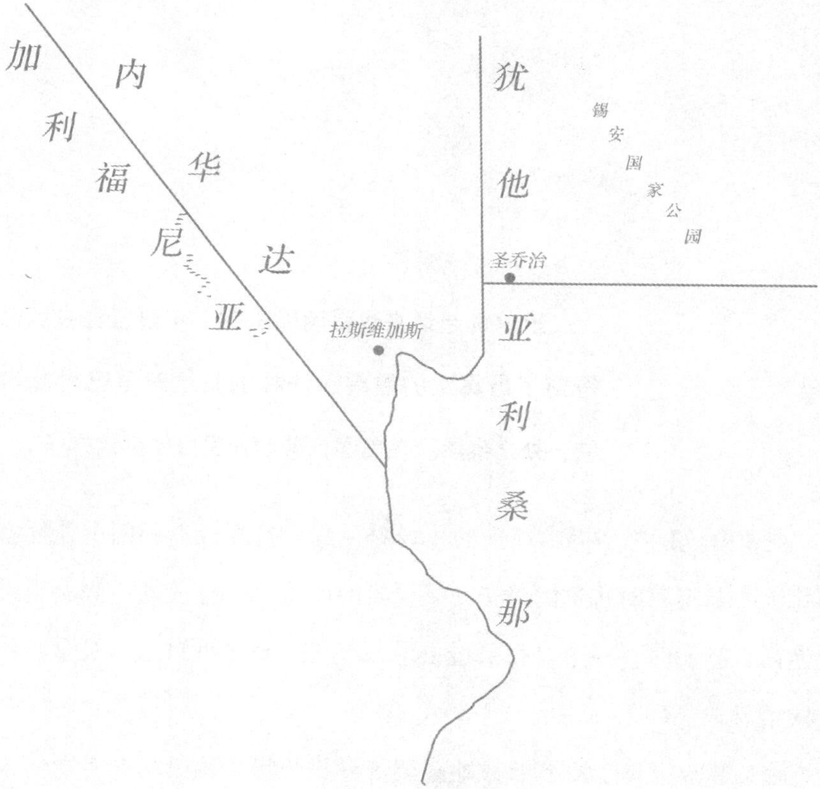

09 走向**犹他**

一

里尔说起话来也是满嘴脏字，不过已经在西部乡下得到了最真实的熏陶和洗礼的我这时早已对此习以为常，处之泰然。在美国，劳动人民好像都这样子。

刚到奥兰察这个群山环抱的牧场时，我只打算待上一两个礼拜就走。但每天，乃至每时每刻的经历，感受到时间像飞一样流逝。当察觉到前面路途尚且漫漫时，一个月就要过去了。终于，我告诉自己：是重归旅途的时候了。

黛安娜希望我能留下来，她甚至告诉我她将去移民局打听如何为像我这样的外国志愿者申请留美签证的事宜。虽然我感到不是那么容易，但到底还是坦率地对她说道："这次的旅行，我计划了很久。上路前我并没有期望会遇到像你这样美丽的人们，还有像在牧场这些难忘的经历。我的路途虽然才刚刚开始，但已经感到非常满足。在牧场的这些日子里，我清晰地感受到了自己的改变和成长，能够来到这里，遇到你，还有牧场的这些人们，我觉得自己非常幸运。

"但我还是想继续完成自己的旅程。我不是个容易放弃的人，也想看看在下面的路上还将会遇到些什么样的不同经历。

"上路前我本来多少还有些踌躇，但现在我相信前面一定还有许多人正在等待着我的到来。而我的这种自信正是来自于你，还有其他那些我遇到的人们。

“现在是我该离去的时候了，但我向你保证，有一天，当我完成旅程时，还会回到这里，我不会让自己成为这里的一个过客，就像我也不会让你们成为我人生中的过客一样。”

2006年5月6日，晴空万里，是我离开牧场的日子。

原来的计划是从奥兰察搭便车，沿190号公路翻越东边的Inyo Mountains（因约山脉）和帕纳明特山脉到死谷，然后徒步穿越死谷，进入内华达州，再转道拉斯维加斯前往犹他州。

不过，黛安娜在得知我的计划后强烈反对，她告诉我现在的死谷已经炎热异常，绝对不适合任何户外行动。最后黛安娜坚持开车送我穿过整个死谷，将我送到死谷东侧的Amargosa Valley（阿马戈萨谷）。

晚上22:00左右，当我们途经位于死谷中心的Badwater Basin（巴德沃特湖床）附近时下车休息。打开车门，一股燥热的气浪扑面而来，我看了下车上的温度计——外头的气温是30℃，而这时还是暑气已经消去许多的深夜。我开始暗自庆幸听从了黛安娜的安排。

午夜时分，我们到了阿马戈萨谷，暂时留宿在一位定居于此处、长年以来一直支持黛安娜的朋友Karen（卡伦）家。我们在卡伦家待了两天后，黛安娜又开车把我送到通往拉斯维加斯的95号州际公路旁的一处加油站，她说这里应该比较容易搭上车。

这个加油站位于酷热、荒凉的阿马戈萨谷地正中。在反射着烈日刺眼白光的荒原上，车辆稀疏的95号公路孤寂笔直地横于加油站一旁，南北两头远远地消逝在空旷谷地的尽头。

下了车，黛安娜先去加油站的商店里上洗手间，而我则把我的大背包从车斗里卸下来，最后一遍检查了大背包的拉链、背带，还有早已做好的用黑色蜡笔写着Las Vegas（拉斯维加斯）的路牌。

这时，一辆体型庞大、方头方脑的和《变形金刚》里面的擎天柱一模一样的红色Peterbilt（彼得比尔特）重型货运卡车轰隆隆地开下95号公路，在一阵刺耳的刹车声中停在了我的身旁。

卡车停稳后，驾驶室的门打开，从车里爬下来一个套着件宽松黑色背心、一条白色丝质大裤衩、头上扣着顶黑色棒球帽的男子。他气喘吁吁地向着加油站的商店径直而去，路过我身旁时，貌似不经意地瞟了我一眼。

我在加油站的商店外等了会儿，才见黛安娜笑盈盈地从商店里走出来，她身后却跟着刚才的那个人。黛安娜显得很高兴地对我说："翔，我给你找到了司机。这位先生刚好也要去拉斯维加斯，答应了我搭你过去。"

我听了当然是喜出望外，刚才心里还琢磨着，在这酷暑中的荒郊野外搭车，滋味大概不会好受。可是不求自来，没想到这么容易就搭到了车。

那个胖司机嘴唇边蓄着一圈胡子，全身松松垮垮的都是赘肉，两边的膀子上纹满了狰狞的文身，倒是一副标准的卡车司机的形象。

分别的时候到了，就像所有其他的分别一样，不是预想的那样从容。这个不期而至的卡车司机急着赶路，我手忙脚乱地把背包塞进卡车，匆匆和黛安娜道完别，爬上高高的驾驶室，刚刚在副驾驶席上坐定，卡车就已发动，在引擎喧嚣的轰鸣声中，我透过车窗向站在路边的黛安娜挥着手，卡车越开越快，越驶越远，直到她远远地消逝在视野以外。

卡车司机对我说：“……刚才我去加油站上厕所，出来在商店里碰到她，她看到我就冲我打招呼，问我去哪里。我告诉她我送货去拉斯维加斯，她就说她有个朋友正要搭车去那里，问我能不能让搭个便车。我觉得挺难拒绝那女士的请求，就答应了下来。”卡车司机说完，又加了句，“我一般不在路上搭陌生人。”

卡车司机名叫Rill（里尔），来自俄勒冈州，现在是从旧金山港拉一车板材到位于拉斯维加斯市内的一家家具厂。

这是我有生以来第一次坐这种传说中的重型货运卡车：宽敞的驾驶区分为前后两区，前面是驾驶室，座椅表面都是特制的真皮，行驶时座椅会随着卡车的颠簸而上下自动起伏，减轻对人体的冲击。驾驶室的仪表盘也比一般汽车复杂了许多，车顶上安着一台无线电台，通话器垂下来在司机的脑袋上方晃来晃去。驾驶室后面是个小小的生活区，靠里是上下两张单人床，台灯、帘帐一应俱全，床边的空间里见缝插针地安着储藏柜、小冰箱、微波炉和电视，果真是麻雀虽小，五脏俱全。

坐在彼得比尔特高高的驾驶台上，俯视着公路上来往的小型车辆从脚旁穿行而过，笔直的95号公路不断延伸，直到在远方原野遥远的地平线融入天空，让人不禁产生一种君临一切的感觉。

里尔也乐得在寂寞的路途中找到伴，边开车边和我天南海北地聊了起来。里尔说起话来也是满嘴脏字，不过已经在西部乡下得到了最真实的熏陶和洗礼的我这时早已对此习以为常，处之泰然。当里尔得知我在牧场的经历后，咧嘴笑道：“你养过驴子？我可不养驴子，我吃它们。”

我回道：“你少来了，美国哪有地方给你吃驴子？”

他哈哈一笑：“我可是说真的，虽然还没吃过驴子，不过有机会倒真想尝一尝，听说墨西哥人就吃，什么时候过去尝尝？我这人什么都吃。”里尔得意洋洋地说着，“不过我不吃海鲜，从来就没喜欢过。”说到此，里尔略带狡黠地说：“我唯一吃的海鲜就是我老婆的鲍鱼。”

我一咧嘴，心想：“这家伙，够低级！”

正说着话，里尔的手机响了，他掏出手机一看屏幕上的来电显示，马上朝我一摆手势：“别出声，是我老婆。”

在电话里里尔倒没了刚才的坏劲，只是哼哼哈哈地应着。打完电话他才显得如释重负地对我说：“我老婆不让我在路上搭陌生人，她要是知道我搭了你，非杀了我不可。”

里尔的妻子在医院当护士。护士和长途卡车司机在美国都是收入不错的职业，果然里尔告诉我他们夫妇俩已经存了不少钱，另外还在投资房地产，在俄勒冈和加州都置有多处房产。里尔说：“我俩都很努力地工作，现在终于可以退休了。”

“退休？”我听了很是迷惑，刚才里尔告诉我他今年才40岁。

“对！”里尔兴奋且得意地指着贴在仪表板上的一个小挂历，“17”这个数字被醒目地画了一个圈，“到17号我就不干了，这辆卡车已经卖给了我的一个朋友，17号就是交接的日子。”

二

“那是个年轻、漂亮的中国女人，她在卡车休息站找到我，说要去马萨诸塞找她的丈夫，刚好我也拉货过去，就让她上了车。”

里尔18岁就开始当卡车司机。刚开始时他受雇于货运公司，后来存了点钱，就出来买了辆卡车自己单干。在美国，像他这样的卡车司机被称为

Owner Operator（自营业司机）。我问里尔收入如何，他很坦率地告诉我，他的收入很不错，送一次货，平均每一英里他可以赚2～3美元。我替他一算，光现在这一趟他就能挣大概3000美元。里尔告诉我各项开支成本大约要扣去一半，那么只这一天时间他就纯赚了约1500美元。如此说来他一个月拿到手的最少也有1万美元，这在美国算是非常好了。

“我老婆和我现在已经赚够钱了，再加上各处的投资，我们完全不用担心以后的日子，终于可以安心享受人生啦。”里尔带着心满意足的口气说道，“不过我退休后做的第一件事就是去做手术。”

里尔因为长年跑长途，运动不足，得了职业病，双手肌肉功能萎缩，甚至都没法抬高，拖到现在只有做手术治疗。

我不解地问他道：“那你平时开车之余多做些运动不就可以避免了吗？”

里尔不以为然地说：“我哪有那工夫，对于我们卡车司机，时间就是钱。我一天至少要在路上开上十二个小时，一个月也休息不了几天，天天就待在这卡车上，哪有地方去做运动？”他接着说，“你看我这么胖，你以为是我自己愿意呀。”

聊了会儿，里尔掏出手机开始打起电话来。听了一下原来是在给不同的医院打电话，安排做手术的事宜。

卡车在内华达干涸的荒漠中高速行驶了约四个小时，在这四个小时里窗外的景色就没有改变过，空旷的荒野和远方起伏不绝的褐黄山脉无穷无尽，似乎我们永远也走不出这里。

最后当卡车顺着高速公路划出的一条弧线从一个山口穿过时，一块浩大谷地和这块浩大谷地中间的一个巨型都市蓦然出现在眼前——拉斯维加斯到了。

我们的卡车很快就驶入拉斯维加斯，在横贯市区南北的高速公路上，夹杂在如潮车流中一点一点地向前蹭行着。

坐在彼得比尔特高高的驾驶室里，和高速公路平行的拉斯维加斯大道两旁的众多世界知名大赌场的宏伟建筑群近在眼前。这些外表堂皇、造型夸张的建筑把整个城市渲染得迷幻离奇。其实在这片寸草不生的北美内陆，荒漠深处，这样一个巨型都市的存在本身就足够让人觉得迷幻离奇了。

里尔问我打算在什么地方下车。我以前到过拉斯维加斯，这次只是在这里取道北上犹他，没打算逗留。里尔知道后就说他要先去拉斯维加斯市中心卸货，然后再去拉斯维加斯北边的一家工厂拉一车货回旧金山，他可以在装完货后顺道把我放在拉斯维加斯北边的一处长途卡车休息站，我可以在那里继续搭车。反正我也没有什么明确的计划，听里尔这么一说也觉得不错，就这么定了。

到了里尔卸货的家具厂已是下午一点多。里尔下了卡车，站在家具厂仓库前毫无遮挡的空地上开始解开牢牢固定住卡车货台上垒到约两人高的家具板材的绑带和盖在上面又厚又沉的防水帆布。烈日当头，气温有三十多度，没一会儿里尔就已经满头大汗，气喘不已。

我看了就跳上卡车货台，帮他拆卸起绑带来。里尔很感激地说：“哦，谢谢你，你不一定非要帮我。”

“没事，”我显得若无其事地答道，“你帮了我的忙，我也想为你做点儿什么。”

里尔听了嘿嘿一笑，就开始指点我如何解开卡车的专用绑带。等解开十多条宽宽的绑带后，我又爬上高高的板材顶部，将严严实实盖在上面的帆布掀开，推到地上，再爬下卡车，在家具厂的叉车卸载板材的同时，和里尔一起将厚重的帆布在空地上认真叠好。

我们两个人三下五除二就把事给办完了，里尔非常开心，对我说：

“看你干活的样子，是个卡车司机的料，我看你干脆就当个卡车司机算了。”

我也是哈哈一笑：“好啊，回头等我旅行完了就去找你。到时候也当个像你一样的卡车司机，再找个女朋友带在身边，边看风景，边赚钱，既酷又自在，比坐办公室强多了。”

回到车上，重新上路，我们赶往下一个装货点。拉斯维加斯市内的高速公路上车流依然不减，我们开得还是很慢。看着周围那些大赌场奇特的建筑，里尔告诉我，他这辈子前后拉货来过拉斯维加斯几百次，但一次都没进市内逛过。我听了不解，觉得难以想象。里尔说：“每次都是来送货接货，急急忙忙赶时间，再说你看我开这么大一家伙，进了市内连车都没法停，哪还谈得上去玩？”

里尔显然怕热，在车上他把冷气开得十足，我看了就说：“你这样天天坐车上吹冷气那还不吹出病来。”

他回答道：“那还能怎样？干我们这行虽说收入不错，不过身体算是彻底垮了，你绝对看不到一个身体健康的卡车司机。”说完他抄起身边一个鼓鼓囊囊的黑包，打开让我看里面大大小小的药瓶，“看，我每天是把药当饭吃。”

里尔问我为什么不在拉斯维加斯多待几天。我照实告诉他，我以前来过拉斯维加斯，不过我这人不嫖不赌的，每次来除了吃吃东西，逛逛拉斯维加斯举世闻名的夜景就差不多了。再说对于我这样的背包客，城市永远不是一个友善和安全的地方。

里尔也同意我的说法，“像你这样确实得当心，这世道坏人太多，不防着点不行。你身边带有什么武器吗？比如手枪什么的。”

我摇摇头：“没有，我不需要，我有我自己处理紧急情况的方式。我相信自己能够对付各种不测，如果带上那些玩意儿，反而更容易招来麻烦。再说了，像我一个人在路上，人生地不熟的，假如真遇到非动刀动枪不可的场合，那也就差不多Game Over（游戏结束）了。”

里尔却不以为然地说道：“你也不能这么说，最少你得随身带把匕首，如果有哪个混蛋胆敢找你麻烦，至少你可以一家伙刺过去。”

我听了也只是微微一笑，没有继续和他争执。

里尔继续说着：“不过现在这个时代也没什么人像你这样靠搭便车旅行了，我在路上已经见不到多少了。”

“特别是像我这样的中国人就更没有了吧？”

“哦，有！好几年前我曾经在Sacramento（萨克拉门托，加州首府）搭过一个中国女人，用了7天横穿美国，送她到马萨诸塞。”

我听了顿时起了兴趣，仔细询问起来。

“那是个年轻、漂亮的中国女人，她在卡车休息站找到我，说要去马萨诸塞找她的丈夫，刚好我也拉货过去，就让她上了车。那女人刚开始话很少，还挺防着我的，就像我是个坏人，而且她几乎就不会说英语。不过等我们在一起待了7天后，她已经能说一口流利的英语了，而且也变得对我非常好。”里尔嘿嘿一笑，但马上补充了一句，“但我们之间什么都没有发生过，我们只是好朋友而已。”

“这事我没有告诉过我老婆，”说到这里里尔若有所思，“那真是一个很好很好的女孩。”

装完下一批货，下午15:00左右我们来到了位于拉斯维加斯北郊、15号州际公路旁的一家叫Pilot的卡车休息站。

这个位于交通繁忙的15号州际公路旁的卡车休息站占地广大，一进去只见宽阔的停车场上塞满了几百辆重型货运卡车。这些卡车全都开着引擎，数百台重型卡车引擎发出的轰鸣声震耳欲聋。虽然我在美国已经待了有些年头，但平日开车也只是到路边的普通加油站或者休息区停一停，这样的货运卡车休息站倒还是第一次来，算是开了眼界。

遍布美国的高速公路网络总里程超过7.5万公里，四通八达，路况优良，除极少数地段外全部免费，这在全世界也是首屈一指，绝无仅有。这样一个极其便捷的交通网络是美国经济与文化活力的源泉之一。不过美国高速公路网的历史却并不是很长，仅仅是源于20世纪50年代。

到了休息站，里尔坚持要请我吃饭，我刚好也饿了，就随他去了休息站的自助餐厅。餐厅的食物还算丰盛，自从上路以来很久没有这么好好地大快朵颐过了。吃完饭，里尔又掏出张洗澡票让我去休息站的淋浴房冲个澡。这下我倒真有些不好意思了，里尔毫不在乎地说："我在他们这儿加油，他们就送我免费的洗澡票，你拿去用吧，我这里有的是。"

洗完澡出来，在休息室找到里尔，他正坐在一条长桌旁端着杯咖啡和另一个和他一样体形的人在聊天，看样子那位肯定也是个卡车司机。

里尔看到我马上说："你运气不错，这伙计正好要去盐湖城，你不是要去犹他吗？我和他说好了，他可以捎你过去。"

我当然又是喜出望外，这一路上还真顺，从奥兰察开始根本没费劲就快到500公里外的犹他去了。

这个要去盐湖城的司机叫Scott（斯科特），从宾夕法尼亚来，话不多，也是一副很酷的样子。因为他打算再晚点，等高速公路上拥挤的车流缓解些再走，所以我就和里尔坐在长桌旁又聊了会儿天。

里尔把他的手机号码写给我，然后说："你不错，是块干活的好料，我喜欢你。如果你旅行完了真的打算当卡车司机的话就来找我，我愿意帮你。

"在路上要小心，要搭车就到像这样的卡车休息站好了。你可以直接去找那些卡车司机，态度好点，问他们是去哪里。如果和你一个方向就请他们搭你一程。如果不是一个方向，就请他们用他们车上的无线电台帮你问一下周围有没有去你那个方向的司机。

“尽量找像我这样的自营业司机，那些给货运公司干活的司机大概不会愿意搭你。货运公司和保险公司都有签约，不许底下司机随便搭人，给发现了肯定会丢饭碗。不过像我这样的司机就没事儿，因为我是我自己的老板。

“如果有司机不想搭你，向你伸个中指，你也别生气。你的目的是要搭车去你要去的地方而不是和人吵架，马上离开他走向下一个司机就好了。”

又坐了会儿，天色将尽，斯科特要上路了。里尔也说他该走了，还要连夜赶回九百多公里外的旧金山去。

在轰鸣的停车场，我和里尔匆匆道别，上了斯科特的车，出了休息站，驶入15号公路北向的车道，在暮色中很快就把繁华的拉斯维加斯抛在身后，重新驶入了内华达无尽的荒漠中。

三

“我早上就注意到你了，如果你愿意，我们可以付你1个小时8美元的酬劳。我们客户就在这附近，开车5分钟的地方，卸完家具就结束，总共要不了多长时间，看样子你也不忙，耽误不了你的事情的。”Rotem极力向我劝说着。

晚上21:00，我们已经离开内华达州，来到了亚利桑那州和犹他州的边界。卡车越过一个山口，不远处一个满目灯火的城市出现在了眼前，这就是St. George（圣乔治），犹他州最南边的城市。

我下面要去的地方是Zion National Park（锡安国家公园），需要在圣乔治北边由15号州际公路转当地的9号公路向东，而搭我的卡车司机斯科特则要继续沿着15号公路向北直到犹他州北部的盐湖城，所以当我们遇到路边第一个加油站时斯科特就开下了高速公路将我放在那里。

看着斯科特的卡车在夜色中离去，看了下手表，已经快22:00了，想着已经太晚，决定先在加油站边的荒地里露宿一晚，明天天亮后再走。

第二天早上天刚蒙蒙亮我就赶紧起来，边吃干粮边拿出地图研究起来。

我现在的位置是在圣乔治市的南郊，去锡安国家公园则需要顺着15号州际公路向北穿越整个圣乔治市，直到二三十公里外的9号公路岔路口。我心里盘算着也就二三十公里，搭个便车应该不难，就从小卖店的垃圾箱里翻出个被扔掉的硬纸箱，掏出随身带的小刀和蜡笔，做了块写着Zion（锡安）的路牌。然后就拿着它在加油站的停车场里一辆车一辆车地问了起来。

这是个小加油站，来往车辆特别是卡车并不多，问了一圈下来要么是方向不对，要么直接被司机拒绝了。看来停车场这边希望不大，我于是又绕到加油站前面向正停车加油的司机们打探。没多会儿，一个穿着加油站制服、留着撇小胡子的中年男子过来对我说，在加油站范围内不许搭便车，我要么马上停下来，要么到别处去。

没法子，我只好又驮着包，来到离加油站约五十米开外的公路边，举着路牌等待着不知哪位善心人的到来。

在路边等了老半天却一无所获，马路上虽然车水马龙，一辆车紧挨着一辆车，但没有人停下来，甚至没有人正眼睬我。在犹他灰蒙蒙的天空下，举着路牌呆呆地站在滚滚车流前的我显得如此格格不入和孤独，这种感觉是我在莫哈韦沙漠和内华达山脉中独自穿行时也不曾感到过的，这一刻我甚至觉得自己的这个样子实在是有些愚蠢。

随着在路边无聊等待时间的延长，耐性也在一点一点被磨掉。

“或许克里斯说得没错，我这是在自讨苦吃。”我心里不禁开始嘀咕起来。不过稍微沮丧了下，又马上开始调整自己的心态，努力振作起来。前面的路还很长，一个积极向前的心态比什么都重要。

“或许是到目前为止一切都还比较顺利的缘故，所以对于现在这点小障碍一时有些不适应。保持耐心，不要放弃，一定会等到我要等的人到来的。”我心中暗暗地告诫自己。

在车水马龙的公路边就这样又站了会儿，结果我期盼中，坐在四个轮胎上的天使没有等来，却等来了坐在四个轮胎上的警察。

这个警察甚至不屑于专门为我停车来耗费他珍贵的时间，只是当从我身边开过时减慢车速，降下车窗冲我咆哮道：“不许在路上搭便车！这是法律!!你不想惹麻烦的话就别让我再看见你！!!”

我顿时一筹莫展，只好挟着路牌，驮着背包又灰溜溜地回到加油站，独自站在加油站前的空地上盘算着下一步该如何是好。正当我在加油站的停车场徘徊时，一个面庞瘦削、鹰钩鼻、满脸胡碴的男子突然走上来主动和我打招呼。

他自我介绍叫Rotem，他的英语带着强烈的外国口音。我一下子想起来，早上在停车场就见过他，当时他还打量过我好几眼。我心里很疑惑也很好奇这个男子怎么会对我有兴趣，对方立刻感觉出我的疑惑，连忙解释道，他是南加州一家搬家公司的工作人员，他是和他同事两个人替客户运一些家具到这附近的新家。因为他们在路上耽搁了一些时间，所以现在想临时找个帮手，这样就能争取些时间，不会延误下面的行程。

“我早上就注意到你了，如果你愿意，我们可以付你1个小时8美元的酬劳。我们客户就在这附近，开车5分钟的地方，卸完家具就结束，总共要不了多长时间，看样子你也不忙，耽误不了你的事情的。”Rotem极力向我劝说着。

“可是我现在还要搭车去9号公路交叉口，”我显得有些迟疑地说道，“如果你们同意干完事直接送我过去那倒是可以。”

“9号公路交叉口在哪里？”Rotem一愣。

“就在15号公路边上，离这里往北20多公里的样子。”

Rotem听了忙说：“那没问题，办完事就送你过去，就这么定了！”

我俩谈好，Rotem就带我走向停车场的一辆蓝色沃尔沃重型厢型卡车。在车里我见到了Rotem的同事Caine（凯恩）。凯恩是个黑人，光头，身材壮实，年纪看着要比Rotem显得大些，说起话来倒是个很憨厚和善的人。

我暗自庆幸，看来刚才在路边等待时对自己的告诫确实没错，只要能耐心等待，不要放弃，天使终究会到来。我一下子就等来了两个不说，而且还给我带了些零花钱。

上了车，我们的卡车开出加油站向着东边开去。快到客户家时，凯恩找出一件印着他们公司标志的蓝色T恤衫让我穿上，并且让我到时候别暴露身份，不然他们可能会有麻烦。

客户原来是老两口，从加州来。先生刚退休，他们就把加州的房子卖掉搬到这边来养老，我们今天搬来的就几乎是他们全部的家当了。老先生已经早早在小区大门口等待，我们按时抵达，卡车开到客户家门口，凯恩和Rotem利索地打开卡车货厢的后门和侧门，里头果然塞满了不少东西，从餐具、座椅、花瓶、画框，到一辆丰田皮卡，应有尽有。

凯恩和Rotem都是熟手且又要赶时间，所以他们干得飞快，上下卡车都和冲锋一样，有些家具如电视机或者硬木家具都死沉死沉的，他们也是一咬牙，扛起来就跑。我虽然是第一次干这种活，不过力气我倒不缺，学着凯恩和Rotem的样子我很快就上了手，干活的进度并不落后于他们。

客户买的房子是一座背靠红色断崖的新建砖木结构平房，设计典雅、气派，里头仅大房间就有六七间的样子，铺设着大理石地板的宽敞客厅的一面都是落地窗，外面是个带顶棚的回廊和大草坪的院子，前面还有一个带喷泉的池塘。我搬家具时顺便问了下女主人他们买这房子花了多少钱，女主人告诉我是39万美元。我听了感叹道：这么漂亮的房子再加上这么好的风景，在加州就是100万美元也买不到。

我半是恭维、半是认真地对客户两口子说道："你们这交易可真不错，我从旧金山来，39万在那里就只能买间车库了。你们的房子漂亮舒适不说，这附近治安良好，环境优美，周围像大峡谷、锡安这样的风景名胜地一大把，想散心了开个车去拉斯维加斯，甚至到加州也花不了多久，生活在这里就和天堂一样，连我看了都想到这里来养老了。"

那老两口听了我的赞美自然心花怒放，老先生也半开玩笑地对我说："你要想来养老那可得赶快，现在这里很热门，我们这一带的房子已经快卖完了。"

干到正午，终于把这户人家的东西全部卸完归位，卡车上还剩一些货物，那些是凯恩和Rotem赶着将要送到下一处客户家的。看得出老两口很满意我们的工作，老先生一直把我们送到小区的大门口。

上了路，Rotem说，我们先去刚才的那个加油站吃饭，然后就送你去9号公路。我干了一上午活也是又累又饿，就一口答应了。

Rotem原来是以色列来的移民，他从海军退役后，不想在以色列待下去了，就和女友一起来了美国，先是到科罗拉多州的丹佛，后又搬到加州来，刚在现在这家搬家公司开始工作没多久。

“那你怎么会想到和女朋友又一块儿从科罗拉多跑到南加州来？”我有些好奇地问道。

Rotem顿时显得有些尴尬地说道：“我是在丹佛认识了一个美国女人，就跟女友分了手，和现在的老婆结了婚一起搬到南加州来的。”

凯恩看起来样子挺年轻，可是一问已经45岁了。他也是从东部的马里兰州刚搬到南加州没多久，之前一直在公家机关做事。因为工作得早，所以凯恩在公家机关做满20年后就正式退休了。凯恩有一儿一女，因为孩子们都在南加州，所以他退休后也搬了过来，在这家搬家公司又找了份工作。

凯恩现在是独身，他告诉我他前妻染上了吸毒的恶习，他无法忍受只好和她分了手。凯恩很为他的儿子自豪，“我儿子在百事可乐公司做事，是一个和我一样勤奋的人。”但谈到他的女儿时却又有些沮丧：“我女儿现在有些问题，染上了些麻烦。”凯恩没有具体说是些什么样的问题和麻烦，我也没多问。

吃完饭，Rotem递给我几张纸币，一算：80美元，我一愣，“这个钱不对。”

我对他们说道：“我们开始说好的，按8美元1小时付我工资，从我们早上8:00出发到中午12:30结束，总共是4.5小时，你们应该付给我36美元才对。”

Rotem说道：“接着吧，没有错，都是你的。”

凯恩说：“翔，你干得很棒，客人很满意，给了我们不错的小费，这是你应得的那份。”

凯恩和Rotem告诉我，他们平时送货，时不时也会在路上找个搭车客或者流浪汉什么的当帮手，“但是很多人都不爱干活，我们甚至遇到过坐在一边光看我们干活不出力的家伙，把我们给气了个半死。你可比那些家伙强多了。今天得谢谢你，替我们节省了不少时间和力气。”

吃完饭，Rotem和凯恩在我的日记本上留下了联络地址，当我要把身上他们公司的T恤衫脱下来还给他们时，他们坚持让我留着做个纪念，然后我们就匆匆回到车上，Rotem开着沃尔沃直接把我送到圣乔治北边的9号公路和15号公路交叉口。

下了车，我站在路边目送着庞大笨重的沃尔沃艰难地在9号公路上掉了个头开上15号州际公路重新向南驶去，然后才背上背包，向东，朝向锡安国家公园的方向走上了9号公路。

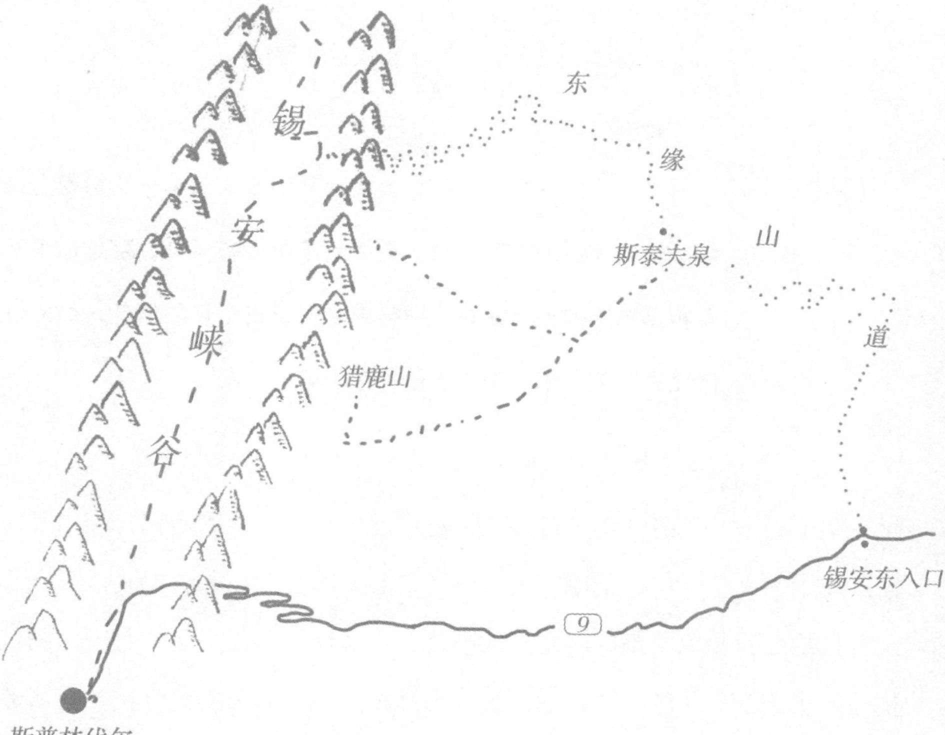

10

跋涉**锡安**

一

“这种信任是相互的，大家都是陌生人，谁也不想惹上麻烦。就像我刚才停下来时，心里也不是没有担心，可是你很开心和真诚的样子，让我也同样感到了来自于你的信任，你的信任让我安下心来，愿意信任和帮助你。”

15号州际公路和9号公路的交叉口是在一片开阔的旷谷中，自从昨晚抵达犹他以来，我终于得以好好领略这里的风景。犹他的地貌与加州和内华达差别不大，干旱、荒凉，大片的谷地和山岭间杂相邻。但犹他与众不同，也是令我印象深刻的就是它的颜色：不似加州和内华达荒野中的满目枯黄，犹他这些裸露在外面的土壤和山脉都呈现出鲜嫩的砖红色，在西部澄净的蓝天白云衬托之下，互相辉映，生出一种令人动容的美丽。

我顺着9号公路走了一小段，选了处视野不错的路段，放下背包，举起写着Zion的路牌开始继续搭车。

这次运气不错，我在路边上还没等上两分钟，一辆显得有些陈旧、后车窗上张贴着待售标志的宝蓝色的小汽车就停了下来。开车的是一个有些腼腆的男子。

男子叫Anthony（安东尼），他帮我把背包塞进汽车的后备厢，再把放在驾驶室副驾驶席上的一些杂物移到后座，替我腾出位子。上了他的车，安东尼告诉我从这里到锡安国家公园入口还有四十多公里，但他只能送我一段，因为他要去的是南边亚利桑那和犹他交界的Colorado City（科罗拉多城），到了一个叫Hurricane（哈里肯）的小镇他就得和我分道扬镳了。

哈里肯是个很小的镇子，我看了下表，已经是下午15:00，我希望下面能够尽快搭到车，争取在日落前抵达锡安。

在哈里肯路边等了约20分钟，一辆崭新的双排座皮卡停在我身旁。皮卡前排坐着两个精壮的男子，都穿着干净整洁的白色T恤衫，戴着墨镜，一副很酷的样子。

坐在副驾驶席上的男子从车窗口问我："兄弟，你要去哪儿？"

我答道："锡安！"

"上车吧，我们也去那里。"那个男子简洁地说道。

我把背包扔到皮卡后车斗里，然后就拉开车门坐到了后排座椅上。

在车上和这两个男子聊了会儿，发现他们和克里斯简直太像了，除了这两人都留寸头，不是克里斯那样的披肩长发外，其他从身材到气质再到谈吐，就如一个模子里倒出来的。他们说话简洁，乍看上去有些冷，但和

我说话时一口一个“兄弟”，很是自然、亲切。

他们问我为什么要去锡安，我告诉他们，因为以前听朋友说过锡安的风景非常迷人，再加上我本来就准备要去Powell Lake（鲍威尔湖）和纳瓦霍碑谷公园，它们刚好都在锡安的东边，所以就顺路来了。

言谈间得知这两个男子是做建筑业的，他们和朋友合伙在这一带买土地，然后自己盖房，再卖给外地来的客户。我问他们生意如何，开车的那个男子说道：“生意做得不赖，很多加州的人都跑到我们这里来买房子，他们那儿房价实在是贵得太离谱了。”

这两个男子搭了我，然后又去附近搭了他们另外一个朋友，原来他们是约好下了班一起去锡安国家公园边上的小镇Springdale（斯普林代尔）吃饭，看到在路边等车的我就猜想我也是去锡安。

等他们的朋友上了车，坐在前排副驾驶席的那个男子下车从后车斗里的一个便携式保温箱里拿出瓶冰镇啤酒递给刚上来的朋友，他又问我一句：“兄弟，你要不要来瓶啤酒？”我点头道：“干嘛不呢？”

于是他顺手又递给我一瓶表面凝满冰冷水珠的百德威。车重新上了路，我们四个人一人一瓶啤酒，边聊天，边飞快地穿行在高山峡谷中。

从一大早开始我着实忙碌了一整天，这会儿坐在皮卡宽敞、柔软的皮质后座上，身子随着山谷间的公路舒缓地上下起伏着，沁凉的啤酒一扫本来已经开始弥漫于脑门的燥热和疲惫，让身体和情绪开始放松下来。

我们右边的Virgin River沿着公路一侧缓缓而过，在两岸的山谷间扯出一条连绵不绝的葱郁林带。峡谷越来越深，四周的树林草丛也越来越密。喝着手中的啤酒，注视着公路两旁沐浴在下午明黄、柔和的阳光中红色的山崖和满目苍翠，恍惚间竟然有了些微醉的感觉。

轻车简行，下午16:30，我们终于到了斯普林代尔，锡安国家公园的西入口。

和那三个伙计道完别，我开始顺着斯普林代尔镇的街道往东走。斯普林代尔是一个位于峡谷中的典型观光小镇，不宽的街道两旁布满了精致优雅的土产店、咖啡屋、餐厅、酒吧和画廊。

没走一会儿，前面的道路中间出现了一个收费站，这显然就是锡安国家公园的入口了。

二

夜色已临，天空暗蓝，一轮皎洁的明月升起在对面峭立嶙峋的绝壁间。晚风渐起，Virgin River边树林间归巢鸟群嘈杂的鸣叫与河水奔腾的涛声交织着阵阵传来，不知不觉中，一直到晚上21:00，天才终于完全暗了下来。

时近傍晚，收费站倒不是很忙，入口前的一块木板上标明了徒步游客的收费是10美元。走到收费站窗口，我从腰包里掏出10美元递给里面的管理员。管理员是个上了年纪的男子，他看了我一眼然后像是例行公事般地问我："你是印第安人吗？"

我听了觉得有些莫名其妙，不知道他问我这个干什么，就摇摇头说："不是，我从中国来。"

那个公园管理员听了依然面无表情地收下我的钱，递给我一张门票和一份印刷精美的公园地图。我收好门票，就独自进了公园。

天色已经不早，我现在要做的是尽快找好宿营地。刚才那个公园管理员告诉我：在整个锡安国家公园范围内，如果没有申请许可不得在野外宿营。可是现在公园管理处已经下班，要申请野外宿营许可就必须等到明天早上了，不过他告诉我顺公路往前再走一点，公路右边的树林里有处公营宿营地，我可以在那里搭帐篷过夜。

公路和Virgin River平行着延伸在深深的锡安峡谷里。按照那个管理员的指点，我沿着车辆稀疏的公路没走多久，在一个拐弯处的树林边终于看到了右手公路旁那个宿营地的入口。宿营地入口的告示牌上写着：凡在此处宿营者每晚收费15美元。我背着包进去四下看了看，在茂密的树林间开辟出了一处处平整的兼带停车位的营地。整个营地不小，不过里面除了一个厕所外就什么设施都没有了。

想了半天，我实在找不出一个付15美元在这种地方过上一夜的理由，于是毫不犹豫地掉头又走出这个营地。这时天色已暗，我也没有太多选择，就趁着没有人的瞬间，快速穿过马路，三步两步爬上了公路对面的大斜坡。

大斜坡的尽头是峡谷边高耸的万丈绝壁，斜坡上遍地荆棘石块，我好不容易才在一片荒草丛间找到一小块还算平坦的土地。我用皮靴将平地四周的几簇散落荆棘丛踩平踢开，将这小块平地的范围拓宽得足以安设我那个小单人帐篷，再细细将地上的石块树枝之类的硬物清除出来扔到一旁。一个像样的野营地也就差不多成形了。

拍拍手上的土，看到天光还没有完全暗下来。这里离公路，还有斜坡下面的公营宿营地也不是太远，直起身子的话隐约间可以看见公路上过往的行人车辆。既然我看得见他们，那么想必他们也很有可能看得见我。我帐篷的外罩是灰白色的，多少有些显眼，如果这时把公园管理员给招来了，那就真的是前功尽弃，想到这我没有急着把帐篷撑开，而是在附近找了片松软的草地，让自己尽量坐得舒服些，拿出背包里的干粮，就着水吃起晚餐来。

独自坐在深峡荒坡间，太阳尚未完全西沉，纯净的天空中残存着些许晚霞，两旁的赤色绝壁此时在夕阳中略显沉默但也更加艳丽。夜色已临，天空暗蓝，一轮皎洁的明月升起在对面峭立嶙峋的绝壁间。晚风渐起，Virgin River边树林间归巢鸟群嘈杂的鸣叫与河水奔腾的涛声交织着阵阵传来，不知不觉中，一直到晚上21:00，天才终于完全暗了下来。

第二天早上6:00我就起来，趁着天色大亮之前赶快收拾好东西，6:30就背着背包下了斜坡，坦然地上了公路。

我在锡安的计划已经初步定下，就是从现在所在的南入口进入锡安峡谷中央，然后再沿着山间小道徒步穿越整个锡安，一直走到东入口去。昨天查地图时我已经确定好了路线和行程。先搭公园里的免费观光巴士进入锡安峡谷深处的Weeping Rock（哭泣岩），然后在那下车，沿着Echo Canyon（回声谷）旁的山径攀上峡谷旁峭壁的顶峰，再沿着峭壁边缘一路东行，经Stave Spring（斯泰夫泉）接East Rim Trail（东缘山路）到东入口，全程从地图上看大约二十多公里的样子。

我的路线完全偏离了一般游览路线，进入了不通车辆、没有人烟的野外，而且还得在野外宿营，所以我得先到公园管理处申请入山许可证。在美国，为了保护脆弱的自然生态环境，许多国家和州立公园对于进入公园范围内比较难以监视和维护的野外地带的游客人数和行动都有严格的规范，只有申请到通行证才可以进入；如果没有通行证，在山里被巡逻的公园管理员查到了那可麻烦不小。

早早我就来到了公园管理处等待申请入山许可。现在还不是旅游季节，管理处的柜台前只有寥寥几个游客在和我一起申请入山通行证，而且走东线的好像只有我一个。交上10美元，公园管理处的一个女孩子递给我一份表格填好，我在上面标明了我的预计路线，她问我要在山里待几天，我想了想，二十多公里山路顶多走两天，不过我打算稍微悠闲一些，好好欣赏一下沿路的风景。但同时又考虑到走山路体力消耗大，沿途荒无人烟，背负的食物饮水数量势必有限，又不可能在山里滞留太长时间，犹豫了一下，就告诉那个女孩子：“四天三夜吧。”

那个女孩子把我填的信息都输入电脑中归档，然后打出一份注明我名字、路线和进出时间的通行证，夹着一份给徒步野外游客的专用手册递给我。我检查了一下手册里的内容，突然发现一个问题，昨天在收费站拿到的地图上标明着在我将要途经的东行山路上有一处叫斯泰夫的山泉，可是在这份野外徒步游客的手册上却找不到这个山泉的标志。我顿感困惑，因为这处山泉的存在对于我下面的整个行动至关重要，我绝对无法一次随身带够在山野里走上三四天所需的饮水。现在已近五月中旬，白天气温不低，再加上山路崎岖，饮水量一定不小，如果路上没有水源可以补充，那无疑是自投绝境。

于是我拿着地图再次向那个女孩确认，但她也是不置可否，就去找来一个年长的管理员。那位年长的管理员很肯定地让我不用担心，那处泉水确实存在，而且水质可靠，终年不断。我得到了他的这个保证才如释重负，想必是公园管理方面不太喜欢太多人在野外宿营，难以管理，故意不在他们的手册上标出那处泉水的吧！

办完手续，把通行证叠好放进腰包里，又顺便在公园管理处里的锡安公园博物馆里逛了一圈，了解了一下锡安公园大致的历史。

这个深藏在荒凉西部，干旱的科罗拉多高原间的青翠峡谷在一万二千年前才被追寻猎物到此的印第安人发现。印第安人在此处定居下来后，从狩猎动物，到采摘野果，开垦土地，世世代代生活在这条峡谷中。

从博物馆的介绍上来看，现在的锡安国家公园属于国家资源，整个公园范围内禁止一切狩猎和采集行为，不过因为锡安一直都是印第安原住民的生息地，所以这项规定对于印第安人却是网开一面。我这才想起来：怪不得昨天在收费站的那个老管理员问我是不是印第安人，我当时要说是的话，大概就不用交那10美元了，哪有到自己土地上还要买门票的道理。

从公园管理处出来，我又到附近的商店精确地按照每天三餐、一共四天三夜的量补充了半打干面包圈和几袋方便面。

诸事完毕，我也不急着赶路，终于可以像个普通观光客似的悠闲地坐上公路上来回穿梭的免费观光巴士，沿着流淌不息的Virgin River，惬意地浏览起两旁的赤红峭壁和身边的树林溪流。

为了保护自然环境，锡安峡谷中大多数路段禁止私家车通行，开车来的游客必须把车停在公园入口处，再搭乘公园里的观光巴士进入峡谷。我搭乘的巴士里，其他游客都是自己开车来的，基本上都是空着手，一身旅游休闲的打扮。所以当背着大包、拄着登山拐杖的我一上车，自然引来了全车人的注目。有人回头频频看我，有人干脆直接问我：从哪里来，到哪里去？我反正也无所谓，大着嗓门告诉他们：我从旧金山来，正准备徒步翻越锡安，一路到纽约去，车上的众人听了给我一阵掌声。

在车上我遇到两个女孩子，一个高挑、腼腆，另一个则丰满、开朗。刚开始我还以为她们是美国人，但看到她俩都戴着一模一样的牛仔帽，就暗自想到：美国女孩子大概才不肯这样呢。一问，果然两个女孩子来自德国，瘦的那个女孩子是个警察，而胖的那个是公务员，她俩是朋友，趁假期一起到美国西部来旅游。两个德国女孩子的英语不是很好，所以我们都是一边比画一边聊着各自的游历，倒也很是有趣。

一路坐巴士到公路的尽头，本来还算宽阔的谷地在这里骤然收缩

变窄。我们下车沿着一条小道又往前走了一段，来到锡安最著名的景点之一——The Narrow（狭谷）。

千百万年来，奔腾湍急的Virgin River，劈开山岩在高原间凿出一条既深又窄的狭谷。这条长约25公里的狭谷，平均深度600米，底部最窄处只有0.5米多宽，站在狭谷里的Virgin River中向上望去，正是不折不扣的一线天。如果时逢枯水期，踏着齐脚踝的Virgin River沿狭谷而上是到锡安的必游项目，无奈这时正值一年中的春季化雪期，Virgin River暴涨，狭谷被公园管理处暂时关闭，我们只能站在狭谷的入口处拍照留念。

回到公路，重新上了巴士，等返回到哭泣岩我就和众人告别，中途下了车，顺着路边的小道开始了向锡安谷地东侧绝壁之巅的攀登。

三

四面都是高耸的山峰，走着走着，我一下子迷失了方向，不知该往何处而去。倾斜的岩壁上隐藏着不少底部积了雨水的石缝和悬崖，如一不小心走错路，失足跌入这些石缝、悬崖，在这不见人迹的群山深处那可真就天地不应、呜呼哀哉了！

高不见顶的山峰几近九十度垂直于地面，一边是悬崖，一边是峭壁，狭窄的山路以密集的“之”字形来回开凿在红色的山崖上。我背着包，双

手拄着登山手杖，弓背弯腰向着绝壁之顶一步一步登去。

在陡峭的山路上埋头直上，到后来越走越感到肩上背包的沉重，汗水浸湿了帽子和T恤衫，甚至连紧绷前胸的登山包宽厚的背带也被汗水完全浸透，两条腿酸胀异常，呼吸也越来越短促。但此时却不敢懈怠，有时实在太累了也只是停下来站在山道上歇口气、喝两口水。

山势逐渐升高，刚开始时还能偶尔在山道上遇到个把游客，到后来就完全是人影全无，只剩下了我一个人。

在太阳西沉前我终于攀到了绝壁之顶。驻足俯瞰了一眼脚下峭壁上密密曲折的山道和眼前沐浴在下午太阳明亮光辉中雄丽的锡安峡谷，我就毅然地回过头，一头走进了山壁后面一条深深的暗谷。

翻过绝壁后，山路不再像刚开始那么陡峭，但依然是上上下下，崎岖难行。一直走到大约18:00的时候，我必须找地方宿营了。根据公园管理处的要求，凡是在野外宿营者都必须远离山路，选择在路人的视野以外设置营地。可是这狭窄的山路一直都在深峡山脊上，路边不是山岩就是深壑，连一小块平地都找不到。

就这样一路寻觅，直到晚上19:00我才在穿越一处石壁大斜坡时，发现斜坡上的两棵松树间勉强有方还算平整的空地，于是决定在此宿营。可是等到搭设帐篷时又是一番挣扎，我的单人帐篷四头需要钉入土中固定，可这是处石坡，地上几乎没有松土，我费了大半天劲，把两根帐篷钉都敲弯了才勉强把帐篷固定好。睡觉前，把被汗水打湿的衣服、帽子都搭在旁边的松树枝上，然后钻进了帐篷。

一路上好不容易才找到的这块平地，实际是一座山峰大斜坡比较平缓的部分。虽说平缓，但依然还是有些坡度。离帐篷不远的大斜坡底端就是个悬崖，我不想晚上睡熟了只因为翻个身子就一路滚到悬崖下去，所以帐篷是按照头朝坡顶脚朝悬崖的方位搭的。但是躺在帐篷里，身子仍然会慢慢地往帐篷底端滑下去，所以睡一会儿就又得起来重新爬回帐篷顶端去，整个晚上就这样周而复始，不胜其烦。

这一夜，不断滑下去、爬上来，睡得实在是辛苦不堪。再加上底下硬石硌身，等到早上起来时全身酸痛不已，比没睡觉还要累。钻出帐篷活动了半天筋骨才好不容易缓过劲来。

吃完早饭，收拾好东西，继续上路。

刚开始的一段路是在巨大倾斜的岩石山坡间穿行，脚下高高低低的都是光滑的石壁。这条路少有人行，石壁上根本看不出山路的踪迹，身处岩谷中，四面都是高耸的山峰，走着走着，我一下子迷失了方向，不知该往何处而去。倾斜的岩壁上隐藏着不少底部积了雨水的石缝和悬崖，如一不小心走错路，失足跌入这些石缝、悬崖，在这不见人迹的群山深处那可真就天地不应、呜呼哀哉了！

踌躇了一会儿，在山岩上仔细辨别着道路的痕迹。很快我就发现不远处的光滑石壁上用数块碎石垒着的一个小石柱，Trail Mark（指路石）！我心中一喜，马上顺着那个小石柱往下寻去，果然在相隔不远的一道岩坎上又找到了另外一个同样的小石柱。在美国野外徒步旅行时，这种由其他旅

行者用几块石头一个顶一个垒起来的石柱就是最简单的路标，当找不到路时，只要沿着这些指路石一个接一个地走下去就行了。

背着沉重的背包，小心翼翼地撑着登山拐杖，努力保持着身体的平衡，避开岩壁上的坑坎阻碍，追寻着岩壁上的指路石，我穿过山谷，向着更高之处——锡安的群峰之顶，攀行而去。

今天的山路状况比之昨天还要糟糕。不少坡段陡直、崎岖不说，所谓的山路也是坑坎密布、乱石遍地，时刻得防备着不要踩空滑落的同时，尖锐的碎石块隔着登山靴厚厚的靴底把脚底挤压得生疼。

天空烈日当头，身上的衣服被不断涌出的汗水打得透湿，就没有干过。登山包的厚背带也被汗水浸得湿了又干、干了又湿，表面泛起一层白色的盐碱。

走到中午11:00，山路逐渐变得平坦，两旁地势也开阔起来。路旁密密的都是齐腰高的蒿草，四周除了一些长满茂密树林的山坡就没有更高的山峰了，看来我已经把锡安峡谷甩在了身后，接近了锡安之顶。

这时小径上迎面来了四五个也背着大登山包的游客。互相打完招呼，得知他们和我走的是相反路线，正准备下到锡安峡谷去。我连忙询问起斯泰夫山泉还有多远，领头的男子告诉我再走二三十分钟就到了。我心中一块石头这才落了地，放心地打开水罐一口气喝了个够，然后鼓足精神，全力向前走去。

终于，在山路右侧的草丛间出现了一条汩汩流淌的小溪，逆着溪流而上，很快就找到了那个位于小山坡上一片松树林边的斯泰夫山泉。

在一块标着斯泰夫泉的标志牌下，一根钢管与地面平行着被插入山坡上的岩石中，清澈、沁凉的泉水从钢管中涓涓流出。

终于抵达了预定目的地，我顿时如释重负。把背上的包往地上一扔，就着泉眼足足喝了个饱。然后才拿出毛巾，放在溪水里浸湿，把全身衣服几乎脱个精光，站在溪水旁从头到脚好好擦洗了一番。擦洗完毕，我光着膀子找了块泉水边的石头坐下，扒去脚上沉重的登山靴，把酸胀发红的双脚泡入潺潺泉水中。冰凉的山泉刺激得双脚有如千万根针扎一样又痛又麻，但双脚的疲劳也同时在这阵阵难耐的痛麻中慢慢得到释解、消散。

独坐在山顶树林间这泓泉水边，燥热的身心逐渐冷却下来，这才开始仔细打量起四周来。

泉眼一侧邻近山路，另一侧是个山坡，山坡上密密地长满了一大片笔直高大的松林。这些松树虽然茂盛却不阴森，阳光透过松树高高的树冠点点洒在铺满松针的林间地面上，看上去是个宿营的好地方。

因为是晴朗的白天，我没有给帐篷装上防水外罩，只是支上了纱帐。平躺在帐篷里面，清风穿过纱帐从身边拂过，太阳在林间滤下的光斑洒在顶篷上不断变换着形状，头顶随风轻摇的枝叶间，浅浅如纱的碎云掩映着蓝天飘过，天地间此时仿佛只剩下了我自己，而我也很快就忘记了一切，沉沉睡去。

四

野鹿尸体上还没有开始长出蛆虫，只是四肢残缺不全，身上的肉被吃得所剩无几，只留下白骨，显得有些狰狞，而边上青草依依，野花们照旧灿烂绽放，跟什么都没有发生过一样。

早上在晨光波动的林间醒来，吃完早饭，就开始准备一天的行程。因为晚上还要回来，帐篷就不收了，登山包等其他杂物都留在这个山林深处隐秘的营地里，应该是不会有什么人来打搅的。随身只带了一个腰包，里面塞着照相机、两块干面包圈和一瓶水。

临走前，我把背包里的所有食物都翻出来，用两层塑料袋包住，牢牢扎好，挂在与帐篷隔了一段距离的一棵松树伸出的枝干上。动物们的嗅觉都很敏锐，万一有什么动物循着食物气味而来也不会把我的帐篷、背包弄乱了。

出了林子，上了山路，我朝着群峰边缘的Deertrap Mt.（猎鹿山）方向走去。

山路边红色山壁上清晰呈现着一道道由流水经过千万年冲刷刻蚀出来的纹路。锡安峡谷位于科罗拉多高原的边缘，邻接莫哈韦沙漠和Great Basin（大盆地），巨大的落差使得发源于这里的Virgin River成为北美洲水流最湍急的河流。再加上这一带主要的地质岩层就是赤红耀眼但又细腻脆弱的Navajo Sandstone（纳瓦霍砂岩），奔涌的Virgin River及其无数支流在这块本来是平坦高原的一隅，用一千三百万年的时间耕犁出无数条深谷巨壑、高山平峡，造就了今天的锡安。

我循着掩藏在茂密茅草中的小路在山野间独自行进。翻坡越岭，在不停歇地走了一个多小时后，当翻过一处山岩陡峭的高坡，面前突然开阔起来，前面是一片平野，再也没有什么可以阻挡我视线的了。这里就是猎鹿山，锡安峡谷的东缘。

迈步进入这片群峰之巅的平野，四下平坦开阔，这里本是茂密的森林，但多年前一场猛烈山火将高山之上的这片森林完全摧毁，只留下漫山遍野枝叶全无、早已死去的光秃树干。从这片死亡地带中穿行而过，身旁

一株株树皮脱尽、白如枯骨的树干让人实在无法将它们和许多年前那片翠绿森林联系在一起。

但是越过这片死亡，生命又重新到来。光秃树干间的空地上劫后重生的繁密灌木丛已经高至我的胸口，偶尔可见几株长到两人多高的三叶杨，枝叶虽然稀疏、稚嫩但更显勃勃生机。当然更多更醒目的还是盛开在沙壤上的遍地野花。

穿过火烧林，我来到了山顶平野的尽头，万丈绝壁的边缘。整个壮阔的锡安峡谷横亘在我的脚下。昨日在入口处还需极力抬头仰望的巍峨群峰这时就在我身旁，谷底深处的Virgin River与公路像细带弯曲回绕，公路上的汽车如小虫般来回蠕动。

极目远眺，Virgin River在这片广袤高原上开辟出的座座高峰和条条峡谷纵横在我的眼前。越过那些深峡，遥遥相对的另一方是沿着锡安峡谷连绵不绝的万丈绝壁。在这些绝壁的顶端，矗立着几块巨大的平台状山岩，那是由峰顶岩石表层风化脱落后形成的，远远望去，宛如雅典神庙。而在锡安，这些君临整个峡谷之上的峰顶石台正是被称为“Temple（圣殿）”。

沿着绝壁之缘，漫行在高高山顶，阳光炽烈，峡谷青翠，白云低垂；脚边依依青草，密密黄花，漫山遍野。踏行在草丛花野间，如履织锦。我的公园手册上说，现在这个时候是一年中锡安野花最盛的季节。

不觉间在旷野中游荡了一整天，日暮时我踏上了归途。山林间依然寂静，除了天空中疾飞而过的鸟儿间或传来的几声鸣叫。走在曲折起伏的小径上，心里微微泛起一丝怅然，如此平静、美丽的地方却不能驻留更久一些。

当疾步回到斯泰夫泉附近时，路旁突兀地横出一具成年野鹿的尸骸。看上去这只野鹿是到山泉来饮水时，不幸成为埋伏在山泉边某只山狮的受害者。野鹿死去尚未多久，尸体上还没有开始长出蛆虫，只是四肢残缺不全，身上的肉被吃得所剩无几，只留下白骨，显得有些狰狞，而边上青草依依，野花们照旧灿烂绽放，跟什么都没有发生过一样。我绕过这只野鹿身旁没有多做停留，不去打扰它最后的安宁。

在山路上走了一整天都没遇到一个人，可刚到斯泰夫泉却赫然看到一个身穿公园管理员制服、腰插手枪的高大男子正弯腰在水管边给他的水罐装泉水，他身旁放着一个硕大的多功能登山包。

我上前打了声招呼，那个人才觉察到了我。他站直身，我们俩站在山泉边聊了会儿。这个管理员叫汤姆，正一个人在执行野外徒步巡逻任务，他下面就要去我白天到过的猎鹿山，晚上预定在那里露宿。

汤姆让我出示入山通行证，我从腰包里翻出来递给他，他核实了一下然后还给我说："出发前我已经在电脑上看到了你的名字，这个时候到这一带野外来旅行的人并不多。"

我心里一动，马上问道："汤姆，刚好我还在想能不能在这里多待一晚，可我的通行证明天就过期了，你能给我延长一下吗？"

汤姆和气地答复道："好的。"说完他就从背包的外层口袋里抽出一台对讲机和公园管理处联络上，报上我的名字，一会儿就在对讲机里帮我把延长手续办好了。

临离去前，汤姆问我白天在山野里是否还遇到过别的游客。我告诉他，一整天我谁也没遇到过，就我一个人。

汤姆舒了口气说："真是个平静的地方，这就是为什么我喜欢这里的原因。"

我点点头："我知道，这也是为什么我还想在这里多待会儿的原因。"

回到林间营地，天色尚早，于是又在营地周围的松林间悠闲地游荡了一会儿。无意中，在山坡另一面发现了一处隐秘的瀑布。深山里流出的一条溪流在那山坡上遇到一处约两米高的石崖，于是形成了这个小瀑布，清澈的溪水贴着石崖倾泻而下，又在石崖底聚成一泓十米见方的小潭。这处瀑布藏于山坡之下，四周树丛灌木围绕，不走到跟前还真是很难发现。

发现这处小瀑布让我喜出望外，连忙转身回帐篷取来洗漱用具和换洗衣物。

一切做完，终于能坐下来舒一口气了，自从离开拉斯维加斯后，还没有这样好好洗过澡。双腿叉开斜靠在岩石上，溪水在身旁的岩石表面浅浅流过，夕阳西下，清凉的山风轻拂着裸露在外的干爽皮肤，落日金色的余

晖透过林间树梢温暖地将我全身笼罩。低低的天空中不时掠过一群群归巢的飞鸟，在小山谷中留下一阵喧嚣。我安静地坐在山岩上看着天色一点一点暗去，直到远处重峦叠嶂的山峰间淡淡地弥漫开一股淡紫色的暮霭。

第二天，我没有去太远的地方，除了在离斯泰夫泉不远的山林里做了一些短暂的散步，就是带了本书，穿过一片密林，登上附近一座树木稀疏的高冈。在坡顶处，找了棵树冠茂盛的松树，在它的树荫里坐下，斜靠在草地上一页一页地翻起书来。

半躺在高高的山坡上，身下的青草发出淡淡清香，周围繁密的野花也传来幽幽的芬芳。偶尔看累了，放下书，双手枕在脑后，看远方骄阳下群峰葱茏，天空中流云变幻，浮生若此，在这纯明的静寂与平和中，暗自生出不愿归去的感叹。

因为我只带够了刚好三天的食物，现在延长了一天，食物就显然不足了。我只得把原定最后一天的食物重新安排了一下。晚餐就只能在那半个干面包圈和一根香肠上打主意了。可是我现在饥肠辘辘，光这半个面包圈和一根细细的香肠显然是杯水车薪，想了一下，于是有了办法。拿出汽油炉，架上装满山泉的铝锅，然后用刀把那根细细的香肠尽量切成很薄的一片一片下到锅里，香肠片在锅中随着烧开的泉水上下翻滚，不一会儿，滚开的水面上就泛起了一层油花。

这样一锅滚滚的热汤当然要比孤孤单单一根香肠强上许多，唯一遗憾的是我的植物学知识过于匮乏，要不然在这遍地

杂草的山林间，若能再采摘些可以食用的野菜加入锅内，那一切就真的非常圆满了。

在斯泰夫泉旁的松林营地驻留休整两天后，又到了离去的时候。一大早起来，拆帐篷，收拾背包，按照惯例将营地清理一遍，把垃圾收进塑料袋，拴在登山包外面的搭扣上，带到外面有垃圾桶的地方再扔掉。8:00走出树林，上了山路，向着锡安公园的东入口走去。

剩下的路途大约有10公里，本来估计要用4个小时，结果没想到从斯泰夫泉开始一路都是下坡，山路的状况也比从锡安峡谷上来那段好上许多，所以走得非常轻松。

沿途的景色一如既往的美丽如画，时不时令我不得不驻足欣赏。就这样走走停停，也只用了两小时二十分钟就走到了公园的东入口，上了公路。与我想象的大为不同，锡安公园的东入口除了横在路上的一个收费站就什么都没有了，没有村镇，没有加油站，没有商铺，比起来时的南入口荒凉了许多。

在收费站边上的公路旁开始搭车。我下面的目的地是锡安东面约200公里外，也是美国西部风景名胜地鲍威尔湖畔的小城Page（佩奇）。

我站的位置对于搭便车来说不是个好地方。公路在我前方划出一个弧度，没多远就拐到一个山坡后面，这使得从前面来的司机等看到我时已经距离太近，没有太多能从容决定是否停车载我的空闲，这对于搭车客来说是个大忌。但是我也毫无选择，山里的公路都很狭窄，路旁几乎都没有什么紧急停车带，来往的车辆又开得飞快，我选择的收费站边上的这个地点是附近唯一过往车辆会减速，且路旁有位置停车的地方。

公路上过往车辆很少，等了半天也没有人愿意停车。一个来收费站换班的公园管理员路过我身旁时大声对我说：“你要在这里搭车？这可不是个好地方，搞不好要在这等上一两天。”

我听了没被他吓住，倒是冲着公路上向我而来的车辆把手伸得更直更醒目。因为如果那个管理员所说属实的话，那我就更得尽早离开这个地方。

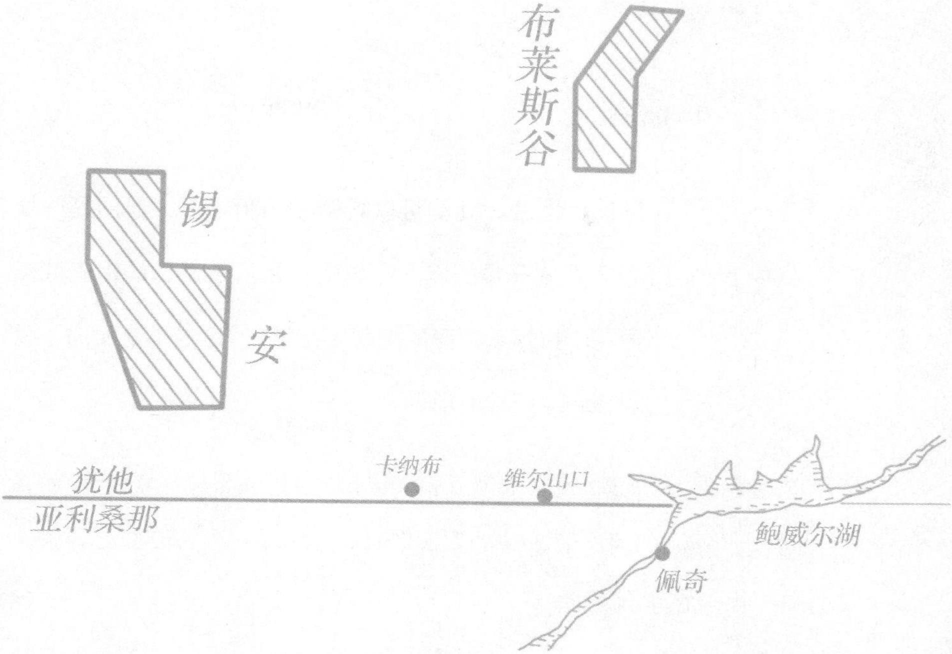

11

转道布莱斯谷

一

这片地域到处都可以看到牧场和农庄，显然是一块得到了充分开垦的地方，与完全是自然景色的锡安截然不同。卡拉指着两旁的院落人家说："这些都是摩门，我们现在到摩门教的地盘了。"

在南犹他刺眼的烈日下站了将近一个小时，当我准备换个姿势让筋骨松弛一下时，一辆加利福尼亚车牌的墨绿色Ford Explorer（福特探索者）大型SUV猛地一拐停在了我前面。

"哈！等到了！"我心中一声欢呼，生怕司机反悔，抄起地上的背包，斜扛在肩上迎着那越野车就跑了上去。

驾驶席座上下来一个瘦高的中年女子，满头金发，戴着副墨镜。我忙向她打着招呼，连声致谢，可是这个女人看也不看我一眼，一个人径直打开后门，没什么表情地说道："我还得先看看能不能给你和你的包腾出地方再说。"

我的目光越过她的肩往车里一瞧，好家伙！整个越野车里面被帐篷、睡袋、冷藏柜、储物箱以及其他各种野营用具塞了个满满当当。高个子女人把最上层的大包小袋往里挤了挤，让我勉强能够把我的登山包贴着车顶塞进去。然后她又把后座上堆到天花板的杂物往内侧用力推了推，给我腾出个凑合能搁半个屁股的空间，然后对我说："上车吧。"

我用力把登山包塞进车里，再努力地把自己也塞进车里，最后奋力把车门关上，这时才看到前排副驾驶席上还坐着另外一个女子。这个女人一头黑发，比开车的高个子女人要娇小不少，也年轻一些，看上去大概三十多岁的样子，她回头礼貌地对我笑了一下。

车上了路，高个子女人才问我要去哪里，当我告诉她我去佩奇时，她听了就说："那我搭不了你多远。我们要去北边的Bryce Canyon（布莱斯谷），你去的是东边，只能送你到下面一个岔路口了。"

我听了依旧很快活地说："没问题，搭一程是一程，我已经很感谢你们愿意停下来载我啦。"

高个子女人叫Carla（卡拉），坐在副驾驶席上的黑发女子叫Elisabeth（伊丽莎白），"不过你叫我Liz（莉兹，伊丽莎白的昵称）好了。"她友好地对我说道。

卡拉和莉兹是朋友，都来自南加州的San Diego（圣迭戈），她俩这是利用假期结伴来犹他旅行。

我问起她俩的职业，卡拉说："我是个外科医生。"然后指着副驾驶席上的莉兹说："莉兹是公司管理顾问。"

接着她们问起我这是在做什么。我大致介绍了下自己的情况、一路上的遭遇，还有接下来的行程。正开车听我聊着的卡拉突然问道："那你干嘛不去布莱斯谷？如果你是个旅行者的话就不应该错过那里。"

"布莱斯谷？"我听了一愣，"那是什么地方？"

"布莱斯谷在北边的高原上，离这儿七八十英里（约一百二十公里），那里的景色只能用超出想象的神奇来形容。"至于布莱斯谷到底是如何超出想象的神奇，卡拉却没有说，像是故意卖关子。

我想了一下，然后说道："反正我也没有具体的安排和方向，既然你这么说，那好吧，我就去布莱斯谷好了。”

卡拉听到我顺从了她的建议，“耶！”一声欢呼。就这样，刚才还要去东边鲍威尔湖的我，现在却跟着两个认识还没半小时、彼此几乎一无所知的陌生美国女人去了北边我同样一无所知的布莱斯谷。

我们的福特探索者很快出了锡安公园的范围，从9号公路转上北去的89号公路。89号公路一直在低矮的丘陵中蜿蜒穿梭，公路旁有一条水流充沛的河流如影相随。丘陵上树木茂盛，其间则是大块富饶的草场和农田。我们的越野车奔驰在平坦的公路上，每隔一会儿就能看到被抛在路旁的野鹿死尸。这些野鹿都是被过往车辆撞死的。美国许多地方法律都规定，公路上撞死野鹿虽然不用承担法律责任，但必须立刻报告警察，等待警察来处理。不过大多数司机都懒得自找麻烦，路上撞死了野鹿只是下车把死鹿往路边一扔就溜之大吉。一路上我们在89号公路旁目睹了如此之多被车撞死的野鹿尸体，这从一个方面也显示了这片土地的富庶。

二

眼前的山谷寂静无声，松枝在我们头上随着晚风轻摆，西斜的阳光洒满了温暖的营地。一切都是如此的美好。

车上的两位女士一路上说个不停。卡拉和莉兹是两个个性截然相反的女人：在民风保守的中部密苏里出生、长大的卡拉说话做事一板一眼，自信、严谨，言谈间给人以她的权威不容置疑的感觉，不过这倒和她医生的职业比较吻合。莉兹的老家在东部新泽西，是个大都市里长大的女人，随和、圆融的外表下掩藏着机智。每当莉兹说起什么时，卡拉总是不屑地给予批驳；而轮到卡拉以权威的口吻谈论起某件事情时，莉兹总是先显得恭顺地听着，然后抓住卡拉言语中的纰漏轻一句、重一句地挑刺，惹得卡拉勃然大怒，猛烈反击。就这样，她俩一路上就像两个小女孩一样互相斗嘴、抬杠，没完没了。

卡拉和莉兹在斗嘴的间隙，也零零碎碎告诉了我一些她俩的事情。卡拉和莉兹都住在圣迭戈风景优美的郊外，都是单身。不过卡拉有四个已经长大成人的孩子，两儿两女。卡拉和莉兹是好朋友，她俩是在参加同一家瑜珈俱乐部时认识的，而且都喜欢摄影，一起去摄影班上课，这次就是利用假期一起到犹他来采风。

卡拉和莉兹拥有许多共同背景，代表美国职业妇女中独特的一群：高学历、高收入、独身（当然很多像她们这样的女人也宁愿独身），没有什么家庭负担，平时下了班就忙着参加各种格调优雅的活动，休假时则不是参加旅行团，而是自己独自出来到各处去旅行。

卡拉告诉我，她们从圣迭戈出来还没几天，刚结束在锡安国家公园的旅行就遇到了我。

刚好我也喜欢摄影，就和她俩聊起了这个话题。我和她们头头是道地聊了半天，卡拉突然问我用的是什么相机，我就告诉她是佳能的Powershot 520。

当卡拉听到我用的是如此廉价的相机时，马上脸上现出古怪的表情，显然她无法相信一个自称喜欢摄影的家伙却会去用这种低档的大路货。我当然看出了她的想法，就加上一句："根据我的经验和观察，其实摄影更重要的还是取景器后面的人，器材虽然重要，但并不是决定性的。"

卡拉听了于是又问道："那你学过摄影吗？上过摄影班吗？"

我摇摇头："没有，我甚至连教摄影的书都没正经看过一本，就是拿着照相机到处拍，然后看别人怎么拍，再自己比较、体会。关于摄影，我都是自己悟出来的。"

身为医生，凡是她感兴趣的爱好都必会去相应的学习班接受专家培训。卡拉听到这里，显然认为坐在她后面的这个流浪汉大概是个只会夸夸其谈的家伙，就转了话题，懒得再和我扯什么摄影了。

越野车一路穿行，我们所在的地势也越来越高，四周本来繁密的灌木林和低矮丘陵被宽广无垠的草原所代替。空中也渐渐聚集起大片高原特有的低矮云团。坐在车里的我不禁感叹道："这里的天空真美。"

前面开车的卡拉听到了我的感慨就接口道："哦，你是这么觉得的？"

"那当然，"我说道，"再蓝的天空如果没有白云点缀就会显得枯燥，就像大地没有野花一样。白云就是天空的野花。"

听到这，卡拉回头扫了我一眼："你还挺会说的嘛。"

我嘿嘿一笑："还好，一般。"

快到下午的时候，当被塞在各色杂物中、弓腰斜背、只能有半边屁股落在座椅上的我全身即将完全麻痹时，我们终于抵达了布莱斯谷国家公

园。卡拉在入口收费站付完门票，她回头对我说："我们已经预订好了一处宿营地，你可以把你的帐篷搭在我们边上。"

从汽车进入布莱斯谷公园我就开始纳闷，车子在公园的道路上开了半天，两旁地势平缓，既没有山峰，也看不到峡谷，也不知道布莱斯谷这个名字是怎么来的。而且周围只有绵延不绝的松树林，看久了只觉得乏味，想不出来卡拉所谓的"超出想象的神奇"又到底是什么。

我们的车子最后离开大路开进一片大斜坡上的松林里，看路旁的标识牌，这里是公园管理处的野营地。

这是处不小的野营地，沿着弯弯曲曲的林间公路，两旁树林里的空地上有不少宿营位。因为我们来得有些晚，这些宿营地基本上都有主了，绕了半天竟然找不到一处空的。卡拉不甘心，跑去找野营地的管理员。一个胖胖的中年女管理员说今天刚好是周末，游客很多，这里好像没空位了。不过上公路往南开一会儿，还有几处野营地，那里肯定是会有空位的。但卡拉坚决不肯妥协，固执地说："我以前来都是在这片野营地宿营，今天也要在这里，哪都不去。"

那个女管理员态度倒是挺不错，查了一下登记本，然后告诉我们，说不定有游客今天提前离开，细心找也许能找到空位。然后她亲自开着公园的巡逻车在前面带路，领着我们在树林里绕来绕去，一处一处地慢慢寻找。

偌大一处营地里我们绕了很久也没结果，有些筋疲力尽的我心里渐渐开始暗恼：真不明白，如果附近有别的野营地的话，卡拉干嘛一定要在这里宿营？心中只盼着这种无谓的折腾能够早点结束。

最后还真让我们给找到了一处空位，而且位置不错，在树林边上，面对着一个小山谷。这处营地既不阴森，视野也好，空间也够，除了停下卡拉那车体庞大的SUV以外，搭设卡拉与莉兹合用的一个中型帐篷和我的单人帐篷也绰绰有余。

我早早就把自己的帐篷搭好。这时搭帐篷的卡拉遇到了点麻烦，一侧门的拉链出了点问题打不开，卡拉试了半天也没弄好，就问我可不可以帮她修一下。我过去一看，原来是拉链的几个搭扣变形，使得拉链被卡住。我用随身带的小钳子将变形的搭扣修整了一下，然后问卡拉有没有肥皂。卡拉把她家的厨房全都搬过来了，自然不会没有肥皂，她马上递给我一个装着块肥皂的密封袋，我用肥皂在拉链的变形处里外细细打磨了一会儿，然后一拉，果然又可以用了。

收拾好东西，已近黄昏。卡拉在煤气灶边开始忙起来，她让我晚饭不用自己忙活，就和她们一起吃好了。于是在卡拉做饭时，我和莉兹把她们带来的一张折叠桌架好，铺上桌布，摆好刀叉、纸巾。在荒无人烟的野外，这么正式、体面的野餐是我压根就没指望过的。

等饭好了，卡拉和莉兹又从旅行冷藏箱里翻出三瓶她们在路上买的啤

酒。我们在桌边坐定，举瓶相碰，庆祝我们的第一顿晚餐。

昨天的这个时候我还坐在斯泰夫泉松林的树下，虔诚且小心翼翼地数着面前小锅里在水面上漂浮着的薄如蝉翼的香肠片。而现在，我却雍容地坐在铺着干净麻质花格布的餐桌前，吃着盘子里热气腾腾的咸肉煎蛋和新鲜可口的生菜沙拉，喝着色如琥珀的冰镇啤酒，与身旁的两位女士谈笑风生。这样的人生果然如无数先哲们说过的：深不可测，妙不可言。

眼前的山谷寂静无声，松枝在我们头上随着晚风轻摆，西斜的阳光洒满了温暖的营地。一切都是如此的美好，但这样的美好却依然不足以使我满足，看了一眼营地中央用石块围了一圈的火塘，我说："这里可以生篝火，等天黑了我们要是再能生一堆篝火就一切完美了。"

卡拉看着我摇摇头说："我们没带柴火来，这里是国家公园，又不准采折枝叶，所以今晚我们不可能有篝火。""没有篝火那算什么野营？到时让我想想办法。"我接口道。卡拉听了一副不置可否的样子，看得出她是不太相信我能弄出什么名堂且又不想给自己找麻烦。

吃完饭，收拾好餐具，卡拉说去后面散下步。出发前我顺手卷了个大塑料袋塞在口袋里，然后就一起顺着小路，穿过密密的松林，向着营地所在的大斜坡顶走去。

在阴暗的树林里走了一会儿，当我跟随着卡拉踏上坡顶的一瞬间，毫无心理准备的我猛然被眼前的景象所震撼了。

我们站在一道长长的半圆形，犹如古罗马斗兽场的断崖顶端，眼前是一片宽阔的谷地，里面簇拥着密密麻麻像森林一般的高耸石柱。这些石柱通体赤红，在落霞余晖中如无数腾空而起的火柱，鲜艳夺目。我虽然自诩游历还算广泛，但凝视着眼前这片如童话中被巫师施以魔咒而凝滞住的灿烂火海，这梦幻般的景象却不是我曾想象过的。

莉兹连声为眼前的景色惊呼不已。卡拉这时才得意地对我们说："这就是为什么我一定要在这个营地宿营的原因，这里是布莱斯谷最漂亮的地方。"

我们三个人顺着坡顶走了一会儿，拍了些照片，直到夜幕降下才往回走。

下午当我们在松林间寻找空营地时，我就注意到地面上落满了松果。在回去的路上，我走在后面，边走边弯腰拾起散落在小路两旁的松果丢进随身带来的垃圾袋，等我们走回营地，半米深的垃圾袋里已经沉甸甸地积满了松果。

到了营地，天色完全暗了下来，林间渐生寒气。我倒了一些松果到营地中央的火塘里，再架上一截被前面的游客遗弃在营地当矮凳的短木桩，然后拿出随身带的一个塑料瓶，里面是给汽油炉准备的汽油。我洒了一点汽油在松果堆上，然后拿出打火机一点，一股火苗顿时冲起，松果饱含油脂，不一会儿我们的营地中央就有了一簇漂亮的篝火。

看着夜色中熊熊燃烧的篝火，卡拉和莉兹高兴异常，卡拉说："没想到还真让你做到了。"

我笑了一下："只要不放弃，办法总是有的。"

有了篝火，树林中的夜晚就不再漫长和乏味。我们三个人围着篝火而坐，莉兹开了一瓶红葡萄酒，我们在欢腾的火焰旁一边喝着葡萄酒，一边东一搭、西一搭地聊着天，直到夜深。

布莱斯谷比锡安海拔要高，也更靠北，所以虽已是五月中旬，深夜依然很冷，睡到半夜我居然被冻醒，头顶的帐篷内侧凝满了因为内外温差过大而生成的水珠，我只好用睡袋把自己连头带脚扎得紧紧的，只留了一张嘴在外面。

三

沿着小道，我们很快就下到谷底。蓝天万里，烈日炎炎，巡行在众多造型奇妙、色彩绚丽的高大石柱间，仰头望去，身临其间，眼前的风景比之在断崖上的远远眺望又是截然不同。身处瑰丽石林，周围各种神奇的景象应接不暇，真不妄"Fairyland（仙境）"之名。

一大早起来，简单地吃过早餐，我们就开始了在布莱斯谷一天的行程。两位女士都是为了摄影而来，她俩一人脖子上挂了一架昂贵的专业相

机，系在腰间的旅行大腰包里鼓鼓囊囊地塞满备用电池和镜头等摄影器材，包外面都绑着个不轻的大三脚架。

我们先是沿着布莱斯谷边的断崖顶走了一段。密密麻麻的石柱林安详地沐浴在柔和的光线中。谷地里弥漫着白色的晨雾，缭绕在无数整齐的赤红石柱间，俯瞰而去，如童话般缥缈、神秘。

两位女士端着照相机在断崖上走走停停，忙碌地寻找着最佳拍摄点，走得很慢，而我也乐得能从容地欣赏这片大自然鬼斧神工的绮丽风光。偶尔我会给正在取景的莉兹提提建议，至于卡拉，我自然知趣地只谈其他，不提摄影。

当莉兹准备拍摄整个石林远景时，卡拉从腰包里抽出一块分层滤镜，让莉兹放在照相机镜头前，这样就可以在保持石林鲜艳、明亮的原色的同时又不会让天空过度曝光。莉兹试着照了一张，效果果然不错，卡拉就大方地把那块滤镜送给了莉兹。

卡拉又转过头，告诉我她也可以给我一块。

我摇摇头，简单地答道："谢谢，不要。"

卡拉不解地说："你不用客气，我还有好几块。"

我依然摇摇头："我有Photoshop就好了。"

卡拉听了盯了我一眼，牙缝里吐出一个词："作弊！"

我一笑："嘿！卡拉，你也该试试Photoshop，它会给你一种像上帝一样的感觉。"

中午时我们来到Fairyland Loop（仙境小道）的起点。从这里我们可以从断崖顶下到谷底，进入石林。

卡拉的这个安排正是我所盼望的，于是就问她我们大概会走多远。卡拉说我们今天就一直走到小道的终点，全程大约8英里（13公里），预计走5个小时。仙境小道是条环形山路，终点就在我们的宿营地，所以傍晚18:00左右我们就能回到营地了。

我一听觉得不对，出发前我检查过地图，仙境小道的终点并不在我们的宿营地，而是在离我们宿营地北边约四五公里外的断崖上。我向卡拉指出这点，但卡拉却依然坚持己见。我相信自己的识图能力，在心里重新回忆了一遍，然后确定是卡拉搞错了，不过没有再和她争执——也就多个四五公里，两个小时就走到了，没什么大不了的。

沿着小道，我们很快就下到谷底。蓝天万里，烈日炎炎，巡行在众多造型奇妙、色彩绚丽的高大石柱间，仰头望去，身临其间，眼前的风景比之在断崖上的远远眺望又是截然不同。身处瑰丽石林，周围各种神奇的景象应接不暇，真不妄“Fairyland（仙境）”之名，令人不得不放慢了脚步。

沿着仙境小道一直往石林深处走，卡拉在前面带路，我殿后，莉兹走在中间，到最后小道上只剩下了我们三个人。

从公园管理处的介绍上看到，这片神奇的石林也是流水的杰作。每当雨季，水流在本来平坦的地面上冲出一条条沟渠。随着时间的流逝，这些沟渠也越来越深、越来越宽，最后平坦的地面变成一道道平行的石墙。这些石墙又不断地被风雨侵蚀，本来完整一体的石墙开始逐渐风化断裂，最后演化、孤立成了现在我们看到的一个个石柱。这样一个过程需要相当漫长的岁月，整个布莱斯谷石林景观的形成前后经历了一千万年，并且这个演化还在进行中，从没有停止过。在断崖顶可以看到几株本来屹立在山顶边缘的松树，因为立足的土壤岩石的流失而失去根基倒伏在山坡上。如此说来，再经过遥远的若干年，就连我们现在宿营的营地也将成为整个石林的一部分了。

高原的天气变化莫测，开始时还是阳光明媚，当我们走到一半时，眼看着浓密的乌云从北边层层压来，没一会儿便狂风大作，暴雨夹杂着电闪雷鸣顿时倾盆而下。我们都没有携带任何雨具，只得连忙四下寻找避雨的地方。可是找了半天，石林里到处都是光秃秃的石柱，无处避雨。还好山坡上稀疏地长着一些松树，不高，树冠也稀稀拉拉的，我们各自找一棵勉强可以挡一点风雨的松树蜷缩在下面。说是避雨，其实只是尽量把随身的照相机等重要物件遮住，身上还是淋湿了不少。雷雨天躲在树下容易被闪电击中，只是此时此刻也别无选择，缩在树下只能一边盼着暴雨能快点结束，一边胆战心惊地希望闪电别击中我们正在躲雨的松树。

在树下等了好一阵子，暴雨才渐渐转弱。考虑到前面还有很长一段路要走，我们决定还是冒雨上路。

下午17:00，雨住云开，我们也终于走出谷底重新上了旁边的山崖顶，仙境小道的终点。事实证明了我是正确的，我们的营地不在这里，还得顺着山崖往南走很长一段才能到。卡拉发现了她的失误后显得有些气馁，不过这时也没办法了，只得继续往前走。

直到晚上20:00我们才回到营地，大家都累得筋疲力尽，去公园附设的淋浴房洗完澡、吃完晚饭就早早地各自回帐篷休息了。

四

拐过一处山崖，却见到她俩站在路边，脸上扮着顽皮的鬼脸，伸手冲我做着要搭车的手势，并且和电影中那些想吸引过路司机注意的搭车女人一样，故意伸出一条大腿扭来扭去。

清晨，太阳刚刚露出地平线我就醒了。松林间漏进的点点阳光落在我的帐篷上，外面气温很低，我可以清楚地看到自己口中呼出的白气。半躺在帐篷里，我费力地把衣服穿好，然后才冒着林间的寒气拉开拉链钻出帐篷。

出了帐篷我却一愣，卡拉、她的车，还有她们的帐篷都不见了，只有莉兹孤单一人抱着胳膊百无聊赖地站在空地上。我忙问莉兹是怎么回事，她说卡拉一大早就起来要去拍日出，莉兹不想去，卡拉就一个人收拾好帐篷开着车跑了。这时树林里的气温最多不到摄氏10℃，看到莉兹衣着单薄，脚上光脚只穿了双拖鞋，我连忙又把早已熄灭的篝火重新生起来让她烤火御寒。

在篝火边一直等到卡拉拍完日出回来。她回来后支好煤气灶给我们做了早餐，吃完饭，收拾好东西，上路前我打来一桶水将火塘里的灰烬彻底浇灭才上了车。这里气候干燥，周围又都是松林，不处理好的话，一点火星就可能酿成难以扑灭的森林大火。

卡拉对犹他很熟悉，又是她开车，所以每天的安排都是她说了算。而个性随和又没什么野外经验的莉兹也乐得轻松，任凭卡拉决定一切。而我则盘算着：布莱斯谷之行算是圆满完成，这对我是个意外之喜。但是卡拉和莉兹还有她们自己的行程，我要去的是佩奇，那么今天我们就该分道扬镳了，过会儿等车出了布莱斯谷，上了89号公路我就下车转道去佩奇。

等出了布莱斯谷，我却发现我们的车完全是冲着与89号公路背道而驰的方向开去的，过了一会儿我们的越野车竟然一拐弯驶上了荒野里的一条颠簸土路。我有些纳闷，忙问卡拉我们这是去哪里。

卡拉头也不回地说道："今天我们走大阶梯——Grand Staircase Escalante National Monument（埃斯卡兰蒂国家保护区），穿过Paria River（帕里亚河谷）往南一直开上公路，然后从那里我送你去佩奇。"

听到这儿，我心里充满感激。原来卡拉早已细心地为我计划好了行程。

途中当我们在路旁稍事休息时，卡拉搬出一大堆旅游手册，她带了一堆关于犹他旅游的指南，都非常专业、详细，有的书甚至是在一般书店难以买到的私印版。卡拉翻了半天各种指南，然后向莉兹和我宣布，路上我们将顺道访问Grosvenor Arch（格罗夫诺天然拱门）和Hackberry Canyon（哈克伯里峡）。

我们的车奔驰在颠簸的土路上，在长满低矮三叶杨的荒野里扬起漫天黄土。没有多久车子沿着路标向左拐上了一条更小的土路，在曲折起伏的土路上开了会儿又是左拐，一直开到一座山坡旁，这就是卡拉所说的天然拱门。

山坡的边缘耸立着一块约二三十米高的天然拱门，这个天然拱门奇特的是，和西部一般多见的天然单拱门不同，它由两个拱门相连构成，一眼望去宛如一个张开双臂，正优雅起舞的印第安少女。

在这个天然拱门处短暂停留之后，我们就又接着上车赶路。

在土路上我们行驶了一段，翻过一个山坡顶，这时见到坡底道路左侧的路基上有一小块空地，空地上已经停着辆空无一人的越野车。卡拉停车拿出她的旅游指南翻了翻，然后告诉我们这里就是哈克伯里峡。这条峡谷在旅游指南上有介绍，位于土路右侧的山后面，与土路平行。

我们在空地上停好车，然后沿小路进入山后的峡谷。

在峡谷入口处我们遇到一对年约六十的老夫妇正站在小路的尽头踌躇着。走近一看才发现一个约一人高的垂直小断崖横在面前，要进入这个峡谷就必须先下这个小断崖。断崖虽然不高，但它对于这对老夫妇来说显然还是太勉强了，所以他俩犹豫了一会儿最后还是决定放弃。

我们三个人当然不会那么容易就退却。我告诉卡拉和莉兹我先下去。断崖下散满乱石，不能直接往下跳，我就贴着石壁，抓住崖上突起的石头，抠着石缝，下到谷底。然后曲着右腿蹬在断崖上，让卡拉和莉兹转过身，手撑着石崖顶端，脚踩着我的膝盖下来。在我的帮助下她们很轻松就下到了峡谷中。

哈克伯里峡也是流水在群山中冲出来的一条深谷。它底端狭窄，宽不过数米，两侧却是几十米高的笔直峭壁，抬头一线蓝天横于头顶，但谷底却照不到丝毫阳光，走在里面感觉就像是身处一条细缝中。峡谷的地面上布满细沙，看来这里曾经是一条湍急的河流，只是早已干涸。

哈克伯里峡两旁高耸的山崖挡住了外面的烈日和大风，自然成了各种生物的庇护所，现在正是暮春，万物更新、繁盛的季节，两旁山壁的石缝间开满了各种颜色的野花，时不时能见到蜂鸟和小蜥蜴在谷底的灌木丛中穿梭。

我们三人在哈克伯里峡里走走停停，在这条名副其实的幽谷中欣赏着周围的风光，用照相机捕捉着难得一见的景色，就这样往南走了约一个小

时，终于又出了峡谷回到土路上。

这时已是正午，犹他火辣辣的日头一如既往地燎烤着光秃秃满是黄土的大路，路旁小树林里的知了们也趁机声嘶力竭地鸣叫着。

卡拉和莉兹准备沿着从山坡上蜿蜒下来的土路走回到两公里外我们停车的地方。这时我对卡拉讲：天气这么热，又要爬坡，她俩也不用折腾了，她可以把汽车钥匙给我，我一个人走回去把车开下来接她们。这样她俩可以省些力气，我们也可以节省一些时间。卡拉听了马上就把钥匙给了我，我把自己的包留给她们，只带了一瓶水就开始往回走。

我一个人，又没有什么负担自然走得很快，只用了20分钟就到了停车点。上了车，我把冷气开足，然后开车沿着土路而下。

很快车就到了卡拉和莉兹等待的地方。拐过一处山崖，却见到她俩站在路边，脸上扮着顽皮的鬼脸，伸手冲我做着要搭车的手势，并且和电影中那些想吸引过路司机注意的搭车女人一样，故意伸出一条大腿扭来扭去。看到这幕我顿时大乐，心想：哈！这两个美国女人！我刚才真该把照相机随身带着的。

大家进了车我们重新上路。墨绿色的越野车奔驰在宽阔的帕里亚河谷中，两旁是绵延的山脉，居高临下可以看到土路右侧、在灿烂阳光照射下的帕里亚河水泛着点点粼光向着南边流淌而去。帕里亚河两旁长满了密密麻麻的杨树，在焦黄、苍凉的山野间画出一条翠丽的绿色织带。看到这些我心里不禁想到，如果能在这样荒凉的旷谷间，一个人背着包，沿着这条河，伴随杨树林独行，那该是多么浪漫的一件事啊。

路上没有什么其他车辆，我们三个人在车里轻松、愉快地谈论着一路上的见闻、感想。卡拉告诉我在犹他南部，和亚利桑那交界的这一带荒野山脉中还有不少比刚才我们走过的峡谷还要狭窄的缝峡，她们下面打算去另一处更有名的叫Buckskin Gulch（鹿皮谷）的缝峡，那是世界上最长的缝峡。卡拉问我干嘛不干脆和她们一块去，反正到时候她会送我去佩奇就是了。我听了当然愿意，能多见识一些不同的风景当然是我期盼的，更何况还是和卡拉、莉兹这样的同伴一起旅行。

听我爽快地答应了，莉兹开心地说：“等我们回了圣迭戈就可以告诉大家：我们这两个美国女人在犹他的荒野里劫持了一个中国背包客和我们一起旅行。”

日暮的时候我们终于开出帕里亚河谷驶上了柏油公路。卡拉开始说直接开去鹿皮谷附近的Wire Pass（维尔山口）宿营，不过去那里又得走很长一段土路，我们在公路上一时没找到去维尔山口的岔道。见天色已晚，卡拉和莉兹就开始商量起来今晚不露营了，直接开去附近的小镇Kanab（卡纳布）住旅馆。已经在野外露宿了三天的莉兹显然更中意这个意见，说话间她俩就在前面忙着翻旅行指南，找旅馆信息，打电话订房间，却没问一句我的意见。

不过我倒也不在意。

到了卡纳布，我们先在旅馆安顿好，然后到镇上的餐馆吃饭。付账时我要付我的那份却被卡拉和莉兹坚决拒绝了，卡拉说："这些都是我们请客，留着你的钱路上用吧。"

回旅馆的路上，卡拉到路边加油站给车加油时，顺手在加油站的货架上取了一张音乐光碟，拿着光碟问我知不知道那个歌手。光碟封面上是一个戴着黑色牛仔帽、留着雪白大胡子的老歌手。我一向是个吃蛋不识母鸡、看书不知作者的人，从来没当过什么追星族，听歌只要歌好听就好，至于是谁唱的我从来就不感兴趣，所以看着照片上那个陌生的白胡子老头，我冲卡拉耸了耸肩，摇着头，一副很茫然的表情。

卡拉看我这样子显得有些失望，但她还是不甘心地说："你肯定知道他，Willie Nelson（威利·纳尔逊），一个非常酷的家伙。他是个牛仔，也是个伟大的乡村歌手，他出生在得克萨斯，写过许多有名的歌谣。他结过许多次婚也离过许多次婚，开过赌场，做过许多其他的事业。他挣过很多钱，但因为漏税被税务局没收了全部家当。"卡拉说了这么多，看着依然满脸迷惑的我，只好绝望地放弃，拿着那张光碟径直到柜台付了钱，然后对我说："你肯定会喜欢他的歌。"

回到车上卡拉把那张光碟插进播放器，等了一会儿，汽车的音箱里就传出手风琴悠扬的旋律和一个男人清澈的歌声，我一听马上叫道：“这不是*City of New Orleans*（《新奥尔良市》）嘛！原来是他唱的，这可是我非常喜欢的一首歌。”卡拉听我这么一说，脸上这才显出了得意的神情。

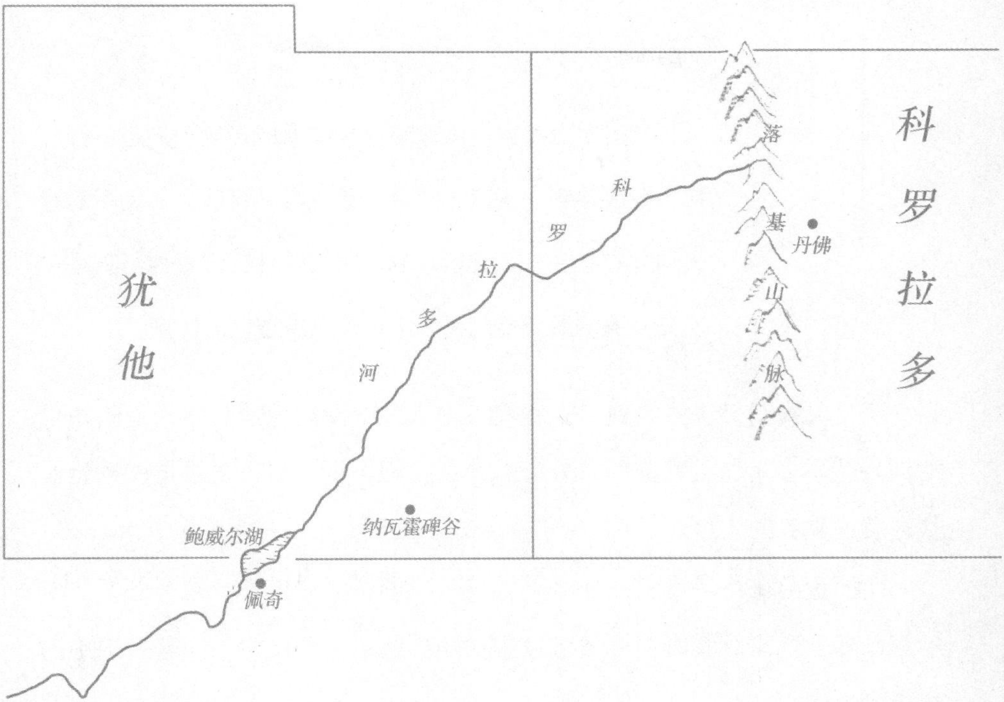

12 在犹他的天空下

一

“当我觉得自己的悲痛已经痊愈时却发现还是不行。每当我去购物、上班，或者去教堂做礼拜时，总是不断有人跑来安慰我，可我根本就不需要这种安慰！他们只是一遍又一遍地重新勾起我心中本来已经忘记的伤痛。”

第二天我们很快就找到了去鹿皮谷的土路。沿途风景和昨天走的帕里亚河谷差不多。这种荒凉的野外没有什么标识，卡拉只得边看地图边慢慢找寻着鹿皮谷的入口。

终于我们在路旁看到一处停车场，卡拉说就是这里了。把车停好，卡拉就领着我们沿着荒野中一条难以辨认的小路走入群山中，向着传说中的鹿皮谷走去。

两旁是颜色鲜艳的山峰和形状奇特的岩石，走在群山之间的谷地里，刚开始长满杂草的地面上还有依稀可见的小路，可是走到最后，连小路都不见了，我们只好沿着谷地中央一条干涸的河流继续往群山深处前行。

群山中除了我们就没有任何人，我们也正好都喜欢这样的清静。三个人走在空寂的谷地中，大声说着话，开着彼此的玩笑，仿佛是在自家院子里一样随便。当然，这一刻，这片空旷的天地也确实只属于我们三个人。

一直步行了大约三个小时，我逐渐觉出有些不对味。旅游指南上没说到鹿皮谷需要走这么久，况且鹿皮谷也算是一处鼎鼎有名的风景点，可一路上没见到过一个游客不说，地面上也根本没有道路的痕迹，这可不像是经常有人来访问的样子。于是当我们停下来休息时，我攀到河床边上的一个山顶向前方瞭望了一下，极目之处没有任何缝峡的模样。我们三人分析了一下，最后得出结论是走错路了。卡拉手里的地图非常粗糙，看不出个所以然来，再贸然前进说不好会彻底迷路，于是只好决定原路返回了。

在往回走的路上卡拉情绪低落，不断自责带错了路，浪费了大家的时间。我和莉兹都尽力劝慰着她，让她心情能好受一些。

进来的时候没有觉得，等我们往回走时才感觉回去的路可真长，并且在路径难辨、又没有任何标识的莽莽群山中。卡拉走着走着失去了自信，怀疑起我们是不是又走错了路，偏离了来时的原路。

我让她不要担心，经常出外旅行，我早养成了在路上识别、记忆路旁地貌特征的习惯。我记得来时的路，我们没有走错。这样最后成了我在前面引领大家。

在中午炎热的阳光下，在一丝阴凉皆无的山谷间又走了三小时才回到了停车场。

卡拉对自己带错了路依然耿耿于怀，坚持要弄个究竟。上了车她就直接开向国土局在这附近的一个管理站，找到里面一个管理员，详细询问才知道，我们今天走的那条路是可以到鹿皮谷，但距离非常远，基本上没有人走。其实要去鹿皮谷，只要从我们准备宿营的维尔山口就能很方便地插进去。

如此说来卡拉并没带错路，只不过选了一条远路而已。得知这些，卡拉的心情才好了些。出了管理站，我们到公路边的一处居民点买了些食物，就又驱车前往Wire Pass。

汽车在荒凉的土路上颠簸了很久才到了背靠山脉、深处荒原之中的Wire Pass宿营地。这时已是黄昏，偌大一个宿营地里只有其他两三组游客野营，而且彼此都把营地安置得远远的，互不打扰。

今天大家都被折腾得不轻，我让卡拉和莉兹晚饭就别忙了，我做饭给大家吃。支起煤气灶，架好平底锅，我开始忙着煎起牛肉饼、做起汉堡包来。在旧金山的时候，我家几乎就是朋友们的派对集结站，所以做起这些来我很得心应手。

莉兹一直站在旁边看着我忙，看了会儿她说："翔，真谢谢你。"

我笑道："没有什么，我很乐意能为女士们效劳。"

"这一路上多亏有了你，让我觉得有个男人在身边还是挺不错的。"莉兹接着说道。

正在旁边收拾桌子的卡拉这时大声纠正道："不！要的是正确的男人，我们就是遇到了太多的混蛋！"

过了会儿莉兹又问我："翔，你没有英文名字吗？"

我告诉她我没有英文名字，身边的朋友都是直接用我的中国名字称呼我，因为我的姓名最后一个字是"翔"，所以大家一般就叫我"Xiang"。

莉兹有些不解地问道："在加州有很多中国人，我认识的中国人每个人都有个英文名字。你知道对于美国人来说中国人的名字很难念，也容易搞混，有个英文名字不是很方便吗？"

我坦率地告诉莉兹："我从父母那里得到这个名字，我很满意自己的这个名字，不觉得还有给自己起个其他名字的必要。"

一直在旁边的卡拉似乎并没有在意我和莉兹的对话。但当我在煤气灶旁忙碌时，无意中看到她在一旁小声地对着莉兹说着什么。过了会儿，莉兹又走过来，显得有些不好意思地说："翔，刚才我只是有些好奇，你一定很为你自己的名字自豪，希望我刚才没有冒犯到你。"

听到这儿我笑了，一路同行，我清楚莉兹的性格：好奇、直率，又没有什么城府。我安慰她道："你不用多心，名字对于我来说只是一个代号而已，我只是觉得一个已经足够，没必要再多此一举。"

我把晚饭做好，将一块块热腾腾还滴着油的牛肉饼混着生菜夹在面包里，在盘子里放好端上桌。我们开了啤酒，互相碰杯致意，在餐桌旁有说有笑，享受着一日辛劳后的轻松。

吃完饭我拎着煎过牛肉饼的平底锅到营地附近的沙地上。这里没有任何水源，我就用厚纸巾将煎锅里的剩油细细地吸干拭净，然后在沙地上挖了一个坑，将饱含油污的纸巾放进去掏出打火机点着烧成灰烬，再用沙埋好，这样锅收拾干净了，垃圾也做了无害化处理。

西部荒原，白天虽然酷热，但是太阳一下山，清凉的晚风立刻如约而至，瞬间，本来炎热、躁动的大地沉寂下来。已经跌入地平线下的夕阳执著地给天空抹上一层淡淡的玫瑰色，四周静谧无声。卡拉、莉兹和我搬出旅行折叠椅，围坐在营地的空地上，喝着红酒，在平静的暮色中又开始了我们的闲谈。

我们三个人的话题相当随意：各自的身世，将来的打算，天南海北，无所不聊。随着话题的延伸，我们聊起了卡拉的四个孩子。

卡拉是个骄傲的母亲。她的四个孩子，大儿子是加州大学伯克利分校的物理学博士，才三十出头就已经当上了科罗拉多一家大学的物理学教授；两个女儿，一个和卡拉一样是医生，另一个现正在医学院就读；卡拉最小的儿子则在加州大学圣迭戈分校，也学物理，而且还是他们大学水球队的明星球员，据莉兹说是个非常酷的帅哥。

卡拉的先生很早就过世了，她独自一人把四个孩子拉扯大。无意中我问卡拉："卡拉，你先生去世的时候你还年轻，你有个不错的职业，长得也漂亮，应该有不少追求者才对，为什么你后来一直没有再结婚？"

卡拉一听，语气立刻显得有些激动地说："结婚？没有哪个男人会愿意要一个带着四个小孩子的女人！"

说完，她停顿了一下，调整了一下情绪，接着说道："好吧，让我来告诉你我的故事。"

"我出生在密苏里的圣路易斯，医学院毕业没多久就和我的先生结了婚，搬到了同在密苏里的堪萨斯城。

"我先生也是个医生，我们生了四个孩子，生活本来非常美好。可是有一天，当我先生出差时，他在飞机场犯了心肌梗塞，没能抢救过来。那个时候我最大的孩子只有十岁，而最小的才几个月。

"那段日子对我来说真是太可怕了，我用了很长时间才让自己从先生的突然去世当中摆脱出来。当我觉得自己的悲痛已经痊愈时却发现还是不行。你知道堪萨斯城也说不上是什么大地方，我生活的周围大家彼此都认识。每当我去购物、上班，或者去教堂做礼拜时，总是不断有人跑来安慰我，可我根本就不需要这种安慰！他们只是一遍又一遍地重新勾起我心中本来已经忘记的伤痛。最后我对自己说，这样不行，我必须离开这里。于是就远远地搬到了圣迭戈。当然，这个决定对我的孩子们很不容易，因为他们必须离开他们的朋友，跑到一个完全陌生的地方。不过现在他们都很感谢我当年的决定，为他们选择了圣迭戈这样一个美丽的地方。

“刚到圣迭戈时压力很大。我需要钱来养四个孩子，所以拼命地工作，经常上夜班，很多时候只能请临时保姆来帮我看孩子。可是只要有时间我就会和我的孩子们在一起，比如我一直给孩子们参加的童子军当野外活动教练，放假的时候就和他们一起到各处去远足。虽然工作忙，但我和我的孩子们的关系一直都很亲密。

“我也遇到过一些男人，不过他们想要的是我不是我的孩子。我曾经几乎就要和一个男人结婚了，可是最后我才发现他并不在乎我的孩子们，所以我毫不犹豫地把那混蛋从我的生活中踢了出去。”

听着卡拉说完这些，我对她说：“卡拉，你真是一个了不起的母亲和一个坚强的女人，我非常尊敬你。”

莉兹也在一旁称是。她说卡拉虽然没有再婚，但她的孩子们在她的呵护下都已经长大成人，很有出息，对卡拉也非常好。再说卡拉自己又有着令人尊敬的职业和不错的收入，所以卡拉根本就没有什么可担心的。

可是这时卡拉摇摇头，有些黯然地低头注视着地面，声音低哑地说道：“不，还是有东西让我害怕。我害怕死亡。我不知道死亡是什么，但一直在心里害怕将来有一天老了，一个人悄悄死在屋子里，发出难闻的味道，身边却没有一个亲人。每当想到这些我心里就会很害怕，很难过。”

卡拉说到这里，营地里陷入了沉默。我们没有想到本来轻松的饭后闲谈会聊到这样沉重的话题，而且还是我们三人当中性格最强悍的卡拉。

二

每天朝九晚六地在办公室里忙活，有个家，守着老婆孩子，看得到自己十年、二十年后大概在做什么，挣多少钱，甚至住什么样的房子，开什么样的车。一想到这种一眼可以望穿的人生，我会感到难以忍受。

最后还是卡拉打破了有些凝滞的空气。她对着我说道："嘿，年轻人，还是说说你吧，你怎么会想到要这样旅行的？"

夜色不知什么时候已经悄然逼近，本来还算明亮的天空这时开始变得暗淡，浓浓的黑幕从东边的地平线缓慢但坚定地侵蚀着整个世界，白昼与黑夜正在交替的天空平淡无奇，只有西边遥远的群山之巅露出了一颗星星，孤单，但却明亮。

"去年的这个时候，我就要准备毕业了，周围的朋友已经在忙着找工作，为了各自的将来四处奔忙。按道理，我也该和他们一样，可就在那个时候我心中却总是有一种说不出的烦躁。我以前也工作过，知道那是怎么一回事。每天早上夹在令人发狂的缓慢上班车流中一点一点往前蹭。到了工作的地方，处处被老板紧盯着。每天必须得跟某些让你从心底里厌恶的家伙打交道，而那些混蛋又和上帝一样，永远都是无所不在，让你无处可逃，还有枯燥、烦琐的工作以及喋喋不休的客户。等熬到下班又得在同样缓慢的车流中磨蹭上老半天才到家，然后你就已经累得什么都不想做了。每天都是这样周而复始。"

……

"那段日子我心中一直都很焦虑——从来没有那样焦虑过。我没有告诉身边任何人这些想法和感受，因为他们大概也没法帮得上我，只能自己去寻找答案，于是我决定去做一次这样的旅行。我想用这种极端的方式测试自己的极限。在离开熟悉的环境，把自己投入陌生的野外时，以前的那些经验、常识、关系都不再起作用，一切只能依靠自己最本质的判断和能力。这样，或许才能发现自己的底线，看清楚自己到底是怎样一个人，什么才是我需要的。很多时候我们其实并不了解我们自己，虽然也会有很多想法、欲望，但我们想要的却往往并非我们真正所需要的。

“我做这个决定并不是一时的头脑发热，我早过了那个年纪。当向朋友们宣布这个决定时，他们都认为我疯了。其实我完全清楚这不是个安全的世界，充满着各种各样的危险，在我上路前，我也预想到了各种可能遇到的麻烦，包括死亡。但我同样也相信命运，相信该来的自然会来，你无从逃避。就算你小心翼翼地躲在自己熟悉的城市里，也照样可能会被某个喝醉酒的司机，或者正犯毒瘾的抢劫犯夺去生命。当我路过加州北部的小城佩塔卢马时，遇到一个画家。她问我，难道不怕被坏人抢劫甚至杀死吗？我告诉她，如果死亡是必然，那我觉得像我现在这个年纪，死在路上要远远强于死在床上。

“我的朋友，甚至最亲密的朋友都说我太理想化了，想的东西有些不切实际。我或许是个理想主义者，但也不全是，只是在心底里不想向我们那些早已熟知的现实去妥协，不愿承认那就是这个世界的全部。但我需要某些实实在在的东西来支持我，来证明我的这些理想和念头并非是因为看多了虚构、煽情的小说、电影的一厢情愿。”

……

“随着在路上日子的增加，我可以感觉到自己的心也越来越明亮。虽然必须风餐露宿，忍受各种旅途艰辛，但是每一天在路上遇到的人、经过的事，还有见过的风景都会汇集在我心中，一点一点地打动着我、改变着我，也许这就是所谓的成长。我的人生从来没有像在路上这段日子里一样自信和满足过。”

……

“有一天，当我结束这场旅行，重新回到原来的生活中去时，就算每一天会过着和以前依然相同的日子，但我不再会有那些疑惑和焦虑了，因为很多东西对于我来说已经改变，我的心中已经拥有了一个完全不同的世界。”

又是一阵沉默之后，卡拉说道：“翔，你怎样才能留在美国？我是说我认识的很多外国人都希望能在美国定居下来。”“我挺喜欢这个国家，但却还没想好是否要在这里一直住下去。”

“你知道我只是个医生，并不太清楚这些事情，但是如果我能替你做些什么，只管告诉我，因为我想做些什么能让你留在这里。”

“卡拉，我现在还在路上，只想简单地感受我的旅程，还不想让这些事情来打扰自己。谢谢你的好意，如果有需要的话我会让你知道的。”

不知什么时候，夜幕已经完全笼罩了大地，在远离人烟、没有一星灯火的南犹他内陆，四野如墨，晚风似水，荒原寂静，只有灌木丛中间传来微弱的几声虫鸣。仰头望去，头顶繁星如海，密密麻麻地布满了宇宙的每一个角落。在这样的星空之下，我们三个人在静静地谈论着人生，还有那些关于生与死的话题。这一幕，直到很久以后，依旧会在不经意间悄然浮现在眼前。

第二天，我们从维尔山口很轻松就进入了鹿皮谷。游览完鹿皮谷，我们就驾车向着佩奇驶去。

驱车在犹他和亚利桑那交界处的旷野上，车窗外是灿烂的阳光，偶尔前方路旁会出现一座孤零零的红色山冈，但我们很快又远远地把它们抛在身后。黑色的柏油马路在我们脚下笔直地伸向遥远的地平线，我们的汽车飞奔在原野上，车内的音箱里传来了威利·纳尔逊节奏轻快的歌声……

重回路上

迫不及待地重回路上

我热爱的生活就是与我的朋友们同谱乐章

所以我迫不及待要重回路上

重回路上

去我从没去过的地方

见我永不再见的景象

所以我迫不及待要重回路上

重回路上

像一群吉普赛人我们在大路上流浪

我们是最好的朋友

努力把这个世界转换成我们的方向

而我们的方向

就是重回路上

迫不及待重回路上

三

站在公路旁注视着卡拉和莉兹上了车，墨绿色的越野车发动起来，缓慢地在公路上掉了个头，然后驶下山坡，开始逐渐加速。她们的车越来越远，越来越小，翻过高坡底的一个小山坡，又一个山坡，直到最后远远地消失在了对面荒凉高坡的顶端。

快接近佩奇时，路旁突然出现了一片广阔、深蓝的水面，铺展在炙热骄阳之下，寸草不生的褐黄旷野中。这就是鲍威尔湖了。

鲍威尔湖是美国人在20世纪60年代截断流经此地的科罗拉多河形成的一处人工湖。这片如璀璨宝石一样的蔚蓝湖面镶嵌在无尽荒凉的西部高原上，如梦幻一般动人心魄。我们停车站在路旁的高坡上驻足眺望这片宏伟景象。上帝创造了这片苍凉荒野，而人类则创造了这片美丽湖泊，眼前的这幅壮阔画面可以说是造物主与人类共同创作的一幅绝美作品。

中午我们终于抵达了佩奇。佩奇是个小城，位于纳瓦霍印第安保留地，所以城里的居民以印第安人居多，满街都是他们开设的各种与旅游有关联的店铺，是一个很普通的观光城市。

佩奇边上就有西部所有缝峡之中最著名的Antelope Canyon（羚羊谷），我们当然不能错过。不过因为现在身处印第安人保留地，这里的所有土地资源都归印第安人所有，所以我们必须先到城里的印第安人旅行社预约好，然后才能在印第安人导游的带领下进去观光。我们找的一家印第安人旅行社的工作人员建议我们参加明天上午11:00左右的团，他告诉我们那个时间的羚羊谷是最漂亮的。

听了那个印第安人的建议，我们商量了一下，羚羊谷不大，顶多一个小时就够了，我们可以明天上午先去羚羊谷，完了之后，卡拉和莉兹再送我去佩奇东郊的98号公路，从那里我继续搭车前往纳瓦霍碑谷。

第二天，开往羚羊谷的旅游车出了佩奇城后，很快就开下柏油马路，驶入一条很宽的沟壑里。汽车沿着沟壑开了一段，前头突然横出一道断崖，在断崖上有一道上下一般窄的裂缝，这就是闻名遐迩的羚羊谷了。

在导游的带领下，我们沿着断崖上的裂缝进入了羚羊谷。外面看着平淡无奇，可是从进入谷内的那一刻起，我再一次被大自然无与伦比的创造力所深深震撼。

羚羊谷也是由荒漠中的流水和大风经历了数百万年，在这片赤红的砂岩上细细雕琢出来的。几十米高的羚羊谷上下差距不大，极其狭窄，最窄处只能容一人侧身而过。洞内的岩壁，从上到下，扭曲翻腾，千回百转，而这些岩壁的表面则被疾风流水利用漫长的岁月打磨得光滑、细腻，并将它们自己的身影清晰地纹刻在了上面。

如此狭窄的缝谷本应一片漆黑，但是正午的阳光这时刚好从头顶的缝隙孔穴中照射下来，光线在谷中赤红的岩壁间折射出红、黄、紫、白各种绚丽、迷人的颜色，随着太阳的移动，伴随着那流畅洒脱的纹路，谷中岩壁的形状色彩也在不断变幻着。这不折不扣是一幅辉煌而又跃动的图画，一首奔放而又静止的乐章，造物主的这幅作品令最天才的艺术家在其面前也会相形见绌、自惭形秽。

在大自然如此神奇迷幻的杰作面前，羚羊谷中的我们每一个人都只能屏住气息，心怀景仰。这时，唯一能做的只是不间歇地按动着照相机快门。

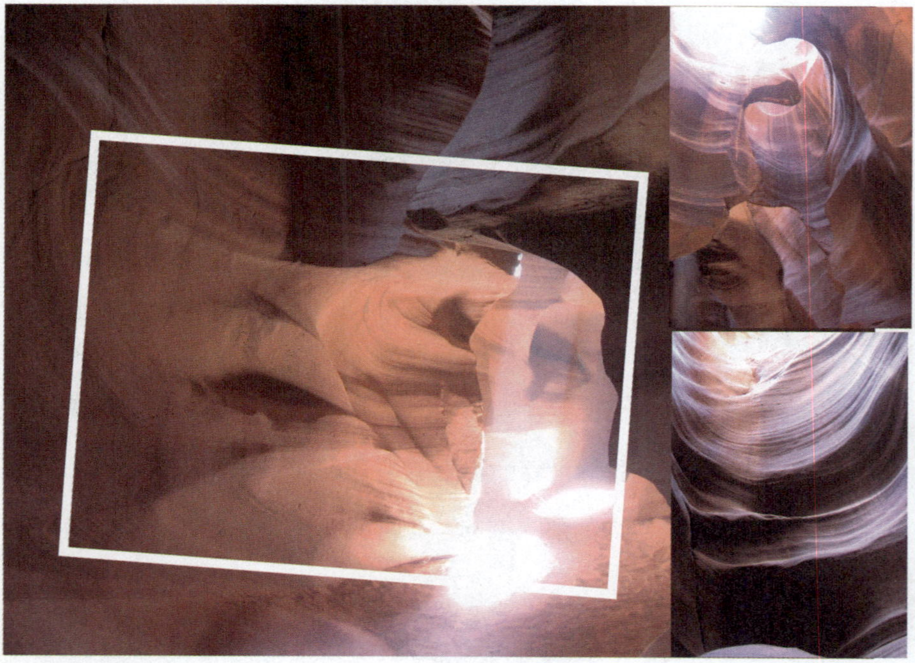

参观完羚羊谷，我们回到旅馆。我马上就要离去，卡拉和莉兹明天也要上路，大家一起收拾着各自的东西，一路上一直吵吵闹闹的我们这时却都很沉默。

早上在旅馆的餐厅吃早饭时，卡拉和莉兹对我说，反正她们也没什么安排，所以我要愿意的话可以和她们一起再多待两天。我只是笑着摇摇头

说："当我们最初在路上遇到的时候，你们说只能搭我半个小时，可现在我们已经在一起旅行了六天，如果我现在再不对你们说'不'的话，你们一定会把我带回圣迭戈去的。"

吃完饭卡拉拿出一张地图，拉我到旅馆大厅的休息处让我再详细告诉她一遍我下面的行程。

我告诉她我准备从这里搭车去纳瓦霍碑谷，然后再从那里北上走70号州际公路，向东翻越落基山脉一直到丹佛。从丹佛我大概会去中部堪萨斯、密苏里一带，然后从中部折向南方，直插到新奥尔良，再从新奥尔良一路走过Deep South（深南）各州到佛罗里达。

听到这里，卡拉马上皱着眉头打断我说："你干嘛要去深南州？"

深南州是指美国东南部、墨西哥邻近的南部各州，包括路易斯安那、密西西比、亚拉巴马、佛罗里达等。这一带曾经实行过很长一段时间的种族隔离政策，传统上属于美国最保守的地域。因为其地理环境比较偏僻、闭塞，民风保守、排外，所以在某种程度上使得外界对其认识较少，充满了各种负面印象。但这些也正是吸引我想过去亲身见识见识的原因。

可是卡拉却断然否决道："绝对不要去那里，那地方到处都是种族主义分子，我可不想听到你在那里遇到什么麻烦。"

莉兹也和卡拉一个态度。她告诉我，她曾经在亚拉巴马的一个小地方工作过一段时间："他们对外人真的是很歧视。我自己还是白人，但每天都会被当地人笑话我的新泽西口音，好像我是个傻瓜似的，那段日子真让我天天生气。他们怎么不说他们自己的口音才土得要死呢。"说完卡拉学了几句那边口音的英语，果然让我听得不知所云。

我也没有和她俩多说什么，只是说："好的，我会再考虑考虑。"

接着卡拉和莉兹又向我提了一些建议：去哪些地方，能够做些什么。

最后卡拉叠起地图，看着我的眼睛说："翔，你是好男人，勇敢，自信，又很体贴。很多人说他们热爱大自然，但他们只不过是在假装热爱大自然罢了，一路上我都在观察你，你是一个真正热爱大自然的人。在路上时刻小心，好好照顾自己，有麻烦了让我知道。我将为你祈祷，请求上帝保佑你能平安到达纽约。你会有一个美好的人生的。保持联系，不要忘了我们。”

停了一下，她接着说道：“我很庆幸在锡安时搭上了你。当我看到你站在路边时想都没想就停了下来，其实为什么那样做连我自己也不知道，因为我从来不在路上搭陌生人。”

“如果这个世界上真的有上帝存在的话，”这时我才说道，“我想，那一定是他把我们安排在了彼此的道路上。”

卡拉点点头：“这对于我来说是唯一可能的解释。”

在旅馆收拾东西时，卡拉看到我用来装水的是矿泉水瓶，没有专用的旅行水罐，就要把她的给我，但被我谢绝了。一路都是四处奔波，依我以前的经验，这类东西总是最容易遗失的，所以就没有带，反正用矿泉水瓶也没什么不好，掉了再买瓶矿泉水就是了。

卡拉看我不要也没说什么。等我收拾好东西，下楼到停车场准备上车时，她又提出来要把她的水罐给我，“反正也是个旧的，我后天就回去了，不怎么用得上。”这回我没有说什么，从她手里接过了那个水罐。

去郊外的路上，车里的空气有些沉闷。卡拉和莉兹在前面商量起把我送走后她们的安排，她们谈论了一会儿也没什么结果，最后决定下午去佩奇逛街。只是佩奇这么小一个地方，又有什么地方可以逛的呢？

98号公路起伏在荒郊外一个又一个连绵的山坡上。卡拉选了一处最高的山坡顶停下，她说这里视野好，从坡下开上来的过路车容易看到我，路边又有足够的地方给司机停车。

从车上卸下我的背包，这回是真正要分别的时候了。我和卡拉、莉兹一一拥抱。她们对我说着：“保重。”我对她们说：“你们也保重。”

我让她俩先走，说反正我也要在这里搭车，就先看着她们离开好了。

站在公路旁注视着卡拉和莉兹上了车，墨绿色的越野车发动起来，缓慢地在公路上掉了个头，然后驶下山坡，逐渐加速。她们的车越来越远，越来越小，翻过高坡底的一个小山坡，又一个山坡，直到最后远远地消失在了对面荒凉高坡的顶端。

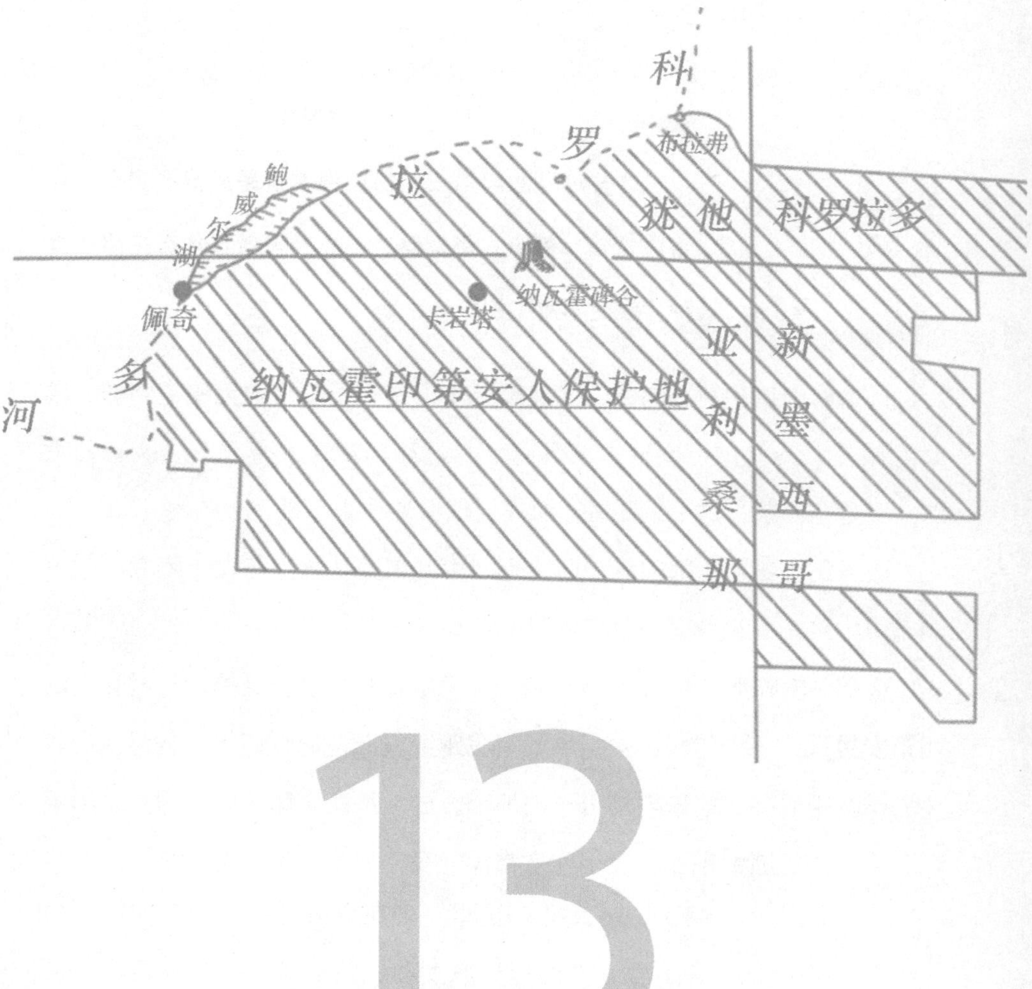

13 经历纳瓦霍

一

这些可爱的印第安人仿佛根本就是痛恨看到有人在路边站着，每个人都觉得自己有义务做点什么来阻止这种“大逆不道”的行为。

目送着卡拉和莉兹离去，我又是一个人站在了陌生的荒原道路旁，继续着旅程。98号国道上根本就没有什么过往车辆，看着空旷、寂寞的大路，开始担心起在这个纳瓦霍印第安人保留地，搭车是否会顺利。

正当我还在独自郁闷时，公路上迎面开来的一辆汽车在一阵刺耳的急刹车声中停在了我身后路边应急停车带上。

这是一辆陈旧的单排座小皮卡，车里坐着两个皮肤黝黑、身材壮实的印第安男人，一个年轻，一个年长。我跑上去向他们打招呼，告诉他们我要去纳瓦霍碑谷，问他们是否也去那个方向。那两个印第安人却只是招手让我上皮卡后面的车斗，他俩什么都没问我，似乎并不关心我是谁、为什么会在这里、现在要去哪里。两个印第安男人的这种态度和一路上搭载过我的司机们截然不同，不过这个时候也无所谓了，在这种人迹罕见的荒漠中只有这么一条路，只要他们愿意搭我往前走就足够了。

从旧金山一路过来，我坐过各种各样的汽车。可是坐在无遮无掩的车斗里在大路上飞奔却还是头一遭。

要在别的地方我大概不会指望能坐到车

斗里赶路，当然估计也没哪个司机胆大到敢在车斗里载着人上马路。但我却喜欢这样。坐在车斗里，不受安全带和驾驶室的束缚，听着耳边呼啸的风声，毫无遮掩地看着四周无边的原野，让阳光尽情地洒在身上，心情像小鸟一样飞上蓝天与白云共舞，体味着自由的感觉。

在印第安人保留地里，似乎交通法规不仅对车斗里载人没有任何规定，对于车速也没有任何限制。搭我的那个印第安年轻人硬是在笔直的公路上把他的这辆旧车开出了飞机的速度。一路狂飙，最后皮卡又在一阵刺耳的刹车声中停在了路边。车里坐着的那个中年印第安人指指公路边的一条岔道，显然他们是要在这里换道。

我翻下车斗，走到车窗边向他俩道谢，而这两个印第安男人只是憨厚地看着我笑着，也不多言语。因为他俩是我在纳瓦霍印第安保留地真正接触到的第一对印第安人，所以我提出能否允许给他俩拍张照片。

出发前我在查资料时看到有些旅行指南上说，在印第安人保留地，未经允许不要随便给当地居民拍照，不然会引起对方反感。但这两个印第安男人听了依旧是憨厚地笑着点点头。我拍完照片，把数码相机递给他们，让他俩看看液晶显示屏上的照片效果，他俩显得新奇又高兴地传来传去看了半天。我见状就说：“要不你们把地址给我，等我旅行完把照片洗好给你们寄回来。”他俩听了又是高兴地笑了笑，那个中年印第安男人在我的日记本上认真写好他们的地址，我们就互相挥挥手，告别而去。

原来以为在这片地广人稀的荒野地带，搭车该是件不容易的事情，但很快我就发现，原来在这里最容易的事情就是搭车了，简直就像每个路过的印第安人都会为你停车一样。虽然多数人都是当地居民，只是做一些短途移动，搭我的距离并不长，不过我倒觉得这样也挺不错，因为可以遇到许多不同的人。

这些搭我的印第安人虽然有男有女、有老有少，但他们都和最初的那两个印第安男人一模一样，话很少，从不问东问西，看到你在路边需要搭车就停下来，到了地方放你下去他们就走，也不需要听你说些“感谢”之类的废话。

没有用很长时间我就从98号公路转到了160号公路上。现在我有了两个选择：一个是沿着160号公路在小镇Kayenta（凯恩塔）转163号公路直接去纳瓦霍碑谷。另一个是在160号公路途中接一条岔路去南边的Pinon（皮尼翁），访问在加州的时候把我送到莫哈韦沙漠的纳瓦霍印第安人戴维。

我和戴维本来约好：如果我到了纳瓦霍印第安人保留地可以去找他。可是当我到了佩奇给他家打电话时，一直都没人接，戴维可能又出公差了。而且从160号公路到皮尼翁之间，从地图上看是一条近一百公里的土路，这样的路肯定车很少，不是那么好搭车。

犹豫了半天，我最后决定，先搭车再说，看看司机去哪里，再随机应变。路边站了又没多久，一辆红色的道奇皮卡停了下来。车上是一个颈扎红巾、头戴白色牛仔帽、上唇留着一撇精心修饰过的小胡子的年长印第安男人。上了车，这个印第安长者自我介绍，他叫Vincent Craig（文森特·克雷格）。

我询问文森特是去什么地

方，得知他刚好要路过160号公路和163号公路交会处的凯恩塔，就决定放弃到戴维家的念头，直接去纳瓦霍碑谷了。

和前面那些朴实、木讷的印第安人不同，文森特是一个很健谈的人，一问他的职业才知道，他是个四处游荡的行吟歌手，如此说来也就难怪了。文森特正要去一所印第安小学给那里的孩子们开演唱会。

言谈中文森特告诉我，他曾经加入美国海军陆战队在夏威夷待过许多年。他之所以选择参加陆战队是因为他父亲的影响。文森特的父亲在二战时作为海军陆战队的一员上过太平洋战场，而且就是赫赫有名的Code Talker（纳瓦霍密语队）的一员。

文森特的父亲后来在硫磺岛战役中负伤退役。文森特从小就为自己在战场上英勇作战的父亲自豪，长大后也毫不犹豫地加入了海军陆战队。不过他已经退伍多年，文森特告诉我，他现在主要的工作就是到各处的印第安人学校去开演唱会，用歌谣来向印第安孩子们传播印第安人的文化和传统。

说话间我们就到了凯恩塔。文森特本来要急着赶路，但他还是坚持领我到凯恩塔镇上的一处挺大的餐馆，原来餐馆的墙壁上挂着许多介绍二战中纳瓦霍密语者功绩的新闻和照片。文森特特意向我指出密语队员集体照中他的父亲。

分手前，文森特从车里翻出一张他自己的音乐光碟，在上面签好名后送给我，然后才又匆匆离去。

告别文森特，时间也已经不早。凯恩塔离纳瓦霍碑谷不远，大约还有三四十公里的样子。我看天色将晚，就断了继续赶路的念头，背着包走出凯恩塔小镇，来到它的北郊，在163号公路旁不远的一片荒地里设好帐篷。

在印第安保留地，如果没有许可或者得到当地印第安人的邀请，原则上不能随处宿营。不过我一路风吹日晒，皮肤已经变得又黑又粗，再加上我的面孔，看上去快和当地这些印第安人没什么两样了。走在凯恩塔的街道上也没什么人注意我，大概都把我当成和他们一样的印第安人了。所以，虽然我宿营的地方离大路不远，隔着大路还能看到对面印第安人的房子，我心里却并不是很担心。

二

地平线上，是一组断断续续的山峰。这些山峰形状各异，有的如巨大的城堡，有的如尖耸的烽火台，有的如笔直的石碑。逆光中遥遥望去，在广漠、浩瀚的纳瓦霍荒野中，它们黑色的身影镶嵌在闪亮的天空中，简洁，肃穆，令人心中升起一股莫名的神圣。

第二天还很早，当东边的天际线刚刚发白时我就醒了。收拾完东西，上了路，沿着公路我独自一人行走在纳瓦霍清晨的宁静中。微明的空气清凉宜人，路旁印第安人的村落还没有从晨曦中苏醒过来。路上没有车，只是一片单纯的静谧，除了我的靴子踩在公路旁沙地石子上发出的声音。

我很喜欢这种安详、从容的感觉，就没有搭车，一路顺着163号公路向北徒步行走着。在路过一处只有几座稀疏院落的居民点时，几条黄色的土狗从院子里冲出来跟在我后头咆哮着，粗暴地打破了四下的宁静。印第安人好像不喜欢把他们的狗拴起来，关在院子里，都是听任它们四处游手好闲地溜达。这些狗打扰了我的清静，当然以它们的观点来看，应该是我这个不速之客打扰了它们的清静，所以一直跟着我后面狂吠不已。本来一个人在路边走得好好的，我被这些家伙搞得没了兴致，于是决定拦车，以便早点从这没完没了的骚扰中脱身。

正好这时路上来了一辆车，就和所有其他印第安人司机一样，我一招手，那辆车就停了下来。开车的是当地的一名印第安人导游Tony（托尼），正好就是赶去设在纳瓦霍碑谷的公司上早班。没多久我们就到了纳瓦霍碑谷的中心，托尼把我放在路边，就开车去公司了。

这时只是早上6:00，太阳刚从地平线上升起，东边的半个天空被连绵的云团断断续续地遮挡着。朝阳的光辉被密密云团过滤散射后，在整个东方四射出刺眼的光芒。地平线上，是一组断断续续的山峰。这些山峰形状各异，有的如巨大的城堡，有的如尖耸的烽火台，有的如笔直的石碑。逆光中遥遥望去，在广漠、浩瀚的纳瓦霍荒野中，它们黑色的身影镶嵌在闪亮的天空中，简洁，肃穆，令人心中升起一股莫名的神圣。

这就是出现在无数电影、电视、杂志、报纸中的纳瓦霍碑谷群峰了。

许多年前，当我还是个小男孩时，是在一本杂志的图片上第一次看到了这些山峰。当时的我立刻被那幅画面深深吸引：这些形状特别、通体赤红的山峰，孤独零落地矗立在荒野与蓝天之间的地平线上，它们展现出的那种无尽苍凉，不知为什么竟然把还很幼小的我打动，仿佛有什么东西摄住了我的魂魄。

从那时起，我知道了地球上的这处存在，并且开始留意起电影上、杂志里这同一幅画面的身影，想象着有一天能够身临其间。

而现在，我已经站在了这幅画面的面前。沿着带着点弧度向着这幅画

面正中几座山峰穿行而去的公路，我徒步而去。在这里，我已经不需要搭什么车，只想漫行在这片壮阔的风景间，给自己那多年的憧憬一个从容透彻的回答。

太阳终于冲破了云层的阻隔，完全出现在了半空。阳光下的大地一片金黄，远处那些孤寂的山峰也显现出了本来的赤红，在透明的空气中安静地燃烧。

太阳一出来，荒野里的气温就开始骤然升高，没多久，我额头上就已经冒出点点汗珠。正当我拿出毛巾，在路边边走边擦汗时，一辆老旧的铃木越野车停在了身旁。驾驶座上坐着一个慈祥的印第安老太太，她看着我说："上车吧，孩子。"

我笑着向这个印第安老太太摇了摇头："谢谢你了，我就是想走走。"

可是印第安老太太却不为所动，依然用和蔼的眼神看着我说："这么热的天，你怎么能在外面走路呢?"

对视着印第安老太太慈祥的目光，我突然觉得自己很难抗拒，就叹口气说道："好吧。"

老太太叫Mary（玛丽），刚刚外出办完事回家。她说她看到在路边一个人背着包走路的我时，还以为是哪个印第安人，车坏了只好步行，没想

到我却是个外国人。

我告诉她一路上确实有很多人以为我是印第安人。玛丽听了又看了看我说："你长得是和我们一模一样，没准你真的是我们的亲戚，是我们不知什么时候失去联系的表兄弟也说不定。"

"这一路上我遇到了许多纳瓦霍印第安人，"我说道，"他们都很善良，给了我许多帮助，我倒真的希望自己能是你们中的一员。"

还好玛丽的家也不是太远，当她在路边上放下我时，纳瓦霍碑谷的群山依然在身后不远的地方。我和玛丽道完别，继续着自己的步行。

在路边一个孤零零的棚子里我遇到了一个年轻的印第安女子，她在路边摆摊向过路观光客们兜售自制的印第安首饰。我在她棚子的阴凉下歇息了会儿，和这个印第安女子聊了一会儿。当她知道我打算在这附近徒步旅行一两天，晚上就准备露宿荒野时，立刻告诫我千万可得当心野地里的响尾蛇。

"这附近响尾蛇很多吗？"我仔细询问道。

"哦，我的上帝，它们到处都是。"印第安女子显得心有余悸地说道，"前些日子我早上来摆摊子的时候，在棚子的桌子底下看到一条又粗又大的响尾蛇，把我吓得尖叫一声，一下子就蹦到桌子上去了。"

出了那个印第安女子的棚子我继续赶路。边走心里边想着：这回绝对再也不要搭车了，我要向任何企图停车搭我的人说"不"，而且还得是用洪亮的嗓门说。

结果没走上两步，不出预料，又是一辆单排座旧皮卡疾停在我前面的路旁，从副驾驶席的车窗伸出一只男人的手拼命向我挥舞着。

我眼睛一翻，心想："老天爷！"于是走上去，打算大声地向车里的人说"不"。

皮卡狭小的驾驶室里挤坐着一家三口，开车的是一位瘦弱的中年印第安女人，副驾驶席上个子矮壮的男人显然就是她的丈夫，中间挤着他们年纪不大的女儿。

那个印第安男人似乎因为能够在路上帮个陌生人而显得很开心，也不等我说话就连声嚷着："快上车！快上车！我们还要赶路，没时间了！"

看着这个印第安男人脸上憨厚、纯净的笑容，不知为什么，本来态度毅然决然的我居然鬼使神差，什么也没说就顺从地爬进了皮卡的车斗。然后皮卡就马上风一般地又驶上了公路。

皮卡开上了一个高坡，身下163号公路笔直向下延伸，在坡底折一下又往上直插向远处纳瓦霍碑谷中央那些庄严的山峰之间。这个场景如此熟悉，我马上意识到，在电影《阿甘正传》中，阿甘不就是在这个地方结束了他的长跑吗？

电影中，在生活中失去方向和爱人的阿甘从遥远南方的亚拉巴马开始了他纵横美国大陆的漫漫长跑。从一个大洋到另一个大洋，他跑过无数城镇、乡村，最后阿甘是在这里停止了他无望的寻找。而现在，我却是从这里，怀着对未知前方的憧憬，继续着我的旅程。

三

看着这个连名字都不知道的印第安人的皮卡消失在了丹佛街头漆黑的夜色中，心中不禁有些怅惘。就像莫哈韦沙漠里的戴维一样，这两个在路上给了我最需要的帮助的印第安人，最终我却连他们的一张照片都没能留下。

皮卡开了一程，又是疾停在路旁，这回跳上来一个本来在马路边走路的白人。这个白人叫约翰，从亚利桑那中部来，他的车坏在路上了，正打算走到下面一个小镇Mexican Hat（梅西肯哈特）去找人来修。

这么一会儿，这辆小皮卡已经在路边停了两次，连搭了两个过路客。这样走走停停整出很大的动静，可是依然没能惊醒车斗里正在酣睡的那个印第安小男孩，看来他大概对这种事情早就习以为常了吧。

纳瓦霍印第安人保留地是美国境内最大的印第安人保留地，面积大约七万平方公里。本来我以为大概要走上两三天才能出得了纳瓦霍。结果却是，不管是不是出于我的本意，在众多印第安人的相助下，只用了半天，中午时我就已经站在了纳瓦霍印第安人保留地最北边的小镇Bluff（布拉夫）的马路边了。

在布拉夫小镇的北边，我找到了191号公路。我下一个目的地是科罗拉多的首府丹佛。这又将是我整个旅程中漫长的一段。先要从南到北穿过半个犹他上到70号州际公路，接下来还得从西到东翻越整个落基山脉。我拿出地图，量着从布拉夫到丹佛之间长长的距离，足足七百多公里。我心里嘀咕着，现在就全看运气如何了，幸运的话花个三四天应该可以抵达丹佛吧。

我搭车的地方是在一道峡谷里。顺着峡谷修筑的191号公路也不是什么

主要干道，路上车很少，而且看上去多是过路的观光客，等了半天也没车停下来。

烈日当头，路边连棵可以遮阳的树都没有。一路过来都实在是太顺利了，把我心中本有的耐性早就稀释了大半，结果在等上一个半小时都没有结果后，我开始有些焦虑、烦躁起来。再加上在烈日下已经暴晒了半天，整个人的状态越来越糟，心中竟然隐约升起一丝不安和愤怒。但也就在这个时候，我猛然从无名的焦躁中警醒，不断地告诫自己：这样的心态不对，前面的路还很长，这样是不能走到目的地的。

于是我下了公路路基，来到边上断崖下的一棵杨树旁，坐在树荫下，喝了点水，然后半靠半躺地在沙地上休息了会儿，让自己的身体和心情都冷却下来，这才重上公路，接着开始搭车。

这回心情平静地等了一个小时，在下午15:30的时候，终于，一辆道奇皮卡停在了我的身前，而开车的又是纳瓦霍印第安人。

这是个健壮的中年男人，他的车里塞满了各种杂物，再也无处容身，所以我还是坐到了后车斗里。我问了一下这个印第安男人能把我载到什么地方，他反问我要去哪里。我告诉他是丹佛。他听了就说，他是一名建筑工人，现在是在赶往科罗拉多北边Wyoming（怀俄明州）的建筑工地，明天早上就要赶到，今晚就会路过丹佛。

听他这么一说，我心中的兴奋无法抑制。刚才还担心着从这里到丹佛路途迢迢，一路上大概不会太容易，可是突然间就一切都轻松解决了。这简直就是当我刚上路时，站在帕索罗布尔斯的郊外，正在为如何才能前往内陆的莫哈韦沙漠发愁时，另一个纳瓦霍印第安人戴维就出现在了我面前那个场景的翻版。

对于我来说，这些纳瓦霍印第安人不折不扣就是我的天使。

五月的阳光，明媚，清丽，汽车一路飞奔，四周的景色也在不断地变换着。钻出峡谷，驰过草原，进入谷地，爬上高坡。旅行在犹他中部的原野上，天清气爽，远处山脉的雪峰在暮春午后灿烂的阳光中隐隐闪动，成群的野鹿悠闲地在路旁的荒野里游荡。

我们走小路、上大路，一路上不断超车。路上我没看到哪怕一辆车的车斗里有人，刚开始时我还有些担心：早就出了纳瓦霍印第安人保留地，外面的警察看到了会来找我们的麻烦。可是再看这个印第安人一副毫不在乎的样子，上了70号州际公路开了半天也安然无事，我悬着的心也就渐渐放了下来，开始兴致盎然地向我们超越的每一辆车的司机招手致意。这些司机们看到坐在皮卡后车斗里的我，有的也向我招手致意，有的重型卡车司机干脆拉动卡车上的汽笛，在峡谷中发出巨大的回音。

太阳西沉的时候我们已经开始在翻越落基山脉了。

70号公路沿着湍急的科罗拉多河在深深峡谷中弯曲爬行。公路两旁都是灰白嶙峋的高耸山峰，险峻凛然，和在犹他别处看到的景象完全不同。在峡谷间偶尔能远远眺望到落基山脉顶处的雪峰被夕阳笼罩在一片桃红色中，宁静、妖娆，在初夏将近的时候依然能见到这幕动人的景象，令我感叹不已。只是当我还在为这些美丽雪峰感慨抒怀时，却不知道要不了多久我就将因它们而吃尽苦头。

天色完全暗了下来，穿隧道，翻山岭，海拔越来越高，周围的气温骤然降低。我自诩还算耐寒，再加上夏日已至，所以在路上就已经把刚上路时带的厚衣服处理掉了，现在身上只穿了一条牛仔裤，一件T恤衫。坐在车斗里的我完全暴露在高山夜晚冰冷的空气中，疾驰的皮卡兜起的寒风肆无忌惮地吹打着毫无遮掩的我。我全身开始冻得瑟瑟发抖，挣扎着从背包里抽出最后一件长袖薄外套穿上，但依然感觉是杯水车薪，于事无补。无意中借着路上车灯的反射，看到路边林间空地上竟然布满了大块的积雪，看样子现在的气温最高也就0℃左右。

当我们的皮卡快接近山顶时，我已经被冻得全身生疼，脑袋发麻，可是此时此刻，在这种地方也无计可施，只能咬牙忍耐。我把头上的棒球帽紧紧拉低，扎紧袖口，将衣服拉链一直拉到下巴上，再把外面衣服的下摆全部塞进牛仔裤里，用皮带牢牢扎好。然后平躺在了皮卡肮脏的地板上，尽量抵御着疾驰的皮卡后车斗里兜头而来的凛冽寒风。

躺在车斗里，四肢开始麻木，慢慢地失去知觉，头脑也逐渐迟钝起来，心中只剩下一个

念头：早点离开这里，到温暖的山下去。

在车子翻越落基山顶时，可以看到万里无云的夜空中有几点星光闪烁。可是这时，这些在黑暗夜色中闪烁的星光却显得是那样的孤寒、冷漠。

终于，我们的皮卡开始减速，最后下了高速公路驶入路旁的一个加油站。我艰难地坐起来，问那个印第安人是不是到了。他摇摇头说我们现在是在山腰，只是停车加油，到丹佛还得一会儿。听他说完，我把脖子慢慢地转到另一边举目一望，果然，远方山脚下，一片令人炫目的浩瀚灯海向四面铺展开来。

我挣扎着翻下车斗，走进加油站的小卖部，买了一大杯热巧克力一口气喝下去，然后清晰地感受着这杯热乎乎的巧克力进入我的体内，将全身早已冻结的血液和意识慢慢地融化开来。

加完油，那个印第安人问我到了丹佛想在什么地方下车。我说还要搭车，如果方便的话，最好还是找个卡车休息站。

重新上路，没多久我们就进了丹佛市区。那个印第安男人将车开下高速公路，在市区里开了一段，最后停在了路旁一家灯火通明的卡车休息站的停车场里。现在是晚上22:30，7个小时前我还在700多公里之外、美国西部的纳瓦霍印第安人保留地，而现在却已经顺利抵达了美国中部，到了丹佛。收拾好东西下了车，心怀感激的我来到驾驶室的窗口边，拿出笔记本问那个印第安男人能不能给我签个名。但是还急着赶路的印第安男人觉得毫无必要地摆摆手，连忙发动汽车离去了。

看着这个连名字都不知道的印第安人的皮卡消失在了丹佛街头漆黑的夜色中，我心中不禁有些怅惘。就像莫哈韦沙漠里的戴维一样，这两个在路上给了我最需要的帮助的印第安人，最终我却连他们的一张照片都没能留下。

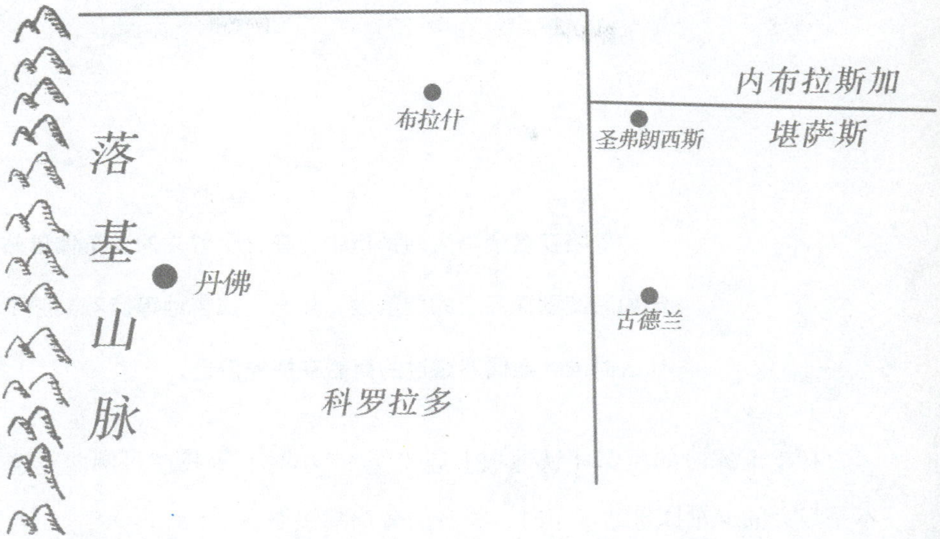

14 中部大平原

一

身陷在这个陌生的都市中，在这个繁忙的卡车休息站我却如漂流到孤岛上的鲁滨逊，焦急、孤苦地等待着某艘不知什么时候才会偶然路过的商船来把他带走。

在皮卡冰冷的后车斗铁地板上连坐了7个小时，等我在丹佛西边这个不是很大的卡车休息站下车时，全身的骨头都快僵直了。

已经快冻僵的我背着包蹒跚着走进卡车休息站的24小时餐厅，点了些热腾腾的食物，吃完东西，又坐在餐桌旁休息了半天才终于缓了过来。

外边街道上除了路灯照到的地方以外到处都是一片漆黑，这个时候要是背个大包跑这样的街道上去溜达，那么不管黑道、白道肯定都不会放过我。卡车休息站里倒是灯火通明，可是因为安全和保险法规等各方面因素，工作人员显然不会允许我在他们的地盘上露宿。

但是我又实在需要好好睡一觉，向坐在餐馆里的其他客人打听了一下，被告知马路对面就有家旅馆。这时的我也别无选择，只好结了账，出了餐馆，过马路到那家旅馆去了。

在旅馆舒适的席梦思上一直睡到第二天上午，起来洗漱、吃饭，然后又背着包过了马路回到昨晚的卡车休息站。在卡车休息站不是很大的停车场上，我一辆又一辆地向停在那儿的卡车司机们打听起来，看看有谁愿意带我去东边。

可是我忙乎了整整一个上午也一无所获，这是我迄今为止的搭车经历中费时最长的一次。身陷在这个陌生的都市中，在这个繁忙的卡车休息站我却如漂流到孤岛上的鲁滨逊，焦急、孤苦地等待着某艘不知什么时候才会偶然路过的商船来把他带走。

停车场里的一个卡车司机告诉我，我搭车的时间、地点都不对。今天是星期天，大多数司机都是在等明天公司上班后才能出发接货、送货。而且这个卡车休息站位于丹佛西边，来这里加油休息的司机多是往西走；如果是想搭车去东边，那应该到丹佛东面的卡车休息站才对。听他这么一说也觉得很有道理，可是现在已经晚了，只能算接受了个教训。

过了中午，运气似乎开始好了些。一个在加油的司机看到举个路牌、背着大包、孤零零地站在加油站小卖部屋檐底下的我，就招手让我过去。他问我去什么地方，看样子打算搭我。可惜一问，他去的又是西边，帮不上我什么忙。还有一个司机路过我身边的时候主动对我说，他带了狗在身边不方便，不然他一定会搭我，不过等他回到车上他会用卡车上的无线电台帮我找一找，看有没有人能搭我。过了一会儿，一个又高又胖、正在卡车休息站休整的司机，当他第二次从我身边路过时就说，他还在等货单，如果货单下来我还没等到车的话，他会来搭我。

虽然依旧没有等到我要等的车，可是遇到的一连串的善意将我本来有些疲惫、紧绷的精神舒缓了下来，心中也增添了几分信心。

时间就这么虚耗着，整整一天眼看着就要白白浪费了。下午16:00，一辆货柜卡车驶进了休息站，停在了加油泵前。

车门打开，卡车上爬下来一个瘦小的亚裔面孔的年轻司机，他匆匆地向着休息站小卖部走来。这个司机倒让我看了有些意外：我在路上遇到的所有跑长途、开重型卡车的司机里，绝大多数都是白人，偶尔有些黑人，但亚裔却一个都没有。不过这时我也顾不得那么多了，冲着迎面而来的这

个亚裔卡车司机走上去打了声招呼。

我的突然出现把这个亚裔司机弄得一下子有些不知所措。我赶忙简单地说明了我的状况，小心翼翼地询问他是否可以搭我一程。他听了显得有些无奈地说："我倒是可以搭你，可是你去的是东边，要走70号州际公路，而我是去北方的Wisconsin（威斯康星），走78号公路，我们不是同一条路。"

我已经受够了在这个倒霉休息站的无穷等待，不想在这个既无处可去又无人可识的陌生都市里继续浪费我的时间，现在只想赶快逃出这个鬼地方到随便其他什么地方去都行。于是我对这个亚裔司机坦白地说："我现在只想赶快离开丹佛，你出了城，到了乡下把我放下就成。"

亚裔司机听我这么一说，点点头："这个没问题，那你拿着你的包上车吧，加完油我们就走。"

谢天谢地终于我又上路了。看着我们的卡车在高速公路上逐渐驶离这个都市，越走越远，心里也像终于落下了一块石头。

搭我的这位亚裔司机原来是在美国出生、长大的柬埔寨难民的后代，姓Hok（何），今年25岁，来自加利福尼亚的内陆城市Stockton（斯托克顿）。

何是个性格随和友善的人。当我告诉他，我这一路上还没见到一个亚裔的长途卡车司机时，他告诉我他从18岁起就在开长途卡车了，现在是为斯托克顿的一家货运公司工作。

我听了就问：你已经是个经验丰富的老司机了，干嘛不自己买辆卡车当自营业司机，那样不是又自在，挣钱又多吗？

何笑着摇摇头："我早试过了。但是这行都被白人垄断了，我根本拿不到货单，最后只好又把自己的卡车卖了，给人打工。"

我在路上遇到的众多卡车司机里，异类的何独占了几个第一：他是我遇到的第一个亚裔卡车司机，遇到的第一个瘦卡车司机，和我所遇到的唯一一个没离过婚的卡车司机。

何告诉我，他16岁初中一毕业就和在一起读书的柬埔寨裔女朋友结了婚。刚开始的时候他开着卡车，带着刚结婚的妻子到处走。"我和我老婆把美国逛了个遍。"何边开车边对我说着，"到了一处好玩的地方，我们就把卡车停在休息站，然后去租辆小车到处转。"

后来他们有了两男一女三个孩子，何的妻子自然不能再跟着他到处游逛，只好待在家里看孩子。何打算工作到45岁就退休，所以现在努力挣钱，没日没夜地奔波在路上，每月最多休息4天。不过他一个月能拿到手7000美元左右，这在美国一般的蓝领阶层里也算是不错了。

我问他，像他这样长时间忙碌，自己身体吃不消不说，与家人在一起的时间岂不是也很少了吗？他告诉我，虽然平时很少休息，但他每年会休3个月假，休假时就带着全家人回柬埔寨，"在柬埔寨你花不了多少钱就可以过得像个国王一样舒服。"

"3个月的假？休这么长的假你老板怎么会同意？"我听了有些吃惊。

"美国缺卡车司机缺得厉害，我老板想招个卡车司机都困难得很，更何况像我这样的老司机。我要想休假了只要临时给他打声招呼，我老板什么话都不会说。"何显得得意洋洋地说道，"当然我也得拼命工作。虽然自由，但公司不替我和我的家人买健康保险和养老金，全得自己掏腰包。而且我还有三个孩子，得存点钱给他们。"

也许是年龄背景相差不是特别大的缘故，言谈间我们自然而然地变得随便、亲近起来。

下午17:00的时候，我们已经远远地把丹佛抛在了后面。我不想偏离原定的路线太远，拿出地图看了看，见到很快就要路过丹佛东北方一处叫Brush（布拉什）的镇子，从那里有一条道路向东，我可以沿着那条路先往东走，然后再想办法往南回到70号州际公路上去。于是我请何就在布拉什这个地方将我放下来。

自从车子出了丹佛，一路上都是平原，高速公路两旁是辽阔无尽的农田。这样一直到布拉什，卡车下了高速公路。

一下高速公路，边上正好有个加油站，零落地围着两三家餐厅。我们迎头看到一家中国自助餐厅的招牌，何马上说他想在这儿吃完晚餐再继续赶路，问我怎么打算。反正我也有些饿了，再说好久也没吃过中国菜了，于是决定也在这里吃完饭再走。

虽然我一向不是很喜欢吃自助餐，并且对这些经过改良、甜乎乎、油腻、适合美国人口味的中餐兴趣不大。但是在如此偏僻的美国大陆深处能吃到咕咾肉、宫保鸡丁、米饭、蛋花汤，姑且不管味道如何，光是这些熟悉的名字就足以慰藉我那寂寞已久的中国胃了。

选了靠墙的一张小桌子坐好，因为彼此都要赶路，所以吃得很快。吃完饭，我掏出钱放在餐厅服务员放在我们桌子上的账单上，可是坐我对面的何从钱包里掏出钱和账单一起递给服务员，把我的钱又丢回给我："留着吧，我知道你现在需要钱。"

我们一起又走回停车场，看着何爬上高高的驾驶室，招手目送着他将车起动，开出加油站，驶上高速公路北去之后，我才背起了包，重新走上了马路。

二

“这本来是一个崇尚传统和历史的国家，但现在已经完全变了，就像你看到的那些老式汽车，还有这些老房子。现在的人们只追求更方便、更舒适、更容易的生活，他们已经不在乎那些本来应该更有价值、更重要的东西了。当人们觉得你不再对他们有用时，就会毫不犹豫地抛弃。”

虽然已是下午18:00，但现在是初夏，又是夏令时，所以天色其实还很早。我想这里已经是乡村了，搭车应该比较容易，今天又在丹佛的卡车休息站浪费了大半天，于是决定继续搭车走一程。可是等我拐上公路、想着要在路边找处地方搭车时，却看到迎面立着块醒目的黄色大告示牌，上面醒目地写着：CORRECTIONAL FACILITY. DO NOT STOP FOR HITCHHIKERS（监狱，不得搭载搭车客），看来我是中大奖了。

美国凡是有监狱设施的区域，为了防止犯人越狱，一般都禁止过路司机在路上搭载乘客，当然，过路司机们看到这块牌子也自然会提高警惕，不会没事给自己找麻烦。这下我毫无选择，只有徒步离开这一带了。

不过，我刚刚饱餐完一顿美食，周围又是天朗气清，不冷不热。公路上没什么人，两旁是一望无际的田野，在这种地方徒步旅行其实不是什么坏事。于是我决定在搭车走完很长一段路程、终于离开了西部之后，在美国中部这片大平原上开始我的第一次徒步行进。

沿着34号公路，哼着Bob Dylan（鲍勃·迪伦）的歌，我轻快地穿过周日黄昏鸦雀无声、冷清寂静的布拉什镇，一直往东而去。

出了布拉什镇，两旁渐渐荒凉起来。田地和树木越来越少，最后四周完全变成了一望无际、长满杂草的荒地。空无一物的原野中，只有一条与34号公路并行相伴的铁路在旁。时间已晚，但天空依然明亮，通红的落日点燃了西边紧贴地平线上的最后一抹云彩。在寂静暮色中我独自一人，心情轻松地在美国中部大草原上走了很远一段路程，一直到晚上20:30。

当天空将要完全黑下来时，我下了公路，跨过边上荒野中与公路平行的铁路线，在铁路路基另一侧的草地上找好地方宿营。

高高的铁路路基将公路上过往行人的视线完全遮挡，借着黯淡的暮色，我麻利地把帐篷设在了一块平坦的地面上，然后钻了进去。

半躺在帐篷里，我打开手电筒开始仔细查看地图，计划着明天的旅程。可是没等多久，躺在帐篷里的我开始觉得有些不对劲，过了一会儿才反应过来是身下传来的干马粪气味。

我连忙打开手电，出了帐篷。掀开帐篷底仔细一看，这下明白了，刚才在昏暗的光线中把地上的一堆干马粪当成了土壤，把帐篷不偏不倚刚好搭在了上面。帐篷已经搭好，天又黑了，没办法再去找别的地方，我也懒得再折腾，就将搭好的帐篷在平地上往后面拖了一段，直到离开那堆马粪为止。

入睡前，除了草丛里隐约传来的几声虫鸣外，四下寂静无声。拉开帐篷的拉链，最后看了一眼头顶的夜空，满天星斗镶嵌在墨黑的天空中，安详地闪烁着。“今晚将会睡一个平安的好觉。”当我又重新把拉链拉好、钻进睡袋时这么对自己说道。

没想到半夜的时候，荒野里突然狂风大作，强风把我的小帐篷吹得像叶扁舟似的摇摆不止，不一会儿天空中就电闪雷鸣，暴雨狂注。在这样的天气里当然没法睡着，被惊醒的我对自己的帐篷和选择的宿营地都还有自信，倒不是很担心外面肆无忌惮的风雨会影响到躲在帐篷里的自己，只是暗自纳闷睡觉前还好好的，这大平原上的天气怎么说变就变，和山里似的。

等在大平原上又旅行了几天之后才发现，这里的天气都是如此，挺有规律。早上大多晴空万里，过了中午就开始刮大风，黄昏时会停歇一会儿，但到了晚上必然会有暴风雨来临。

第二天早上6:00我就被身旁铁路上货运列车震耳欲聋的汽笛声给吵醒了。钻出帐篷，外面早已风停雨住，真是天蓝如洗，朝阳灿烂。

收拾好东西，吃完早饭，7:00继续上路，依然是沿着34号公路徒步向东。34号公路显然不是条主要干道，路上过往车辆稀少，走了很长一段距离也没遇到任何人家。偶尔路旁会有一簇树林，林间掩映着几栋农舍，可是走近一看，里面空无一人，门窗全都用木板给钉死，院落里杂乱的野草和落叶显示这些农舍都已经被遗弃很久了。

最后还是在前方道路的左侧看到了一个规模庞大的畜牛养殖场。这个养殖场高高的蒸馏塔在一马平川的大草原上异常醒目。等走近一看，我却吓了一跳，原来这个养殖场的围栏里密密麻麻关满了牛，这幕景象我还是第一次见到。

又走了一程后，我开始边走路边搭起车来。如果看到后方有车过来就在路旁站好，伸手做搭车的手势；如果没有则继续走路。就这样在路边又走了一段，一辆7人座的福特商务车终于停了下来。

车上只有司机一个人，是一个高个子的中年人，叫Rick（里克），是一家石油公司的调查员，从丹佛过来出差。

里克看上去挺绅士，但开起车来却极快，一路超车，并且话也不是太多，显得有些心不在焉的样子，让我隐隐觉得他不是很开心。

路上里克问起我的旅程。我说了一路上的遭遇和下面的计划，里克显得对这些经历很感兴趣，并且也回忆起很多年前，当他还是中学生时的搭车旅行经历。他问我："你在路上搭车没有遇到过什么麻烦吗？"我听了摇头否定。

"我遇到过。"里克听我这么一说就接口道，"我还是十多岁时，也像你这样背个包到处玩。有次在路上有个家伙搭了我，刚开始他对我非常好，我们在车上聊得很开心，我还以为自己遇到了好人，可是后来我发现他竟然是想劫持我，把车开到我并不想去的地方。我让他停车他不干，我就抢他的方向盘，在公路上这样做很危险，他只好停车，我才趁机逃了出来。"

"我还好，遇到的人都给了我很多帮助。"听了里克当年的遭遇，我带着庆幸的语气说道。

"你确实很幸运。三十多年前，在这个国家，搭车还是件很容易的事，不过现在再也不行了。"里克握着方向盘，看着前方的道路，像是在对我又像是在对他自己说道。

"你说的没错。"我听了也有些感慨，"'9·11'之后的这些年里，我亲眼看到了美国的改变。这依然是个不错的国家，只是它现在的样子和做的许多事情我已经越来越不明白了。"

"不要说你，我也一样。"聊到这里，里克的语气开始有些愤愤不平，"这本来是一个伟大的国家，许多有智慧的人用了两百多年才把它建立起来，可是一个傻瓜只用几年就把它给毁了。"

我当然明白他指的是谁，看得出来他极其厌恶此人，就和我遇到的许多其他美国人一样。但我觉得以自己现在的身份和处境，在这个问题上发表太多评论和意见不是十分明智，所以更多的时候我选择了安静地倾听。

言谈间，里克得知我打算回到70号州际公路时，就告诉我，他中午要在堪萨斯州和内布拉斯加州交界的一个小城St. Francis（圣弗朗西斯）停留办事，然后下午会接着南下去堪萨斯境内的小镇Goodland（古德兰），70号公路就穿过古德兰，他可以一直把我带到那里。

听里克这么一说，我不得不再次觉得自己真是太幸运了！从34号公路到70号州际公路之间人烟稀少，非常荒凉。这一段比较难搭车不说，而且还要绕一个大圈子才连得上。我本来就根本没指望能很快回到70号公路上。冥冥中里克简直就像是特意为了我而专门出现。

我问起里克怎么会到这么荒凉的乡下来出差。他于是又聊起了自己的工作。里克工作的石油公司准备在这一带勘探石油天然气，但这样做之前必须先征得土地所有者的同意。对于财大气粗的石油公司来说这当然不是问题，付钱就好了。可问题是很多时候想付钱都找不到人。

这一带开垦得比较早，土地所有者变换复杂，而且许多土地所有者早就背井离乡，搬到别处去了。所以石油公司必须得先确定它们将要展开勘探作业的土地的主人，找到他们，然后才能开始谈判。里克的工作就是找出这些土地的主人。

里克替现在的这家石油公司工作还没几年。“这个工作不难，而且石油公司付我的工资也挺好。不过这只是个临时性工作，等调查结束我就失业了。”“那就再找个工作好了。”我说道。“我已经52岁了，哪有那么容易。”

路上我们经过一个荒败的小镇，里克停留了会儿，说要带我去看一些东西。

我们的车绕到小镇主街后面一处废弃的修车厂。在修车厂长满杂草的荒芜院子里，横七竖八地挤满了废弃在此的二十世纪四五十年代款型的老式汽车。里克对我说：“每次路过这个镇子我都会停一下，来看看这些老伙计。它们都是精美的艺术品，不是现在路上跑的那些塑料玩具可以相比的。”

这些掩藏在杂草丛中的老汽车，因为年代久远再加上毫无遮挡地暴露在室外，风吹日晒，雨雪侵蚀，使得它们身上的油漆早已脱落殆尽，满身斑驳，露出了底层钢板的原色。而且这些汽车大多车窗不全，轮胎瘪陷，内部座椅装饰也已被腐蚀、脱落，塞满了各种垃圾杂物。但是即便如此，这些老家伙们的外形仍然完整无缺，车身上毫无锈迹、坑洞，依旧展示着

当年古典、优雅的弧度。车身上的镀铬部件和前后保险杆毫无锈蚀的痕迹，在明亮阳光照射下反射着耀眼的白光。完全不似现在那些造型时髦、功能齐备的汽车，稍微不加保养，不用多少年，薄薄的车身就可能锈迹斑斑、彻底蚀穿。

随着里克在这些早被人们抛弃、遗忘的老式汽车中慢慢穿行、检视，它们就如没落的贵族，虽然潦倒，但寒酸的外表依然掩饰不住往昔的华贵。用手指敲敲这些老车的车身，钢板发出浑厚的铮铮响声，毫无一般废车的颓闷，仿佛只要给它加满油就立即能够从多年的沉睡中苏醒过来，重新上路，飞奔驰骋。

重新回到车上，当我们穿过小镇的街道时，里克指着马路两旁的老旧建筑说："这些房子都没人住了，你看，多么漂亮、古典的欧式建筑。我的梦想就是有一天能到这儿买一栋这样的房子，好好修复一下，然后住在里面养老。但是这个镇子已经完了，它就要死了。很多人都搬到大城市里去了，没什么人再住在这里。

"这本来是一个崇尚传统和历史的国家，但现在已经完全变了。就像你看到的那些老式汽车，还有这些老房子。现在的人们只追求更方便、更舒适、更容易的生活，他们已经不在乎那些本来应该更有价值、更重要的东西了。当人们觉得你不再对他们有用时，就会毫不犹豫地抛弃。"

出了小镇，又来到了一望无际的大平原上。路边依旧时不时地会出现一处处无人居住的小农庄。里克指着这些农庄对我说："我祖父母就曾经住在这样的小农庄里。但是你路上一定已经看到了那些大规模养殖场，像我祖父母那样的小农户根本没办法和那些大公司开的养殖场竞争，所以他们那样的农户最后都无法维持，要么给养殖场干活，要么只有背井离乡。我们的祖先本来是为了追求自由和一片属于自己的土地才来到这块大陆的，可是到最后却还是搞成了现在这个样子。"

三

詹姆斯告诉我他有25年的搭车经验，堪萨斯城就在70号州际公路上，所以他必须走这条线，“可是你为什么要走70号？堪萨斯是最难搭车的地方。”

言谈中我们的汽车已经离开了科罗拉多，途经内布拉斯加进入了堪萨斯。

堪萨斯位于美国大陆正中。一百五十多年前，从东北部来的自由主义者和从南方来的蓄奴主义者在这片刚被开发的土地上，为了各自的理念展开了旷日持久的残酷争斗，以至于让这块刚被并入美国的土地得了个“Bleeding Kansas（血腥堪萨斯）”的恶名。堪萨斯一直是这个国家最保守的区域之一，直至今日，从反对堕胎、反对同性恋，到支持伊拉克战争，这里都是美国保守主义的重要据点。1999年，堪萨斯州的教育委员会甚至将进化论观点从公立学校的教育内容中撤除。

中午时我们到了圣弗朗西斯，这是位于堪萨斯西北角的一个冷清小城。里克要在这里待上几个小时，去市政厅的资料室查询一下附近土地所有者的资料。他说我们先去吃午饭，然后我可以到城里的图书馆去打发时间，等他忙完了我们再去古德兰。我们在圣弗朗西斯乏善可陈的街道上找到了一家餐馆，然后推门进去。

正好是午餐时间，餐厅里坐满了人，可是当我走进餐馆时，刚才还人声鼎沸的大堂刷的一下突然安静了下来，所有的人，从正在进餐的客人到餐馆店员都像一瞬间得到命令似的，停止吃饭，停止聊天，停止工作，停止了他们正在忙活的一切，全都毫不掩饰地用木然的眼神紧紧盯着我。

本来我还努力着，想对这些直勾勾盯着我的毫无表情的面孔们笑一下，打声招呼，但是在美国这么些年还是第一次遇到这种场面，老实说，一下子还真搞得我有些手足无措，笑了半天也实在笑不出什么来，只好入乡随俗，也板着副和这里所有人一样的面孔，在众人交织的目光中僵硬地跟着里克走到一张空桌子边坐下，拿起菜单闷头看了起来。心中却暗自嘀咕道："你们这些家伙！我承认是我不好，跑这么远来打搅了你们平静的生活。可是你们的妈妈难道没教过你们这样盯着人没完没了地看是不礼貌的行为吗？！"

以前有个美国人告诉我，很多年前当他到中国旅游时，到什么地方都被人围观，让他很尴尬。我心想：这下好了，以后再有人来这么跟我说，我也有的说了。

仓促地吃完饭，出了餐厅，我才松了口气。向里克提起刚才我在餐厅里的感受，他却耸耸肩，显得毫不在意地说："这种地方都这样。我第一次到这里来吃饭时还不是一样。"

和里克分了手，我去圣弗朗西斯的市立图书馆上网查了一下邮箱，再给朋友们回了些信，时间很快就下午三四点了。我走去市政厅找里克，刚好他也办完事出来，我俩上了车继续赶路。

下午17:00就到了古德兰，里克显得很随意地向我提出，现在已经太晚了，接着搭车也不方便，反正他早在这里的旅馆订好了房间，里面有两张床，我可以在他房里住一晚，明早再走。

里克这么一说我心里很高兴，也很感动。就和许多人一样，里克对于这个世界和自己的人生，同样有着各种各样的问题，各种各样的不满，但他没有让自己被这些蒙蔽，依然能坦然、真诚地向他人展示自己的善意和慷慨，这不是一件容易的事。

第二天一大早6:00，我和里克就起来了。里克又要忙着到附近的农村去做调查，而我也要到旅馆边上的70号州际公路搭车。分手时里克告诉我，他晚上还得回这家旅馆再住一夜，如果到时候我还没搭到车，可以回来找他。

告别里克，我先去了旅馆边上的一家沃尔玛。这一路上，从西到东，从南到北，沿着主要的公路干线，隔不上太远就必然能看到矗立在大小城镇郊外的沃尔玛商场。在大的都市里，还有像Kmart（凯马特）、Sears（西尔斯）这样的同类大卖场与沃尔玛竞争，但出了大城市，沃尔玛在美国的普通城乡几乎占有垄断性的地位。

像沃尔玛这样能够为顾客提供便宜、多样化商品选择的大卖场在偏僻的乡间自然受到当地人的欢迎，但它也直接导致了美国乡镇众多小商铺的毁灭性灾难。那些使用传统经营方式的小店铺不管是从货物品种还是价格都远不能和沃尔玛这样的巨头竞争，所以对于它们，最后唯一的选择就是关门。在我路过的许多小城镇里，凡是有沃尔玛这样的大卖场的，主街多呈现出一股衰败的颓势。

我到沃尔玛是为了去里面的图像处理中心把数码相机存储卡上的照片刻到光盘上，然后再寄给朋友替我保管，这样就不用担心因为任何意外而丢失路上拍摄的照片，而且存储卡也有了空间继续拍照。

当我在沃尔玛图像处理中心等候光碟时，刚好是早班开始的时间。透过货架间的缝隙，我看到卖场最里面的墙边，来上早班的十多个沃尔玛的员工围在一个像是经理的女子旁边，那个女子简单宣布了一些当日注意事项后，就领着所有员工开始整齐划一地喊起口号，内容当然都是些谨守职责、服务客户之类的老套话。对于从东方来的我来说，这一套再熟悉不过了，可是这里却是美国中部遥远、偏僻的乡下，目睹这套纯东方式的管理套路，这副光景实在是不得不让我觉得有些奇妙。

在沃尔玛办完事，10:00，我背着包走到了上70号公路东向入口的斜坡前。把背包靠在路旁的一根立柱上，左手举起写着EAST（东）的路牌，面朝车辆开来的方向，伸出右手做出了搭车的手势。

昨晚显然又下过大雨，公路两旁的地面上是大片积水。在路边还没站多久，却看到前面来了一个斜背着大马桶包、头发有些散乱的中年男子。这个男子居然一路向我走来，最后走到我面前停下，看了看我，然后向我打了声招呼。在走过半个美国后，我终于在路上遇到了除我以外的第一个搭车客。

这个搭车客自我介绍他叫James（詹姆斯），正在从加州首府萨克拉门托返回在密苏里州堪萨斯城的家的路上。詹姆斯从加州花了34天才到这里，他向我抱怨现在路上真不好搭车，昨天他在丹佛花了10个小时才等到车。我听了也是应声附和，告诉了他我在丹佛的相同遭遇。

詹姆斯告诉我他有25年的搭车经验，堪萨斯城就在70号州际公路上，所以他必须走这条线，“可是你为什么要走70号？堪萨斯是最难搭车的地方，你要去东岸的话，到南边去走10号州际公路要容易得多。”

我听詹姆斯这么一问就告诉他，10号公路从加州开始一直到得克萨斯有一大段是贴着墨西哥边境走。“9·11”之后美国又是反恐，又是取缔非法移民，搞得到处鸡飞狗跳。我要是白人倒也罢了，但像我这个样子要是跑到南方边境线附近的公路上去搭车，一路上大概会没完没了地被警察骚扰。詹姆斯听了也觉得我说的确实是有道理。

詹姆斯说这一带本来就人烟稀少，而且当地居民也比较冷漠，不爱搭理陌生人。“运气好的话，会有好心人搭你一程，不过这边的过路司机大多是短程，搭不了你太远，卡车司机们倒是都跑长途，可在这种地方搭车就别指望卡车司机们会为你停下来。”

我当然明白詹姆斯的意思：上高速公路的坡道窄不说，路边还没有停车带，所以卡车司机们显然不会自找麻烦。

我们又在路边聊了一会儿，詹姆斯说这种地方本来就难搭车，现在站两个人就更没戏了，所以他改到高速公路上试试运气，说完他就沿着斜坡一个人远远地走到高速公路上搭车去了。

詹姆斯这样做是违反交通法的，可我看他却是一副无所谓的样子。过了40分钟，正当我以为詹姆斯已经在高速公路上搭到车走了时，却见到他垂头丧气地又从坡道上走了下来。路过我身边时他咬牙切齿地说，70号州际公路简直就是搭车客的噩梦，他决定换到附近另一条和70号州际公路平行的36号普通公路上再去试试他的运气，然后就一个人慢悠悠地向北走去了。

现在又剩下我一个人，听了詹姆斯的话我更是努力地向迎面而来的每一辆车做起搭车的手势。过往的车辆依旧很少，而且汽车里的人对我也都是一副熟视无睹的样子。这样等了两个多小时，一直到中午也没有搭上车，而这个时候又开始刮起了大风。

熬过了中午仍旧是一无所获，时间一分钟一分钟过去，这样未知的等待总是显得漫长、焦虑。但越是这样我越不能懈怠，从上午开始我就一直站在路边，甚至没有坐下来歇息过片刻。在我身旁的路灯杆上留着一些涂鸦，其中最醒目的一个就是：“这真是个烂地方。”看上去大概是某个曾经陷于此地的搭车客无奈中的泄愤。

从我的经验来看，搭车这件事以落基山脉为界，东边和西边大不相同。在西部，我在路边等待的时间是以分钟计算，很少超过半个小时。可是一过了落基山脉到了中部，搭车就明显变得困难了许多，经常是一个小时一个小时没有结果的等待，而耐性总是和等待的时间与眼前驶过车辆的数目成反比。当我觉察出自己的心情又开始变得有些焦躁时，马上开始努力地调整着心态，让自己冷却下来，一边回忆着前面路途中的那些美好经历和人们，一边在心里对自己说：“不要急，熬下去，如果到眼前的这些人不愿意停下来搭我的话，那是因为他们并不是我在等待的那个人。”

在中部大平原的热风骄阳中连续等待了4个小时之后，奇迹终于出现了。

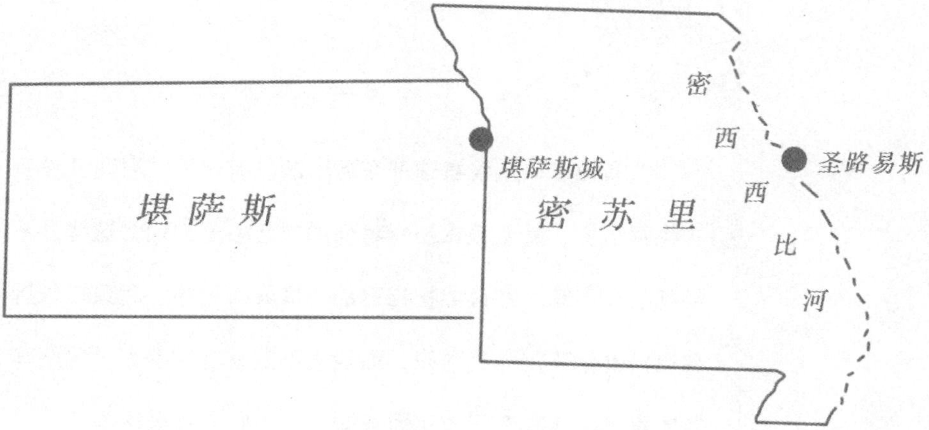

15 堪萨斯和密苏里

一

“有很多人从我身边开车而过却没有停下，可我并没有去怨恨他们，甚至根本没有将他们放在心上，因为这样并不能帮我搭到车，却只能把自己的心情弄得更糟。我只是告诉自己：他们不是为我而来，而我也不是在等这些人。我所等待的是某个正在专门为我而来的人，然后你就出现了。”

一辆体型庞大的紫色Freightliner（弗莱特莱纳）发出重型卡车刹车时特有的排气声贴在我面前停了下来。

我一下子愣在了路边。等抬头看到坐在高高驾驶室里的一张戴着眼镜的中年男子的脸正在向我微笑时，这才缓过神来，连忙抄起地上的包打开车门爬上了卡车驾驶室。

卡车司机叫Gary（加里），是从丹佛拉一车货去堪萨斯城，刚在古德兰的加油站休息完正准备重新上路。

加里与我遇到过的其他那些卡车司机截然不同。他穿着件长袖格子衬衫，尖下颌，面庞消瘦，身上透着一股温文尔雅的气质。加里始终面带微笑地听我简洁地叙述完自己的情况和这一路的行程计划，自始至终都只是安静地倾听着，很少发表意见、询问问题。加里说话声音很轻，语速也很缓慢。言谈间他告诉我这是他自己的卡车，他也是一个自营业卡车司机。

我听了坦率地对加里说：“还真看不出来，你和我一路上见到过的卡车司机们完全不同。”

加里用淡淡的口吻说道：“我做这行才2年，这之前我做了15年的中学教师。”

虽然在美国，职业转换在一般人的生涯中不是什么大不了的事情，但是像加里这样，转换的两个工作之间无任何关联性、相差如此之大的，我却见得不多。

“既然你当了那么多年的老师，为什么又会想着来做完全不相干的卡车司机呢？”我有些好奇地问道。

“我得了病，因为身体上的原因没法再继续教书了才转行做这个的。”加里的语气依然很平和，“其实我还是更喜欢当老师，而不是做一个卡车司机。”

从加里淡淡的语气中多少能听出一丝忧郁。在这个世界上，我遇到过各种各样不同的人，每个人在自己的生活中总会有各自不同的麻烦和问题，而很多时候每个人都会有足够的理由对这些麻烦和问题采取截然不同的态度，外人很难简单地以对或错来判别、划分。对于这些我早已习以为常，并且也学会了在适当的时候保持沉默，不去猎奇心旺盛地问东问西，所以我决定换个轻松一些的话题。

我看到加里的卡车是科罗拉多的车牌就问道：“你的家在科罗拉多吗？”

“我没有家，”他说到这儿停顿了一下，“两个星期前我刚离婚。”

彼此都沉默了一会儿，卡车在有些沉闷的气氛中奔驰在堪萨斯中部，这片位于美国大陆正中，被称为美国心脏的原野上。

加里在开车时，不时移动着两条腿，并且同时交替腾出一只握方向盘的手前后按摩着大腿的肌肉。我问他：“你的腿不舒服吗？”

“我一天到晚都在开车，两条腿总蜷着，肌肉非常痛。”

于是我说："我一路旅行都靠的是两条腿，所以随身带了一些中国的止疼膏药，如果你愿意试试的话，可以给你点，我自己觉得效果还不错。"

"哦，那很好呀，谢谢你。"加里带着礼貌的微笑轻声说道。

在路过堪萨斯中部一个小镇时，加里将卡车开下了高速公路，停在路边的一家加油站前，他告诉我他需要给卡车加点油。

我也随着加里下了车，和正在加油的他聊天，顺便看看能不能帮上什么忙。

加里随口说道，他的女儿就在这镇子附近的一所大学读书。

"那你不刚好可以见见你的女儿了？反正也不远。"

加里有些黯然地摇了摇头："她也许很忙，不会来看我的。"

我没有再多说话，只是沉默地帮他把加油枪插回了油泵，然后又回到车里，重新上了路。

如果说堪萨斯州西部还比较荒凉平坦的话，越往东边走，路边逐渐开始出现了一些树林和山丘，荒凉的原野上也渐渐有了一些不同的风景。

加里依旧沉默，过了会儿，他主动打破驾驶室里有些凝重的沉默，问我想不想看他妻子和孩子的照片。我点点头，于是他从后裤兜里掏出钱

包，从钱包里抽出一张照片递给我。

这是一张在照相馆拍的标准全家福，照片上加里和他前妻以及他们的三男一女四个孩子亲密地拥坐在一起。加里的妻子长得很好看，像电影明星一样妩媚迷人，他的孩子们也个个可爱漂亮，照片上的每个人都洋溢着灿烂的笑容。毫无疑问，不管谁看了这张照片都会肯定地说：这是一个幸福的家庭。

看完照片，我把照片递回给加里，说了声："你妻子真漂亮，孩子们也很可爱。"加里说了声："谢谢。"然后默默地将照片重新放回他的钱包里继续开他的车。

我不再询问加里关于他自己的事情了，而是开始向他讲述起我在路上的经历。

加里出神地听着我的这些故事。

……

最后我说道："在路上，我学到了许多东西，其中很重要的一点就是不去抱怨。这个世界并不欠谁的，即使是在不走运的时候，我们也应该尽量试着用积极的态度去对待这一切。就像刚才当我站在古德兰的公路边，不得不在大风和烈日中一个小时又一个小时等待着一样。有很多人从我身边开车而过却没有停下，可我并没有去怨恨他们，甚至根本没有将他们放在心上，因为这样并不能帮我搭到车，却只能把自己的心情弄得更糟。我只是告诉自己：他们不是为我而来，而我也不是在等这些人。我所等待的是某个正在专门为我而来的人，然后你就出现了。本来我以为在那地方很难搭到长途车，更没敢指望会是这么一辆大货车为我停下。但是一切最终远远超出我的期望，我等到了你，而你会开着大卡车搭我一路走四百多英里（约六百公里）横跨整个堪萨斯州，一直到东边的密苏里去。因为我没有放弃，终于让我等到了自己真正需要的。这是一个广阔的世界，你永远也猜不到将会有什么发生。在Point Joe，乔伊告诉我他本来不打算再结婚的，可是却没想到在分别四十多年后又能和哈妮重逢。人生就是这样，总是向前看，绝不放弃，做你自己能够做的，然后命运会将余下的部分自己打点好。”

天黑时，我们已经接近了堪萨斯和密苏里的边界，离位于这两州边界上的堪萨斯城只有一箭之遥。

加里将车开到一处叫Lawrence（劳伦斯）的地方的一个休息站停下，然后对我说，因为是明早送货到堪萨斯城西边的一家食品公司，所以他今晚就在这个休息站过夜。卡车休息室里上下有两张床，他欢迎我在他的卡车上睡一晚，明天等他卸完货再送我去堪萨斯城的东郊。

对于这个安排我当然无话可说，当我向加里表示谢意时，他依然是用缓慢的语气答道：“翔，你不必谢我，我觉得能遇到你是一件非常好的事。”

在休息站的快餐店随便吃了点东西，我们又坐在桌子边聊了很长一阵子。加里显然对于我的旅行、还有在路上的种种经历开始发生兴趣，很仔细地向我询问了许多问题，不再像白天那样沉默。

回到车上，因为卡车货箱里拉的都是冷冻食品，所以卡车的发动机和货箱制冷机一夜都没关，我躺在卡车的上铺，在巨大的轰鸣与震动中迷迷糊糊睡了一夜，第二天早早的我们就又出发上路，赶在加里卸货的食品公司开门之前赶到。

卸完货，加里开着空无一物的卡车，花了一个小时穿越整个堪萨斯城，专门把我送到了城东郊的另一处70号州际公路旁的卡车休息站，然后才又赶回科罗拉多去了。

临行时加里要去了我的手机号码。我也问他：“加里，把你的通信地址给我吧，路上或许我可以给你寄点明信片报告近况。”加里嘴角一丝苦笑："翔，我告诉过你我现在没有家，我就住在我的卡车上。"

自堪萨斯城分别后，加里每个礼拜都会给我打一个电话，问候一下我的情况，看看我走到哪里了，再聊一下他自己的近况，从来都没有中断过。

二

在雄浑、壮阔的旋律中，我们在高速公路上的重型卡车也宛如一艘巨轮，在波浪般起伏的丘陵间，在夕阳绚烂的霞光中，稳稳行驶在密苏里无垠的绿色原野上。

我现在是在堪萨斯城的东面，密苏里州的最西边。下面我要沿70号州际公路横跨整个密苏里州，一直到400公里外，密苏里最东边和伊利诺伊州交界的St. Louis（圣路易斯）市，从那里再转向南边，沿着南流的密西西比河，一路插到南方1000多公里外，到墨西哥湾边上的新奥尔良去。

在公路边从上午一直等到了下午15:30，一个带着小女儿的过路中年男子才停下搭了我。这个中年男子把我载到了70号州际公路边的一处大型卡车休息站。这个卡车休息站占地颇广，繁忙异常，停车场里密密麻麻都是跑长途的重型卡车，这种地方可是搭车的好地方。

背着包走到卡车休息站出口处的拐角，背靠一根路灯杆，我冲着路上正排着长队、鱼贯而出的卡车长列展开了一张写着St. Louis的纸板。

离开休息站的每一辆卡车都要从我面前慢慢驶过。在这种地方我一点都不担心搭车的问题，所以只管站直身子，向每一辆迎面而来的卡车尽量展现出自然的笑容。

果然这次没有等多久，大约16:30的时候，又是一辆紫色的弗莱特莱纳重型卡车在我面前稍稍停顿了一下，驾驶室里的司机拼命朝我招手，我马上拎起地上的背包，手忙脚乱地跑上去打开车门，钻进了驾驶室。

这回倒是个典型的卡车司机，白人，四十多岁的样子，身材壮实，乱乱的褐色长发，上唇留着浓密的小胡子，身上套件宽松的无袖汗衫。

我上车刚坐好他就装出很惊恐的样子对我说着："喂！你不会在路上抢劫我吧？"

我顿时笑了起来，就凭他那块头，要抢也是他来抢我。我一笑回答道："我想大概不会吧。"

这个司机叫Tim（蒂姆），从北达科他州来，拉一车食品原料去伊利诺伊州南边的一家麦当劳仓储中心，路上刚好要路过圣路易斯。

蒂姆是个快活开朗的家伙，话也多，没一会儿我俩就变得熟络起来，无话不谈，仿佛是认识多年的老朋友。

蒂姆在车上向我炫耀着他这辆经过专门改装，设备先进、舒适的大卡车。这辆卡车后面的休息室经过特殊改造，装饰豪华，墙壁都换成柔软、气派的皮衬，上面的床被拆

掉，镶挂上了4个硕大的音箱。蒂姆告诉我，车里大大小小、里里外外一共有十个高档音箱，和卡车的光碟MP3播放机相连，而且还配上了卫星广播接收器，“放起音乐来比大剧场都不差！”蒂姆得意洋洋地说着。

“这是你自己的车吗？”我一边啧啧称奇地打量着这辆卡车内部的各种先进、豪华的装备，一边问蒂姆。

“哦，不是，是我老板的。不过他是个很酷的家伙，跟我关系很铁，这里面的东西全都是他花钱装的。”

密苏里的地形、风貌比起堪萨斯来大为不同，不再是那么平坦，丘陵、山坡不少，气候也湿润多了，一路上树木葱郁，池塘、河流众多，很有几分中国南方城市的味道。

我们的弗莱特莱纳在70号州际高速公路上从一处处被夕阳染上金黄的茂密树林旁飞奔而过。蒂姆边开车边说话，一路上就没冷过场。

看蒂姆这样子，我本来以为他是个老司机，可是一问，他告诉我他才只当了3年的卡车司机。蒂姆以前和他兄弟一起开餐馆，3年前他洗手不干，花了3000美元和2个星期的时间到卡车驾驶学校拿到重型卡车驾照，又找到了现在这个工作。公司把学开车的费用还给了他，不过作为交换他也和公司签了约。

蒂姆说起卡车司机这个工作就很来劲，他是如此喜欢这个工作，一说起来就滔滔不绝，仿佛他就是为了当个卡车司机才来到这个世界一样，“嘿，翔！你想不想来当卡车司机？这可是份好差事，自由自在的，收入也不错。

“干我们这行收入最好的要算给沃尔玛这样的大公司开车的卡车司机，他们开1英里可以挣45美分。我这个公司差点，但是也不错了，每1英里能挣0.4美元，而且还没大公司管得那么严，轻松得很。

“你要想来当卡车司机，回头等你走到纽约，再来找我，我去跟我老板说说，他肯定愿意帮忙。”

我听了也说：“是啊，一路上我遇到了许多卡车司机，他们都非常酷，慷慨、豪爽，让我对卡车司机们很有好感。当然也遇到过不愿意帮忙的卡车司机。”

蒂姆听了马上说：“肯定不是那些司机不想帮你，而是他们公司不准他们那么做。卡车公司都和保险公司签了约，如果路上卡车遇到事故，同车的搭车客受了伤害，保险公司是不管赔偿的，搭车客可以去告卡车公司，那公司就要赔一大笔钱，所以没有哪家公司愿意惹这个麻烦。而且在一些州，法律也禁止卡车司机在路上搭人，给警察抓住了会被开罚单的。”

“那你就不怕因为搭我惹上这些麻烦吗？”我半开玩笑、半认真地说道。

“见鬼！我们是朋友，关警察个鸟事。”蒂姆毫不犹豫地答道，“那些大公司在路上跑的车多，司机搭了陌生人也怕被同事看到报告给上司。我们公司一共就三个人，而且我老板也没空管这些小事。”

谈话间蒂姆把他车里的音响打开，放上音乐CD，将音量开到极大，刚好是电影《泰坦尼克》里泰坦尼克号离开港口驶入大西洋时的背景音乐。在雄浑、壮阔的旋律中，我们在高速公路上的重型卡车也宛如一艘巨轮，在波浪般起伏的丘陵间，在夕阳绚烂的霞光中，稳稳行驶在密苏里无垠的绿色原野上。

蒂姆本来说晚上路过圣路易斯时把我放在市郊的一个卡车休息站，不过途中他又改了主意。天黑后，在离圣路易斯还有七八十公里的一处卡车休息站蒂姆就停了下来。他告诉我他又觉得把我放在原来说的那个休息站不是个好主意，我们今晚先在这里休息一下，后半夜先出发去圣路易斯东北边伊利诺伊的那家麦当劳仓储中心卸货，然后再返回圣路易斯把我放下。蒂姆是司机，我又没什么具体安排，也就同意了他的计划。

在卡车休息站，蒂姆在他的车上休息，我则到休息站的商店买了几张明信片，然后坐在休息站的司机休息室里给我的朋友们写明信片告知近况。等一切弄完，闲得无事，就翻出一本书来坐在休息室里慢慢看。等熬到凌晨2:30回到车上，蒂姆已经准备好了，我们的卡车在漆黑的夜色中又驶上了高速公路，向着伊利诺伊开去。

天亮前我们就赶到了伊利诺伊的那家麦当劳仓库，早上6:00在仓库门口登记入内，然后在停车场上开始等待卸货。可是这家仓库非常繁忙不说，工作人员也拖拖拉拉，一直到9:00还没轮到我们的卡车，把蒂姆气得又是拍方向盘，又是破口大骂。而我昨晚没睡觉，正好趁着这个当口窝在卡车的座椅上好好打了个盹。

本来凌晨离开休息站时蒂姆算了时间，觉得会很充足，可以拐回圣路易斯找处好地方放我下车。可是经这么一折腾已是中午11:00多，整个上午都浪费了。蒂姆心急火燎地匆匆开着车往南边的圣路易斯而去。

当我们驶过密西西比河上的铁桥时，圣路易斯市那著名的标志——190米高的不锈钢Gateway Arch（大拱门）就远远地醒目地出现在了我们的眼前。

一百多年前的美国，以密西西比河为界，东边是已得到开发的文明地带，而密西西比河以西则属于荒蛮的新边疆。众多从东部骑着马，赶着大篷车，到西部寻找自由和梦想的拓荒者们多是从圣路易斯渡过密西西比河，一路西进。所以，圣路易斯在美国历史上有很重要的地位，一直被称做the Gateway to West（通往西部的大门），而这座1965年建成的大拱门正是为了纪念圣路易斯在美国历史中所起到的重要作用。但是这个曾经辉煌的城市如今却已衰败。圣路易斯市是美国人口流失最严重的城市之一，20世纪50年代的时候圣路易斯有85万人口，可是现在早已剧减到了35万。与此同时，圣路易斯这个只有35万居民的城市的犯罪率却远超过纽约、洛杉矶这样的千万人口级的大都市，高居美国各主要城市的榜首。

进入圣路易斯市区后，在繁忙的市区高速公路上蒂姆就开始忙着用车上的无线电台替我找能搭我去南边的卡车司机。

他一遍又一遍拿着话筒在无线电里呼叫着："喂！有人去南边吗？我这儿有个中国留学生，人好，身家清白，刚从学校出来，现在要去新奥尔良，有哪个伙计去那个方向的，帮忙送一程。"

蒂姆在无线电上忙了半天也没有找到。最后他干脆开下了高速公路，在圣路易斯的市区里转了半天，然后停在离大拱门不远的一处街边对我说："翔，我已经迟到了，只能送你到这里。这附近看着不错，应该还算安全。"我想自己又不是小孩子，这么远一路走来，一个圣路易斯也不可能把我怎样。能遇到蒂姆，大老远搭了我400公里到这里，我已经很满足了。所以就让蒂姆不要担心，告诉他我能照顾好自己。

等我下了车，蒂姆在车上隔着车窗冲我喊着："翔，有空了给我打电话。我下面还要拉货去加利福尼亚，完了会去佛罗里达，但愿到时候还能在路上见到你。"

三

躺在密苏里乡间这块不知名的古老墓地中，与身旁安葬在此的这些魂灵们紧邻相眠，我希望自己这个来自远方的陌生过客唐突的出现没有打扰他们早已沉寂多年的安宁，也同样祈望他们今晚不会来打扰我的安宁。

目送着蒂姆的弗莱特莱纳消失在前方街道的车流中，我才仔细打量了一下四周的街区。

周围的房子都不是很新，但是挺干净、整洁。街上行人也不多，但衣着都还光鲜。看来确实如蒂姆所说，这一带不算是个太糟糕的街区。

不过现在是正午，城市里，尤其像圣路易斯这样城市的夜晚永远不会是安全的。我盘算了一下，现在我需要做的首先就是离开市区到乡下去。在美国，乡村永远要比城市安全得多。如果一时出不了城，那就先找家汽车旅馆住下，总之，天黑了我绝对不能再留在街上像现在这样背个大包游荡了。

对于圣路易斯我一无所知，在城市里也别想能搭到车，所以我决定找个人问一下，看看附近有没有公共交通可以把我送到圣路易斯的南郊。

连着问了几个路人都不得要领，这时路边一家小理发馆里刚好走出来一个年纪不大、头戴贝雷帽的男子。看他样子挺和善的，我马上走上前向他打了声招呼，问起路来。没想到他一听我的解释就很爽快地说："我刚好没事，可以开车送你去南郊。"

青年名叫Brian（布赖恩），是一所私立学校的音乐教师，人很开朗、友好。当他得知我是中国人时马上开心地告诉我，他妻子也是华人，来自印度尼西亚。

一说起他的妻子，布赖恩的双眼就闪闪发亮，一副幸福的表情。他告诉我，他妻子也是学音乐的，他们结婚已经3年，“不过我的岳父、岳母不是太满意我，”布赖恩边开车边说，“他们觉得他们的女儿应该嫁给华人，而且也不该离他们这么远。我很爱我的妻子，她是天下最好的女人，她对我非常忠贞，这也是我最满意她的一点。”

布赖恩告诉我，圣路易斯市的南部一带都还算治安不错的地方，可是在穿越圣路易斯市区的路上，我看到马路两旁许多外表还算不错的独户小楼都是满院荒草，人去楼空。

无意中布赖恩提起他本来是在公立学校教书，我就问他：“干嘛要换到私立学校，在公立学校不是工作更稳定、收入也还不错吗？”

布赖恩摇摇头说：“公立学校学生的纪律太差了！在课堂上我做的更多的不是教学生音乐知识，而是忙着维持秩序，让学生们在教室里好好坐着，不要奔跑、打闹。我觉得自己更像个警察而不是老师，所以最后就辞职不干了。”

中午12:30，布赖恩把我送到了圣路易斯南郊一处叫Arnold（阿诺德）的地方。

告别了布赖恩，我走到公路附近的一家便利店补充了些食物和水。五月底的密苏里又闷又热，我又买了一罐冰镇啤酒，坐到便利店外面的屋檐下，喝着冰啤酒，简单地吃了

一点面包算是中饭，然后就来到55号州际公路南向的路边。

刚从西部抵达中部还不到一个星期，明显能感觉出两地的气候差异。西部这个时候虽然也热，但是空气干燥，身上的汗水很快就蒸发了，在野外走上一天，衣服照旧干爽，而且就算烈日当头的正午，只要背阴处就一定会很凉爽。可是在中部，特别是进了密苏里后，空气中湿度很高，除非是在有冷气机的室内，否则不管在任何地方、有没有阴凉，从早到晚皮肤都是黏黏的一层汗，身上的衣服就从来没干过，湿漉漉地贴在身上非常难受。而且这边的蚊子简直是可怕，又多又厉害，一路追着我咬，手上、脚上凡裸露在外面的皮肤都被叮满了大包。

阿诺德虽是郊外，但到底离城市不远，所以尽管路上车流滚滚，却没有人愿意为我这个长着一副东方面孔的陌生人停下来。站在杂草丛生的公路旁，脚边的地面散落着过路司机随手丢弃的被压瘪的麦当劳可乐杯和啤酒易拉罐。高速公路上，一辆辆汽车从我身旁闪过，而时间却一点一点爬行。站在初夏炙热、毒辣的骄阳下，被密苏里高温、湿热的空气笼罩，这

一刻，等待是对耐力和意志最好的考验。

路边一直站了三个半小时，才有一辆旧皮卡停了下来。司机是个身材壮实的小伙子，他也叫布赖恩，是个园丁。

时间已经不早，正赶上下班高峰，高速公路上挤满了回家的车流。布赖恩嫌堵得太厉害就驶下了高速公路，开上了一条与高速公路平行的一般道路。

我们的车在高高低低的山坡间起伏着，狭小的道路两旁长满了各种茂密树木。密苏里的气候虽然对于人来说又湿又热，但对于动植物却又是再好不过了。

美国中部比较传统，一般人结婚都较早。在车上我顺口问起布赖恩是否已经结婚时，他摇了摇头，告诉我他有一个已经一起同居了四年的女友。“如果两个人能够在一起待上四年那也不简单了。”我听了就说。

“哦，是啊，我女朋友是个不错的女人，我对她很满意。”布赖恩点点头。

“那干嘛不结婚呢？”

“我可不想娶个美国女人，她们难办得很。”布赖恩的回答前后有些矛盾，但我又似乎能猜得出他的意思。

布赖恩搭了我一程，最后把我放在紧邻55号州际公路的一处加油站就走了。

时间已是下午17:30，这是个小加油站，过往车辆不多。我站在加油站的出口处等了会儿没有搭到车，连着两晚都没有睡好觉，白天又在烈日下站了大半天，天色稍微一暗，马上就感到又累又乏，忍不住打起哈欠来。于是决定今晚就在这里宿营。

四下找了找，见到加油站不远处有一大片精心打理过的草坪，草坪后面是长长的一片繁密的树丛。我背起包走过去看看能不能在草坪后的树丛间找到一处安静、隐秘的平地。

到了近前我才看到草坪间稀疏地立着一块块不是很高但都已经有些陈旧的石碑，上面镌刻着不同的名字和生卒年月日。原来，这里是个墓地。一块一块墓碑看过去，我注意到最早的墓穴主人死于2个世纪前，而年代最近的一个墓穴的主人则在1965年就过世了。看来这是一处老坟地，要说清静，那就没有什么地方会比这里更清静了。

小心翼翼地在暮色中穿过一块块已经开始风化的墓碑，来到坟地后的树丛间，果然找到了一处平坦的草地。过于繁茂的枝叶让这里显得有些阴森，但也挡住了外面公路上来往行人的视线。

随便吃了点东西，在修剪得平平整整的草地上搭设帐篷，天气很热，这地方又连可以洗把脸的水都找不到。抬头看看天上没有一丝云彩，不像是要下雨的样子，就没有将帐篷外层的防雨罩装上。躺在帐篷里，透过帐篷顶的尼龙网，可以看到微明的天空中繁星已经开始在争相闪烁。

不时有小虫飞舞着碰撞在帐篷的尼龙纱帐上。随着夜色的到来，四下虫鸣渐起，躺在密苏里乡间这块不知名的古老墓地中，与身旁安葬在此的这些魂灵们紧邻相眠，我希望自己这个远方的陌生过客唐突的出现没有打扰他们早已沉寂多年的安宁，也同样祈望他们今晚不会来打扰我的安宁。

墓地的树丛间密不透风，密苏里的夜晚更是闷热、潮湿，躺在帐篷里身上汗水不断，全身上下到处都是黏糊糊的。迷迷糊糊躺在帐篷里，心里不断奢望着能痛快地冲个冷水澡。就这样一直熬到后半夜才勉强进入梦乡。

第二天早上5:30就醒了，夜里露水很重，伸手一摸，身上的衣服和垫在身下的睡袋都被露水打湿了。

起来先把帐篷、睡袋抖开了晾在一旁的树枝上，然后在草地上支好汽油炉，烧水煮面。忙了半天，等到7:30左右，帐篷、睡袋都差不多晾干了，附近的公路上也开始忙碌了起来，我收拾好东西，背起包走出坟地，来到55号州际公路的入口开始搭车。

没等一会儿，就有一辆皮卡停下。开车的是一个小伙子，因为生病从公司早退回家。在车上当这个小伙子听说我是一路从旧金山搭车过来时显得有些吃惊，连声说搭车实在是件挺危险的事，前几天就在这附近，有三个搭车客被过路汽车撞死在路边。

汽车在55号公路上又开了一程，在一处偏僻的交叉口，小伙子要换道转向东边，他就在高速公路边放下了我。

这一带非常荒凉，除了附近路口有一家很小的加油站之外，周围就再没有任何人烟，全是密密麻麻的原生树林。高速公路上车也很少，在入口处等了好一阵子只有一辆车开过。最后，我想起刚才那个小伙子的话，于是决定走到高速公路上去搭车。

在5月炽烈的阳光下，55号州际公路两旁是绵延起伏的丘陵和满目葱郁的树林，还有林间一汪碧绿的池塘。这幅景象是如此熟悉，令我又一次想起了在那遥远中国的江南的故乡。在美国干涸、荒凉的西部已经待了不少年头的我，被这熟悉的画面勾起了许多回忆，于是毫不犹豫地决定，沿着高速公路徒步往南走一段再说。

艾奥瓦州
密苏里州
伊利诺伊州
内布拉斯加州
堪萨斯州
丹佛
布拉什
圣弗朗西斯
古德兰
堪萨斯城
圣路易斯
肯塔基州
科罗拉多州
新墨西哥州
田纳西州
俄克拉何马州
阿肯色州
密
西
西
比
河
密西西比州
得克萨斯州
路易斯安那州
新奥尔良
墨西哥湾

16 通向新奥尔良的路

一

无意间偏头向边上扫了一眼，看到刚才那根金属支柱孤零零地立在路边，心里有些诧异，觉得好像哪里不太对劲。我努力地思考了一下，本来像灌满了糨糊一样混沌的脑袋中突然闪过一道霹雳：我的背包不见了！

在这渺无人烟、偏僻闭塞的美国大陆中部的野外，我沿着宽阔的高速公路两旁的浓密绿荫，踏着脚下密密的野草，向南一步一步地行进着。

圣路易斯南边的55号州际公路寂寞异常。公路旁当然只有我这么一个孤家寡人在徒步行走，但身旁公路上也是车辆稀疏，半天才会有一辆车呼啸而过。这一段公路的最高限速是每小时110公里，但没有哪辆车开得这么慢，全都是130公里以上。

沿着高速公路走了两个多小时，一直到上午十点多，太阳已经高高升到头顶，气温也骤然攀升，最少也有三十多度。胸前早就被汗水浸湿的登山包厚厚的背带又泛起了一层白色的盐渍。

昨晚在闷热、潮湿的墓地里根本没有睡好，今天早早起来搭车，然后在高速公路上走了很长一段，整个人这时感到困乏难耐，双腿开始发软，肩上的背包像山一样压了下来。

又走了一程，最后实在有些支持不住，于是决定在路边休息一会儿。前方的公路旁立着一根光秃秃的金属杆，看上去像是个没了顶部标识牌的支柱。这根支柱旁边的草地后面紧邻着一片茂盛的树林。

我将身上的大背包卸下来立靠在支柱上。有经验的背包客都知道，每次将硕大、沉重的登山包背上肩时都不是那么简单，既要使足劲，又得注意不失去平衡，不然摔在地上可就没有那么容易再爬起来。所以，很多时候有经验的背包客在途中做短暂歇息时都干脆不把背包卸下来，直接背着背包找处合适的地方坐着休息一下而已。

我把登山包斜靠在这根公路旁的支柱上就是为了等会儿能够比较容易地再背起来。还有一个原因就是，天气炎热，又是一路劳累，我在心里犹豫着等休息好了就不再徒步，而是从这里开始搭车南行。而如果是搭车，那我立在路旁的大登山背包会是个最好的标识，这也是个搭车的窍门。没有哪个穷困潦倒的流浪汉或者游手好闲的乞丐，会舍得花钱去买个一般商店不容易买到的专业登山包。一个专业的大登山包在路上就是我最好的证明，过路司机在第一时间内就能判定路旁站着的是一个严肃、认真的旅行者，而不是哪所监狱里刚逃出来的囚犯或者好逸恶劳、光想占别人便宜的懒汉。

放好背包，我把早就做好的写着醒目的SOUTH（南）一词的路牌向着公路用胶带固定在登山包上，以便让每个路过司机都能远远看到，心中指望着哪位好心的司机看到我的大背包和路牌，会停车下来搭我。

当我自以为无懈可击地把一切都安排好以后，就坐到了旁边约二三十米外的草地树荫下，解下束在腰上的小腰包当枕头，倒头躺了下去。天气虽热，但比起昨晚那个闷湿的墓地却多少要好一些。没一会儿，疲惫的我就在密苏里东部这处荒郊野外的草地上睡了过去。

在树荫下躺了一个多小时，气温一直在升高，快12:00的时候，我终于被正午的高温热醒了。支撑着坐起身，看了下周围，一切依旧，我的背包还是老样子靠在那根金属支柱上纹丝不动。虽然醒了，但被热醒的我依然困乏异常，甚至觉得比休息前还要犯困。一下子没法完全清醒过来的我，只好强睁着钝涩的双眼坐在草地上，背对公路，面朝树林呆呆地又坐了一会儿，等着自己慢慢从昏沉中舒缓过来。就这样又迷糊了大约10分钟左右，无意间偏头向边上扫了一眼，看到刚才那根金属支柱孤零零地立在路边，心里有些诧异，觉得好像哪里不太对劲。我努力地思考了一下，本来像灌满了糨糊一样混沌的脑袋中突然闪过一道霹雳：我的背包不见了！

本来还昏昏然的我一下子跳了起来，但还是无法相信自己的眼睛，奔到那根支柱旁，转着圈子在附近找了半天，心里一遍遍地问着自己：不会吧，是不是我睡糊涂了？我的包呢？！10分钟前还看到它的，难道是我记错了？忙乱了半天，我终于也彻底清醒了，然后才不得不接受了一个无法接受的事实：有人趁我刚才坐着发呆的时候，停下车把我的背包偷跑了。

我在路上的所有物品基本上都塞在了登山包里：睡袋、帐篷、炊事用具、地图、手电筒、药品、衣服、食物、饮用水。但现在它们全都和我所钟意的、一路伴我走过了半个美国的大背包，令人匪夷所思地消失得无影无踪。

在巨大的震惊之余，我的第一个反应并不是懊悔和愤怒，而是一阵迷惑。刚才我虽然确实是坐在草地上犯了会儿迷糊，可并不是没有一点意识，不知道是哪位神人居然有本事在短短10分钟内，从高速公路上飞驰的汽车中注意到我靠在路边的背包，然后将车悄无声息地停下，在丝毫不惊动正坐在咫尺之外的我的同时，将那又重又大的背包拎上车逃之夭夭。这一切做得行云流水、专业完美，完全超出了我的常识，也难怪我久久地不能相信和接受这个对于我来说实在是非常残酷的现实。

现在我身上仅存的，除了一个因为给我当枕头才得以幸存的小腰包和休息时随手放在身边的半瓶矿泉水外就一无所有了。万幸的是，在卡梅尔听了乔伊在澳大利亚的遭遇之后，我总是把照相机、日记本和钱包、手机放在小腰包里随身携带。我心中暗自庆幸：装备都是身外之物，掉了还可以再找，但是录满了我一路记忆的照相机和日记本如果掉了，那我的这场旅行将会变得多么空洞。一想到这里，本来刚才还在为被偷了个一干二净而懊恼的心中又立刻充满了感激，虽然连我自己也还没搞清楚这感激的对象到底应该是谁。

从旧金山开始，虽然一路上也遭遇了各种艰辛困难，但像这样的重大挫折却还是第一次。并且这个偷我背包的家伙确实给我制造了一个非常大的麻烦。在这前不着村后不着店的荒郊野外，本来我还盘算着反正带够了食物、饮水，还有完备的宿营装备，能搭到车就搭车，搭不到车顺着高速公路一直往南走就是了。可是现在我被偷得身无长物，虽然钱包还在，可是这种地方，就算有钱也没地方用。

不过我也没空、没心情去生气、懊悔。低头站在路边把我现在的处境和应对办法按照优先次序快速地在心中过了一遍，然后得出结论：背包丢了就丢了，我既然没看到偷包者本人，报警也无多大用处，更何况那家伙这会儿估计早就跑出大老远去了。但我不能再在路边耗着了，必须尽快离开这兔子不拉屎的地方，赶到有人烟的地方去重新购置旅行用具。

把心情和思路整理好，我马上站到路边开始搭起车来。等了一会儿，迎面居然来了一辆黑白相间的警车，我就像见了救星一样拼命地向那辆警车挥起双手。警车在我身前停下，我兴奋地跑上前，车窗降下，里面坐着一个警察，他冷冷地听我讲述完自己悲惨的遭遇，居然依旧一副无动于衷的表情，不仅没有按他的职责做他应该做的笔录，反而毫无同情心地说了句："那么你就赶快搭车离开这里吧。"

本来满心指望得到警察救助的我看到他居然如此冷漠，心中一凉，然后又有些不甘心地请求他道："警官先生，你能不能把我送到下一处有人烟的地方？"

没想到他说了句："对不起，我现在是在执行公务，按照规定不能搭人。"说完就一踩油门走了。

这个警察的冷漠无情让我冲着飞驰远去的警车在心中大骂道：我现在是犯罪受害人，这家伙却把我当成个想搭免费顺风车的流浪汉，算是什么警察！

不过这时候再生气也没辙，我首先要做的还是尽快离开这里。

站在路边依旧是漫长的等待，时间一个小时一个小时地过去，路上一辆车一辆车地擦身而过，没有人愿意停下来，而我自己心里也很清楚这到底是什么原因。

在美国大陆上，在已经走过的漫漫长路中，骄阳酷晒，风吹雨淋，裸露在外的脸、脖子、手臂上所有皮肤早被磨砺得又粗又糙，黝黑得如炭块一般。我现在脚下踩着一双磨损变形的登山靴，唯一一条牛仔裤双膝沾满了各种污迹，身上墨绿色T恤衫早被汗水中的盐碱泡得开始褪色泛白、斑驳丑陋。密苏里天气炎热，我又好几天没有洗澡。今天从早上开始一路步行，脸上被汗水冲出一道道污垢，现在想擦一把却连毛巾都没有。我这副尊容已经堪比那些悲惨的流浪汉不说，最重要的是，以我现在的样子，孑然一身地站在荒郊野外的公路旁，路上任何一个理智的司机都会忍不住地问他们自己：怎么会有这么一个奇怪的人在这种鬼地方搭车？

但我没有放弃，也没法放弃，只有在路边等待。一边等车一边心里还想着：以前到处向人自我介绍，说自己是个正在横跨美国旅行的背包客，现在背包没了，在别人眼里怎么看都只能是个流浪汉。不过这样也不错，这个世界没多少人有机会当个货真价实的流浪汉。我早上还在想着要减重，天遂人愿，这下倒好，彻底减重了，上帝果然是待我不薄。

到了下午时，地面上蒸腾的热浪阵阵袭来，幸存的半瓶矿泉水早就喝光，握着空空如也的矿泉水瓶却舍不得丢掉，因为这已是我为数不多的仅存财产之一了。

在烈日热风中，喉咙渐渐渴得如火燎一般，整个口腔干燥得就如塞满沙石。公路边应急停车带的沙土地上有一条重型卡车压出来的车辙，底部尚残存着些许前几日的雨水。车辙里的雨水和沙土混杂在一起，呈呢黄色。焦渴似火的我在路边伸手做着搭车手势的同时，一直没法把自己的眼睛从这汪浅浅的泥水上移开。

要在平时，仅仅是想到这样肮脏的积水大概都会觉得恶心，而这时，我心中却几乎快被趴下去好好喝上一口的冲动完全占领。但我努力地依靠毅力去制止自己这么想，在现在这种窘境里，任何一种小病都可能雪上加霜，给自己带来无穷的麻烦和严重后果，所以我必须忍耐。

二

他在休息站占地宽阔而嘈杂的停车场上找到个空位将卡车停好，然后才对我说："你大概想洗个澡吧？"我点点头，于是他转身到卡车后面的休息室衣橱里翻出一套干净的牛仔裤、T恤衫、内裤和袜子交给我说："我领你去休息站的淋浴房，这些都是我的衣服，你拿去换了吧。"

终于，在等了很久之后，一个过路的建筑工人停下来搭上了我。这个建筑工人送我至前方55号州际公路旁最近的一处有加油站的交叉口。我跑去加油站的小卖部买了一大瓶水，然后两个园丁又搭了我一程，到了不远的另一处交叉口。

这回到高速公路上没有等待多久，一辆飞驰而来的崭新红色大型皮卡急停下来。司机是个穿戴体面的中年男子，他也叫加里。这个加里问了我的情况后，告诉我他的驾驶室里有一只凶猛的斗牛犬，所以他没法让我坐在驾驶室里，只能让我到皮卡后面的车斗里去坐着，这对我来说早就是驾轻就熟的事了，当然毫无问题。

加里开着皮卡一路南行，搭着我在55号州际公路上几乎走了大半个密苏里，一直来到了密苏里州与肯塔基州和田纳西州交界的New Madrid（新马德里）才放下了我。

加里在高速公路旁停下车，等我跳下车，他却并不急着离去，而是在驾驶室里唤我过去。

等我走到驾驶座的窗口边，他递给我一根香蕉，又塞给我一张细细叠好的纸条："去给自己买点吃的吧。"加里说完就开车转上了旁边的一条岔道。我打开那张纸条一看，原来是张20美元的纸币。

我走到高速公路旁的一家农户讨了点水喝，然后重新回到高速公路旁继续搭车。在路旁等了会儿，17:30的时候，高速公路入口坡道上驶来一辆白色小车，这辆车速度倒不快，远远可以看到司机似乎正在收拾副驾驶席上的杂物。"有戏！"我一看就心中暗喜。果然，这辆白色小车不徐不疾地刚好就在我身前停了下来。

这是辆陈旧的单门小车，车里很是凌乱，汽车的后座椅上堆满了各种杂物。司机是个留着浓密小胡子、头发蓬乱的男子，衣着随便，不修边幅，但他的面庞憨厚、朴实，说起话来也很友好、和善。这个白人告诉我他叫Doug（道格），是本地人，现在是去高速公路上的下一个休息站，所以他只能送我到那里。

在路上我告诉道格我来自中国，他听了特别高兴，告诉我他在网络上认识了一个中国女子，道格说他的梦想就是有一天能够到中国去旅游。

道格也对我的旅程非常感兴趣，详细地询问着我一路的经历。我向他说起今天在圣路易斯南边几乎被偷了个精光的情形，当然这时我已经远远地脱离了上午的那种窘境，所以提起这件事来心情也是比较轻松，就像是在讲述别人的遭遇一样，但道格听了却紧锁起眉头，仿佛是他自己遭到了偷窃一般。

到了休息站，道格在停车场停好车，他说他要在这里待一会儿，于是我和他告完别就走到休息站的另一头，准备在休息站停车场的出口处开始搭车。

站在路口还没多久，却看到道格抱着一卷黄色的东西向我走来。原来他从车上翻出了一个旧睡袋要送给我。我现在背包、帐篷、防水垫全都丢了，光拿个睡袋也毫无用处不说，夹个鼓鼓囊囊的睡袋到处跑实在是个累赘，所以一开始就打算婉拒道格的好意。可是道格却坚持要我收下，他说这是他自己的睡袋，我在路上还能用得上，而且这也是他唯一能找出来送给我的东西了。听到这，我停止推辞，从他手里接过了睡袋。道格看到我接受了他的礼物，显得非常开心，再次向我道了别，才转身重新走回到休息站另一边的停车场上去。

我注视着道格离去的背影，看到他在翻动着休息站边上的一个个垃圾桶，这才注意到他原来是来这处休息站的垃圾桶里捡被过路客们丢弃的空易拉罐。这才是他来休息站的唯一目的。

我现在身处密苏里州和田纳西州的边界，时间已近18:00，天空中乌云聚集，看着像是又要下雨。高速公路旁的休息站都不允许人留宿，再说这附近也没有什么城镇，考虑了一下，决定还是继续赶路，争取能搭个长途车走远一些，最好到有城市的地方，以便重新置办丢掉的用品。

想搭长途车，那自然应该打那些长途货运卡车的主意。这个休息站不是专门的卡车休息站，只有我身边的停车场上稀稀拉拉地停着几辆重型卡车。这时我也顾不了许多了，只有主动走上去一辆一辆地直接向这些卡车司机求助。

当我刚准备开始这么做时，一辆重型卡车就轰隆隆地驶进了停车场。等卡车停稳，从驾驶室里下来一个长头发的中年卡车司机，他急急忙忙地向厕所走去。看打扮他倒是一副标准卡车司机的样子，直觉告诉我，最好先找这个司机试试看。

在卡车旁等了会儿，那个司机从厕所回来，我上前友好地向他打了声招呼。我的突然出现让这位司机略微感到有些意外，当他听完我的说明之后，显得有些为难，说他车上带了两条狗，不太方便，似乎不是很情愿的样子。但我没有轻易放弃，而是进一步向他说明了我的遭遇和困境，诚恳地希望他能发善心送我一程。这个司机最后有些勉为其难地点头同意了，但又说只能送我到15公里外的一处卡车休息站。我听了只是连声感谢。

上了这个司机的卡车，果然里面养着两条狗，个头都不是很大，其中一条看上去是年事已高的老狗，一直窝在座位后面几乎不太动弹。

这个司机叫William（威廉），话很少，脸也显得很沉，更多的时候只是静静地听我讲述着我的旅程。

车在高速公路上开了一会儿，威廉突然告诉我，他可以一直送我到阿肯色州的W. Memphis（西孟菲斯）去。这个消息真是令我惊喜，我虽然不清楚他为何又改了主意，但到西孟菲斯那就可不是刚开始说好的15公里，而是将近200公里的行程了。

上路没多久，车外狂风大作，下起了瓢泼暴雨，密集的雨点劈打着卡车的窗户，高速公路上的能见度不足50米。看到这些我满心庆幸地告诉威廉，很感谢他愿意搭我，否则的话，在那个几乎没什么遮掩的简易休息站遇到这样猛烈的狂风暴雨，连把伞都没有的我真不知道该如何才好。

过了一会儿，一直都很沉默的威廉这时才告诉我他以前也搭过车。30年前，在他17岁时，威廉从阿肯色州的Little Rock（小石城）一直独自旅行到了加利福尼亚。在路上，一个卡车司机搭上了他，把他从阿肯色送到了亚利桑那。他们一起旅行了很多天，那位卡车司机不光搭了他，一路上还替他付了旅馆和吃饭的所有费用。回忆起这段遥远的经历，我可以看到威廉本来有些沉闷的双眼开始显出点点光芒。

风雨中一路兼程，20:00，我们终于到了西孟菲斯。威廉将车开到了一家规模庞大的卡车休息站，他告诉我这里是附近最大的卡车休息站，我应该不难找到南下新奥尔良的卡车。威廉在车上详细地告诉了我这个卡车休息站的方位和适宜搭车的地点，然后他在休息站占地宽阔而嘈杂的停车场上找到个空位将卡车停好，然后才对我说："你大概想洗个澡吧？"我点点头，于是他转身到卡车后面的休息室衣橱里翻出一套干净的牛仔裤、T恤衫、内裤和袜子交给我说："我领你去休息站的淋浴房，这些都是我的衣服，你拿去换了吧。"

跟着威廉进了休息站的服务区，他到柜台替我付了洗澡票。在西孟菲斯这家卡车休息站设备齐备的淋浴室里，我花时间将这几天存积下来的污垢和疲劳都痛痛快快地洗刷了个干净。换上威廉给我的干净衣服，走出淋浴房时，却看到威廉还在外面等着我。他让我跟着他来到了休息站的食品柜台，让我挑了一条火腿生菜夹馅面包，替我付了钱，然后才说他这就要走了。

我计划在休息站的司机休息室里打发一晚，第二天早上再搭车去新奥尔良。听到威廉说他要走，我一直送他到了门外。分手时，威廉掏出钱包，抽出一张纸币要递给我。我摇头说道："威廉，谢谢你，我现在已经没问题了，你已经给了太多的帮助，我不能再收你的钱。"他笑了笑没有再坚持。我俩简单地互相道完别，我站在门廊下，看着他走入停车场，直到最后消失在了漆黑的夜幕中。

回到休息站内，我去柜台买了几张明信片，然后在司机休息室里找了一张空桌子坐下，开始写今天的日记和准备寄给朋友们的明信片。对于我来说，这真是漫长的一天。

当我正在桌子边忙着写明信片时，一个留着披肩金色长发的年轻男子突然出现在我面前大声地说道："嗨！你是翔吗？"

我愣了一下，然后点了点头。"你找我有事吗？"

"我刚才正在卡车上休息，听到无线电里有个卡车司机在呼叫，问谁要去新奥尔良，有一个中国人需要搭车去那里。我正好明早就去新奥尔良，就答应了下来。他让我到休息室来找你，这地方里里外外就你一个亚洲人，所以我一下就认出你来了。"

听到这里，我心里就明白了：那一定是威廉。

这个年轻的卡车司机叫David（戴维），从得克萨斯来，他和我约好第二天早上在停车场碰头的时间和地点就又回他自己的卡车休息去了。

卡车休息站的司机休息室有桌椅供过路司机们小憩，但是不允许放倒身子在里面睡大觉，另外位于交通枢纽西孟菲斯的这家卡车休息站也繁忙异常，整个晚上休息室里过往司机们出出进进，人声鼎沸，也没法好好打个盹，所以我在里面干坐了一晚，一直等到天明，才按照约定来到停车场说好的地方找到了戴维的卡车。

在初升的朝阳中，我们的卡车驶出了阿肯色州这个位于三州交会点的卡车休息站，跨过早晨阳光照耀下泛着条条金色波纹的密西西比河，进了田纳西州，然后向南立刻就过了密西西比州的边界。

在美国南方这个明媚夏日的清晨，我已经坐在55号州际公路上的这辆大卡车上，向着650公里之外的新奥尔良直奔而去。

三

“我这真的是在美国吗？”眼前的这些景象让我实在忍不住在心里问道，这一切和在电视上见识过的那些无可救药、没有希望的贫民窟没有任何区别。

戴维生于加利福尼亚，不过他更以一个得克萨斯人为傲。当我在路上向他提起在中部搭便车之难时，他就开始一路不断自豪地向我灌输得克萨斯人是如何的豪爽大方，若我在得克萨斯旅行完全不用担心搭不到车。

其实在上路前我早从一些搭车客的游记里得知，得克萨斯是美国为数不多的对搭车客依旧友善的地方。路上也曾考虑过在丹佛而不是圣路易斯就转向南边，经由得克萨斯去新奥尔良。不过那样的话我就必须路过俄克拉何马州。可是在丹佛那个倒霉停车场遭遇到的两个俄克拉何马司机让我倒胃口，于是当时我选择了绕过俄克拉何马，继续东进，也因此就错过了得克萨斯。

进入了密西西比州，也就算进入了美国真正的南方。这里的地貌环境和中部的密苏里显著不同，公路两旁是绵延不绝、没有丝毫缝隙的亚热带丛林。“丛林”这两个字贴切地表现了高温、湿润的亚热带森林与美国西部和中部那些温带森林之间的区别：在那些地方，每片树林基本上都长着同样种类的树木，树与树之间多少也相隔有序，整齐划一，有“林间”这个概念。但在密西西比，所有的森林都高高低低、五花八门地由各种不同种类的树木组成，而树木间也密密麻麻地长满了灌木青藤，从外面望去宛如一堵严实、厚重的绿墙，丝缝皆无，密不透风。根据我的经验，在这样的树林里找合适的宿营地大概不容易。

戴维非常健谈，甚至是太爱说话了，从他小时候的经历，到他从军参

加海湾战争，再到他现在是如何同时在数个小妞之间周旋自如，反正一路上也不管我在不在听，他都在说个没完。

而我这时却沉默地坐在副驾驶席上，没有留心戴维在说些什么，只是在心里默默回想起昨天的遭遇来。

很多时候，当遭遇到重大变故时，只有在一切都沉寂下来时我们才能有余暇真正看清其全貌。

昨天在圣路易斯背包被偷，对于身在旅途的我来说是一个不折不扣的挫折，但现在静下来想想，以我这种方式做如此长的旅行，其实或早或迟，这样的事终究是会发生的。而且我终究还是幸运的，一个本来也许会很危险的遭遇却是以一种对我危害最小的方式发生。

背包虽然被偷，但偷我背包的人甚至没让我有机会看到他一眼。在圣路易斯那种地方，抢劫者从车里掏出把枪，在车流稀少、人迹罕见的郊外给发现自己的受害者来上一枪以便灭口的可能性并不是没有。

况且我没有失去自己的日记本、照相机这些对于我的这场旅行最重要又最有意义的东西。而且正是因为背包失窃，我才得以遇到加里、道格、威廉这些人，得到他们的帮助，奇迹般地让我一天就能从密苏里抵达一千多公里外的新奥尔良——本来我根本就没指望过会这么顺利。

想到这些，对于偷我背包的那个盗贼，心中已经毫无怨恨，反而真心地感谢他替我减轻了旅途的负担，加快了我的旅程，使我遇到了这些善良的人们，增加了许多可贵的经历和回忆，让我的这场旅行更加完美。

前一天晚上一夜没睡，其实一连几天都没好好休息了。坐在高高的驾驶台柔软、舒适的宽大座椅上，一边看着窗外高速公路两旁一成不变的亚热带密林，一边想着自己的心事，在戴维滔滔不绝的唠叨中，我终于熟睡了过去，直到卡车从北到南纵贯了整个密西西比州，进入路易斯安那州，最后上了进新奥尔良市必经的Lake Pontchartrain Causeway（庞恰特雷恩湖堤道）。我们的卡车沿着这条全长38公里的堤道，穿过环绕新奥尔良的重重沼泽和宽广的庞恰特雷恩湖面，在一阵淅淅沥沥的细雨中进入了新奥尔良市区。

戴维在新奥尔良市区西南边、密西西比河边放下了我。向戴维道完别，我一边问着路，一边向市中心我事先查好的青年旅社走去。

美国众多城市最大的特色就是它们都没有什么特色。走遍美国，我见识过的绝大多数城市都是一个样子：宽敞、整洁但光秃秃的马路；构造雷同、泾渭分明的商业区和住宅区；商业区的高楼都是实用、单调的立方体，而住宅区的一处处房屋、院落也如同一个模子里倒出来的，毫无变化；还有遍布全美，从外表到内部装修都毫无差别的沃尔玛、西尔斯这样的大卖场和麦当劳、星巴克这样的连锁店。走在美国的城市里，总让人无时无刻不产生一种似曾相识的感觉。

新奥尔良则完全不像是一个美国的城市。刚下过雨的道路还湿漉漉地反射着天空的光芒，街道上随意散落着一些垃圾，这在美国其他城市是很难想象的。路两旁是密集、老旧的南欧式木楼，二层楼上冲着街道的一侧都悬着摆放着各式盆栽花草的阳台。我到的这天刚好是星期六，街道两旁的居民们都在自家的门前摆开一个小摊子，把家里用不上的物件、家具拿出来兜售，这种周末garage sale（旧货摊）倒是典型的美国传统。

我路过的这个街区的居民大都是白人，一路沿街道走去，两旁的小摊子上多是些油画、雕塑之类精巧别致的艺术品。我一边饶有兴致地浏览着路边摊子上这些风格各异的艺术品，一边小心躲避着身旁狭窄道路上擦身而过的来往车辆。

走在第一条街道上，已经能够清晰地感受到这个城市的特殊气质和艺术情调。一直走到小街尽头，拐上了一条主街。

说是主街，比起美国其他城市来实在也算不上什么。但这条街道的两旁间隔有序地长满了枝干粗大、树冠茂盛的榕树。这些榕树看上去都年纪不小，树身上粗壮的枝干已经长长地垂到了旁边人家院子的草坪上。主街的中央铺着一条城市轨道电车的铁轨，不过这条铁轨显然已荒废了许久，枕木间长满了杂草，钢轨也是锈迹斑斑。上了开往市中心的公共汽车，被司机告知不用买票，自从2005年8月卡特里娜飓风之后，整个新奥尔良的公共交通系统都对乘客免费。这对我来说倒是个好消息。

中午时找到了位于市中心的那家青年旅馆，交了20美元，在一个有4张床的房间里预订了床位。然后我向旅馆主人—— 一位老者，打听附近有没有什么大卖场。我现在身无长物，但整个旅程却还只走了一半，必须得重新置办一些旅途用品以便继续下面的旅途。旅馆主人告诉我向南再走几个街区，在密西西比河边上就有一家沃尔玛。

顺着旅馆主人的指点，出了旅馆，越过主街，往南向着密西西比河畔走去。

虽然都是老建筑，主街这边还多少显得整洁、气派，可是过了主街，没走上两个街区，两旁的建筑就明显破败起来。马路两旁的人行道上堆满了垃圾。

在大路上，我看到了一条躺在路边的死鱼。这是一条河鱼，全身干瘪，落满了灰尘，但形状依然完整，显然它躺在这个地方已经很久了。这条死鱼让我感到有些不可思议，它本应该自由自在地和同类们成群结伙地游荡在密西西比河中，而不是孤单、寂寞地躺在新奥尔良这条肮脏破旧的街道上。不过很快我也就明白了这是怎么回事：2005年卡特里娜飓风的时候，庞恰特雷恩湖决堤，整个新奥尔良80%的街道都被淹没，这条鱼一定是那时候随着洪水游进新奥尔良市区的。后来市区的水又被抽回庞恰特雷恩湖和密西西比河，但是这条鱼却永远地留在了这里。但真正令我惊奇的是：这条鱼显然从那时开始就和路旁绵延的垃圾堆一起待在了这里。

“我这真的是在美国吗？”眼前的这些景象让我实在忍不住在心里问道，这一切和在电视上见识过的那些无可救药、没有希望的贫民窟没有任何区别。

走到河畔的那家沃尔玛，这是座占地广大的仓库式建筑。可是走进去才发现，偌大的商场里空空如也，只有大约1/3的货架上放着货物，而且都是食品之类，根本就没有我想买的宿营用品。这时才回忆起来，卡特里娜飓风时，电视新闻里直播过一家大卖场被众多当地居民抢劫的光景，那家大卖场就正是我眼前这家沃尔玛，看来它依然没有从大半年前的劫难中恢复过来。

最后我只好买了一些食物，然后提着几个装满面包、水果的塑料袋又走回到青年旅馆。

四

在这一片无序的混乱中，一支低音号与一把大提琴演绎出的与四周环境同样显得有些随意和无序的缓慢旋律，透过新奥尔良闷湿、钝热的空气向着我幽幽传来，毫无阻挡地渗进我的心中，然后在全身弥漫开来。我就像被童话中的魔法定住一样，除了悠缓的音乐，四周的一切仿佛都荡然无存。

傍晚的时候，我冲了个澡，换上件干净的衣服，然后出门坐上公共汽车去了新奥尔良最著名的French Quarter（法国区）。

法国区位于新奥尔良市中心东边，背靠密西西比河，是一片塞满各种光怪陆离的酒吧、餐厅、旅馆、夜总会还有脱衣舞厅的拥挤街区。

新奥尔良是美国历史最悠久的城市之一。早在16世纪初，最早的法国殖民者就在路易斯安那最南端、墨西哥湾岸边、被密西西比河弯曲环绕的沼泽地上建立了这座城市。新奥尔良先被法国统治了40年，然后被西班牙人抢了过去继续统治了40年，后来又被法国人抢回来，最后才被财政窘迫的拿破仑卖给了美国人。

新奥尔良在历史上的这种曲折经历让它有别于美国其他城市，深受各种不同文化的影响，再加上新奥尔良特殊的地理位置，四周是大片的湖面、沼泽，孤立于外部世界之外，所以，新奥尔良自身独特的文化风俗一直能完整地保存下来。在我眼中，从城市格局，到街道景象，再到这个城市居民们的着装和散漫行为，甚至他们所说的英语都和我所熟悉的美国是如此不同。

法国区是当年西班牙人统治新奥尔良时法国移民的主要聚居区，所以，整个街区的建筑都散发着浓厚的法国气息，就连街道也多以法语命名。顺着熙熙攘攘的人流，我独自游荡在法国区著名的Bourbon Street（波旁街）上。马路两旁都是两三层楼高的小楼，各种酒吧、餐厅、夜总会布置得花花绿绿，店员们站在门口殷勤地招揽着过路游客。

在拥挤的街道上，我在灯红酒绿的法国区转了一大圈，然后又回到波旁街，打算找处地方休息一下。

波旁街两旁密集的夜总会里传来震耳欲聋的快节奏重金属音乐声，一家又一家的酒吧里挤满了从世界各地来找乐子的游客。不过孤身一人又饥肠辘辘的我此时对于这些没有什么兴趣，只想找处轻松自在的地方能好好吃上一顿。在街道各种嘈杂的声响中，一支低音号隐隐传来的如诉乐声牵住了我的心，寻觅着这把低音号的声音，我来到路旁一家露天爵士乐餐厅。

在杂乱、拥挤的院子里，我找到了一张小铁桌。院子一头的小舞台上，一个叫Steam Boat（蒸汽船）的三人爵士乐队正在整个波旁街鼎沸、杂乱的噪声中不为所动地专注地演奏着他们的乐曲。

我一直无法理解当年第一个中国译者是出于何种目的将“Jazz”翻译成“爵士乐”这个透着一股子贵族气的名字，事实却恰恰相反：爵士乐和优雅的贵族们无任何关联，而是一百年前由那些绝望、无助的黑奴们在新奥尔良这块土地上创造出来的。

当年那些创造爵士乐的黑奴们没有文化，甚至连乐谱都不认识。在黑暗的蓄奴年代，在整个美国南方，新奥尔良是对黑人们最宽容的地方。这里有自由人身份最多的黑人居民，法律也允许他们在休息的时候可以到公共场合聚会，这在当时的美国南方是独此一处，绝无仅有。这些远离家园、流离失所的黑奴们把他们记忆中故乡的音乐和西方的乐器结合起来，然后产生了爵士乐。

爵士乐对于我来说很难用喜欢或者不喜欢来界定。偶尔也会听一听爵士乐，但是它总是给我一种太冷的感触，听久了会令人心中升起一股颓废，因此虽然也算喜欢爵士乐的风格，但我向来有所节制，不让自己去沉浸其中。

可是这一次，我却有了一些不同的感受。坐在新奥尔良法国区这个拥挤混乱、谈不上什么格调、品位的街头餐厅，听着舞台上那三个衣着随便的乐手的演奏。身旁的街道上熙熙攘攘，人声鼎沸。相邻的小店灯红酒绿，杂乱无章。铺着石砖的地面有些潮湿肮脏，四周环绕着密集陈旧、充满南欧情调的低矮楼房。

在这一片无序的混乱中，一支低音号与一把大提琴演绎出的与四周环境同样显得有些随意和无序的缓慢旋律，透过新奥尔良闷湿、钝热的空气向着我幽幽传来，毫无阻挡地渗进我的心中，然后在全身弥漫开来。我就像被童话中的魔法定住一样，除了悠缓的音乐，四周的一切仿佛都荡然无存。

那一刻的经历让我从此难忘，也如此疑惑，于是我执著地想找到答案。当走完漫长的旅程，有一天坐在纽约第五大道市立图书馆恢弘、肃穆的阅览厅里，在一摞介绍美国文化历史的书中我看到了这样的论述："……爵士乐充满了即兴和随机应变……而所谓的即兴和随机应变正是来源于黑人们的痛苦经历。假如你是一个黑奴，语言、食物、生命中的一切要素都骤然改变，如果你不能做到随机应变，那你必然会发现自己身处一个充满痛苦的世界里……白人们同样在爵士乐中找到了某种与他们自身经历密切相关的东西，假如我们不是一个移民国度我就不能确定是否还会这样。在这个移民国家，每个人都心怀一种流离失所、远离故乡的感觉，现在，终于你找到了一种音乐能叩动你心中的这种身处异乡的孤独……"

在新奥尔良我前后滞留了3天。在这3天里我没有浪费一刻时间，从白天到深夜都在这个奇异不凡的城市中四处游荡。白天有空时我去了新奥尔良市政厅一带的市中心。那里高楼林立，本是繁华的商业办公区。可是当我行走在空寂的街道上时，毫无例外，几乎所有的高楼都已关闭。高楼外面的窗户支离破碎，只是用木板简单地封了起来，这些显然都是卡特里娜飓风的杰作。

这个城市的街道杂乱无章，一个个标识牌东倒西歪，红绿灯斜翘到一边，不知到底是在往哪一个方向发出指示。大街两旁的众多店铺也多停止了营业，最多在入口处贴着“近日重新开张”的布告，却无一注明了具体开张日期。在衰败、萧条的新奥尔良市中心，让人只有一种强烈的感觉，仿佛卡特里娜飓风不是发生在7个月前，而仅仅是在上个星期。

借卡特里娜飓风的光，我利用最多的当然是这个城市劫后余生的免费公共汽车。毋庸置疑，每天和我一起利用免费公共交通的基本上都是新奥尔良为数众多的黑人居民。在这些略显老旧的公交车上，偶尔也有少数白

人乘客，但他们大多一副正襟危坐、小心谨慎的样子，似乎在竭力避免和身旁的众多黑人乘客们发生接触。

我却不是这样。孤身坐在这些陌生的黑人当中，每次我都会与身旁的黑人乘客们主动攀谈，而这些黑人也都能欣然接受我的搭讪，毫无隔阂地与我侃侃而谈。

一次我身边坐了一位年长的黑人，他身上的衣服虽然不是什么名牌，但也不像大多数对于穿着不甚讲究的美国人，随随便便一件T恤衫和一条牛仔裤就打发了事。这位黑人老先生戴着一顶浅色贝雷帽，打着领结，身上的长袖白衬衣一尘不染，下身配着一条烫得平平整整、剪裁得体的米色吊带西装裤。他的打扮干净利落，气质不俗。看得我不禁问道："先生，你是位艺术家吗？"

这位黑人老者听了先是一愣，然后笑了起来："不，我只是个普通人。"

"哦，可是你的打扮让我觉得你像一个艺术家。"

"是吗？"这位黑人长者显然对于我的评价非常开心，很自豪地说道，"在新奥尔良，大家都是这样。和别的地方不同，新奥尔良人很重视自己的仪表。"

还有一天深夜，在法国区逛完，我在附近的公共汽车站等车回旅馆。虽然自从卡特里娜飓风之后新奥尔良的公交车全都免费，但是这些免费的公交车却从来没有准时过。在等车无聊的时候，我和一起站着等车的一个五十岁左右的中年黑人聊起天来。

当这个叫约瑟夫的中年黑人得知我从中国来时，显得非常兴奋，他告诉我他最崇拜的人就是毛泽东。当约瑟夫说到毛泽东时，他居然能非常准确地用中文发出"毛泽东"这三个音节，令我印象深刻。我和约瑟夫天南地北地聊了起来。约瑟夫谈起了越南战争时他在亚洲的经历，我也向他聊起了自己在美国的各种遭遇。

言谈间我问约瑟夫，为什么很多街区到处都是垃圾却无人处理？约瑟夫一耸肩告诉我，自从卡特里娜飓风后就一直这样。

在新奥尔良的青年旅馆，我住的房间里同时住进了一个叫Kenji的日本人。他买了3个月的灰狗巴士通票，正坐着灰狗巴士环游美国。他在日本曾经是一名音乐人，后来因为和唱片公司合不来，索性辞了职，跑到加拿大的温哥华，到他朋友开的一家日本餐厅里去帮忙。当我和他聊起新奥尔良这座城市时，他从一个职业音乐人的角度告诉我，新奥尔良让他非常吃惊的一点是，这里许多在街头巷尾卖艺为生的表演者的水平非凡，"以他们中很多人的水平，如果是在别的地方，那绝不会是在街头，而应该是到正式音乐厅里演奏才对。"

听他这么一说，我想起了在波旁街上的那个露天餐厅的爵士乐手们，在演奏的间隙，为首的那个叫威利的小号手简短地在麦克风里说一声："先生们，女士们，我们是在这里通过表演谋生，希望诸位能给予我们您慷慨的支持。"然后就举着一个大号马口铁罐子在拥挤的院子的餐桌间走一圈，任凭桌子旁的客人们自愿往铁罐子里投钱，态度坦然。

晚上，我邀请Kenji和我一起去法国区，但他回答说白天已经去过了，晚上就只打算待在旅馆里哪都不去。"可是夜晚的新奥尔良才是真正的新奥尔良呀！很多街头表演都在晚上，那些著名的舞厅、酒吧也只有夜晚才开放，不去看看这些地方怎么能算是到过新奥尔良呢？"我有些不解地向他解释道。

"我听说新奥尔良是个治安很差的城市，晚上还是待在旅馆里比较安全些，再说我家里人也不要我晚上出去。"他对我的劝说毫不动心。

我没有再多说什么，只是在心里摇了摇头。这个城市的精华和最迷人的一面也只有在它的夜色中才能得到淋漓尽致的展现，况且许多危险只要处事谨慎小心是完全可以避免的。我实在有些无法理解他。当然我也知道很多像他这样的旅行者，他们在旅途中的恐惧和患得患失阻止了他们自己去从容、深刻地领略路途上的美丽，让他们忘记了旅行真正的目的。

在新奥尔良的第四天，也是我离开的日子。在这种城市，路边搭车显然不是一件明智的事情。经历了圣路易斯南郊的变故之后我也变得更加小心，所以决定先出了这个城市，到离它远一些的地方再开始搭车。

早上我和也是要离开新奥尔良的Kenji一起从我们下榻的青年旅馆走到位于市中心的灰狗巴士车站。我花了9美元买了张往东走的最便宜的车票，刚好够我出新奥尔良，渡过庞恰特雷恩湖，一直坐到东边约50多公里外，庞恰特雷恩湖西岸的小城Slidell（斯莱德尔）。

新奥尔良的灰狗巴士站和火车站在一起，当我俩来到候车室时，Kenji突然用日语和候车室里坐着等车的一个日本年轻人打起招呼来。我一瞧居然认识，昨天晚上在青年旅馆的院子里我们一起聊过天，可那个日本年轻人是昨晚才到新奥尔良的，怎么只待一个晚上就走了？

等走到巴士检票口时我把自己的疑惑告诉了Kenji。他说那个日本年轻人买了铁路公司的通票，正在坐火车转遍美国，他的目的就只是坐火车路过美国大陆所有通火车的著名地点，而对于这些地方本身那个日本年轻人并没有兴趣。

听到这里我哑然无语。虽然铁路公司显然会很欢迎像那个日本年轻人一样慷慨的捐助者，但他对旅行这件事独具一格的诠释还是远远超出了我的常识范围。尽管我总是极力让自己去理解这个五花八门的世界，和身处其中、千奇百怪的各色人等，但这个世界却依然能不断地带给我各种匪夷所思的惊奇，令我只有沉思无语。

Bourbon
2 FOR 1

JOAN OF ARC

密西西比州
亚拉巴马州
佐治亚州
里奇蒙希尔
迪索托国家森林
莫比尔
新奥尔良
杰克逊维尔
大西洋
佛罗里达州
墨西哥湾
奥基乔比湖
克莱维斯顿
迈阿密
霍姆斯特德
基韦斯特
加勒比海

17 穿越**深南**

一

令我绝望的是，老者依然乐呵呵地说了一大堆我一个字都不明白的话。毫无办法，我只好拿上包下了车，走到附近的加油站一问：果然，走错路了。我要去的是东边，却被这个好心人带到了北边的59号公路上。

9:30离开新奥尔良，30多分钟后灰狗巴士就已经越过了横亘在庞恰特雷恩湖浩瀚水面上的大桥，抵达了斯莱德尔。

在斯莱德尔小镇公路边的一个简易停车站下了车，向当地人打听了一下，得知附近就有家沃尔玛，按照指点走去，看看那家沃尔玛能不能补齐我在圣路易斯被偷掉的旅行用品。

结果这家沃尔玛依旧是让我大失所望。不像在西部，南方这些大卖场的野营货架都单调乏味，毫无选择可言。我的购物单上第一项是一个大旅行背包，可是翻遍整个商场，就只找到几个小学生用的色彩鲜艳、印着花花绿绿的卡通人物的双肩书包。我还迫切需要一顶轻小、便携的单人帐篷，货架上却尽是些又大又沉的家庭用多人帐篷，找了半天，实在没有办法，只好选了个儿童用帐篷，因为那是货架上重量、尺寸唯一能够让我背在身上旅行的野营帐篷。最后还买了一个单人野营防水垫、一个绒布薄睡袋、一个大号马桶包，再加上两瓶水、一袋干面包圈。我就在沃尔玛门口把这些东西一股脑儿塞进新买的马桶包，然后斜背着它上了高速公路。

我现在的路线是搭车沿着10号州际公路一直向东穿越密西西比州、亚拉巴马州，到佛罗里达北部，然后从那里转向南，纵贯整个细长的佛罗里达州，直插到美国本土的最南端、深处于加勒比海上的小岛Key West（基韦斯特）。

在斯莱德尔镇外的10号高速公路入口处站了会儿，一辆破旧的小皮卡停了下来。司机是个套着件满是破洞的旧汗衫、又干又瘦的老者。他脑袋全秃了，门牙也掉了个精光，再加上本来就瘦，整个脸都瘪成了一团。

这位老者倒是自始至终一副乐呵呵的样子，我告诉他我要上10号公路往东，问他是不是去那个方向。他自顾自地说了一大堆，我使劲听了半天也没弄懂一句，可看着他那副开心的样子，又寻思着大概不会有错，就上了他的车，由着他去了。

在老者的车上，我试着和他聊了会天。他倒是叽里呱啦地说个不停，可是具体说的是些什么我却一个词都没明白，唯一能确定的是：他说的大概是某种口音极重的英语方言，每一个元音都夸张地拖得很长。这让我颇有挫折感，于是换了个方式，尽量聊一些简单的话题。当我问他做什么工作时，大致听懂了他是靠养殖某种东西维生，可是那到底是个什么东西却又没听明白。当我不解地再向他请教时，老者以一副“你怎么可能会连这个都不知道”的神情大声向我重复着一个单词。我满腹疑惑地听了半天，正在绞尽脑汁地琢磨着那到底是什么时，脑袋中突然灵光一闪：在佩奇时，莉兹向我聊起她在亚拉巴马的经历时不是曾经说过这个单词吗？那就是“狗”嘛！

这么个最简单的英语单词却花了半天时间才明白，顿时我也没了脾气，看来这地道的南方口音还真不是我想象的那么容易对付。

公路两旁的亚热带雨林越来越密，我心中的疑团也越积越多。从地图上看，10号公路一直都是沿着靠墨西哥湾的海岸线修建的，那么至少在右侧或多或少应该看得到大海，但我们在路上走了半天，不要说大海，就连个水塘也没有。我和老者又难以沟通，不管我说什么他都是乐呵呵的，而我却是越来越乐不起来了。

终于，搭我的老者在一处岔口停下车来，看样子他要拐上旁边的支路，所以打算在岔口放我下去。我迟疑地最后一遍向他打听：“这里还是在10号公路上吗？”令我绝望的是，老者依然乐呵呵地说了一大堆我一个字都不明白的话。毫无办法，我只好拿上包下了车，走到附近的加油站一问：果然，走错路了。我要去的是东边，却被这个好心人带到了北边的59号公路上。

翻出地图一查，我现在要么再由原路返回斯莱德尔的10号公路边，要么继续北上，进49号公路再向南折回到10号公路，这样走就要比重返斯莱德尔绕上许多路。不过我一向不喜欢走回头路，而且在地图上看，49号公路恰好是从De Soto National Forest（迪索托国家森林）中间穿过，看上去风景似乎不错，而且也是个近距离接触美国南方亚热带雨林的好机会。我于是最终还是决定继续北上，经由49号公路再回南边。

我斜背着马桶包，胳膊下夹着自制的一块路牌刚来到公路旁，还没找好搭车的地点，一辆皮卡就已经在我身旁停了下来。

这回是个中年人，穿件黄色T恤衫，戴副墨镜，留着长长的浅黄色络腮胡子，但脑袋上却没有一根头发，光秃秃地反射着闪亮的光泽，再加上他的阔鼻高额，整个人看上去活脱脱就像个寿星佬。

这个中年人说他看到我拿着块路牌在马路边走，大概是要搭车，就主动停了下来。我忙点头称谢，上了他的车。

路上中年人告诉我他是去丈母娘家。在卡特里娜飓风中，他的房子和所有财产全都被毁了，现在一无所有，只有和老婆住在丈母娘家。途中这个中年男子还指着窗外，让我看公路两旁大片大片东倒西歪，甚至被拦腰截断的林木，他说这些全都是上次飓风造成的。看到这些横七竖八倒伏在路边的树木，我再次对卡特里娜飓风的可怕威力有了清晰的认识。

在59号公路上向北又走了一程，在另一个岔路口我和这个长得像寿星佬的男子分了手，继续站在车来车往的59号公路旁开始搭车。

等了一个小时，一辆纽约牌照的重型货车慢慢停在了我的前面，我连忙上了这辆卡车。司机是个约五六十岁、胡子拉碴的老司机。我连声向这个老司机表示感谢，他却说道："我老早就知道你在这里搭车了。"

我一愣，不明白他为什么这样说。那个老司机才接着说："刚才在前面就从无线电中听到路上别的卡车司机说这里有个亚洲人站在路边搭车。我就想：深南州到处都是些无聊的红脖子，这些红脖子是不会让这个亚洲人搭他们车的，搞不好还会找他麻烦，我得把他从这鬼地方弄出去，所以就开始留意起路边的你来。”

Red neck（红脖子），是美式英语中的一个俚语，泛指生活在美国那些保守、落后的乡村地带，贫穷粗鲁、没有文化、具有强烈种族主义和排外倾向的白人劳动阶层。美国南部，尤其是深南各州更是被外界深深打上了这个烙印，在很多时候“红脖子”这个词就是专指深南州的白人。

从西部过来，一路上我听到了各种关于深南州的耸人听闻的传说。不少人甚至劝说我尽量避开这块地方。可是当我来到这片土地，独自穿行在南方各州的乡野间时，一路的经历和遭遇却带给我与那些可怕的传闻完全相反的感受。在深南州我根本没有遇到任何麻烦，没有人来骚扰我，搭车也还算顺利。甚至当我大摇大摆地走在高速公路上时，过往巡逻的警察们对我也熟视无睹，毫不介意。

在南方州里，唯一不断来找我麻烦的就只有这里的蚊子了。离开中部，越往南走草木越茂盛，等到了湿润、高温的深南州时，这里更是蚊子们的天堂，它们个个食欲旺盛，凶猛异常，大白天里居然也敢明目张胆地追着我咬。

这个来自纽约的老司机一路把我带到59号公路与49号公路的交叉口。下了车，已近黄昏，四周都是茂密的雨林。看着天色已不早，决定今天到此为止，到公路旁的树林里找个地方先宿营再说。

正当我挎着包沿着公路边走边留意路旁是否有合适的宿营地时，又是一辆白色的皮卡主动在我身旁停了下来。司机叫Todd（托德），是一个建筑工，他听说我要沿着49号公路一直往南到100公里外的10号州际公路上时，就让我上了他的车，托德说他可以搭我往南再走30多公里。

最后托德在迪索托国家森林公园的正中、49号公路上的一座桥梁边放我下来，他要在这里转上另外一条往东的路。托德告诉我，这座桥下面有平地，我可以到桥下面宿营。

按照托德的指点，探视了一下身边这座桥梁下面的平地：桥并不高，一条小河在桥下缓缓淌过。桥面下，小河岸边倒是有一些杂草密集的平地，可是我抬头看了一眼天空中正在聚集的云层就决定还是换个地方。夏天的亚热带雨林暴雨频发，这座桥下的空地地势又不是很高，别看现在这条小河还是一副涓涓细流、小鸟依人状，可是若一遇暴雨，瞬间就可能变成狂涛洪流，席卷周围一切，显然，在这种地方宿营绝非明智之举。

二

不知什么时候，一只闪烁着晶莹绿光的萤火虫飞进了帐篷中。在湿热如蒸锅的丛林和震耳的虫鸣声中，它清冷翠绿的荧光，在黑暗中显得晶莹曼妙，它的舞姿优雅而又神秘。我像禅师一般盘腿坐着，一动不动，生怕惊扰了它，只是用双眼追逐、捕捉着这位孤独、从容的访客。

踩着茂密过膝的杂草，我走进了路旁阴暗、闷湿的雨林。我打算到林间找处地方过夜。可是雨林里遍地都是潮湿、松软的腐质土壤，散发着难闻的气息。地面表层覆盖着厚厚的黑色腐烂落叶，在这些落叶间可以看到各种各样的昆虫在爬行、蠕动着。

我没有停下脚步，又继续在茂密的丛林中穿行了一会儿，最后终于在林间找到一条人工砍伐出来的防火带。这条窄长防火带上的泥土虽然潮湿依然，但比起落满腐烂的枯枝败叶、终年不见阳光的阴暗雨林却又要好上许多。

等在闷热的林间空地上搭好今天上午才买的那个儿童帐篷后，身上的衣服也已经完全湿透了。脱下不知道是被汗水还是林间的露水打湿的T恤衫和牛仔裤，我全身赤裸只穿了条短裤，把打湿的衣服摊开晾在了身旁的灌木丛上。

这时已经是晚上七八点，夜幕像一个沉重的黑色锅盖把四周严实地罩了起来，密不透风的雨林更是把森林深处的这一小块岌岌可危的空地牢牢地围在了当中。

钻进帐篷，这个廉价的儿童帐篷不像被偷掉的那个专业单人帐篷，没有纱帐，只是在帐篷一侧的塑料布上开了一个小小的窗口通气。半弯着腰坐在这样一个又小又不透气的塑料帐篷里，没一会儿里面就像桑拿房一样闷热、窒息。身上的汗水像泉涌一样从身体里向外汩汩地流淌着，看得我不由心想：要是照这样流下去，等熬到明天早上大概我也就成木乃伊了。

无奈中只好又把帐篷入口的拉链全部拉下来，让帐篷的一面完全敞开。帐篷里稍微透了些气，但是蚊子们也跟着蜂拥而至。

我光着膀子静静地坐在帐篷里，任凭这些蚊子在身上叮咬，并不去费力驱赶它们。倒不是我不怕蚊子咬，只是一路上在与这些就像“革命志士”一样个个视死如归、前仆后继且又数量庞大的蚊子们的战斗中，我早就领悟到：任何打算将它们驱除、消灭的尝试都将是徒劳无谓的。

我当然也可以坐在雨林深处，在这片长满杂草的空地中拍上一夜蚊子，但最终除了留下满身血迹斑斑的蚊子尸体和一夜辛劳不眠的疲惫之外，身上的包一个也不会少。根据以往的经验，我早已发觉蚊子们似乎也有自己的领地，只要把这片领地上的蚊子们给喂得心满意足了，自然就会清静上许多。而如果只是一味想着要把身边的蚊子们除尽，那只不过是在为周围其他领地上更多饥肠辘辘的蚊子们义务扫清道路而已。所以，对这些喜出望外、津津有味地安驻在我身上享受丰盛大餐的蚊子们我都是听之任之，反正它们也吃得不多。

坐在蚊子和汗水中根本无法躺下睡觉。夜色中，亚热带雨林的土地开始蒸腾而起的湿热气息也令人喘不过气来，有时真恨不得用手拨开面前沉重、厚闷的空气中悬浮着的密密水珠，呼吸上一口清新的空气。

坐在黑暗中我慢慢调整着呼吸，努力让自己从内心开始沉静下来，把注意力从各种难耐的感觉上移开。渐渐地，开始感觉到自己的身心慢慢安寂下来，不再似刚才那么烦躁。

在漆黑如墨的雨林中，夜幕降临，丛林中各种昆虫的鸣叫声也随之而起。刚开始还只是四下草丛、林木间偶尔传来的几声蛙鸣虫吟，但这些鸣叫越来越响，越来越连贯，最后汇成一片，竟然就如整个森林都在引吭高歌一般，成为一股恢弘而连贯的轰鸣，撼动着我的耳膜和神经。

在密西西比雨林深处无尽的黑夜和轰鸣中，我一直安坐在自己的小帐篷中，静听着整个森林的合唱，直至午夜来临。

不知什么时候，一只闪烁着晶莹绿光的萤火虫飞进了帐篷中。我从未见过这一种类，个儿要比一般的萤火虫大些，奇特的是，它的荧光不像其他萤火虫那样来自尾部，而是从头部发出的。

这只萤火虫不疾不慢地在帐篷中围绕着坐在黑暗中的我上下前后慢慢地飞舞着。在湿热如蒸锅的丛林和震耳的虫鸣声中，它清冷翠绿的荧光，在黑暗中显得晶莹、曼妙，它的舞姿优雅而又神秘。我像禅师一般盘腿坐着，一动不动，生怕惊扰了它，只是用双眼追逐、捕捉着这位孤独、从容的访客。

午夜过后，暑气稍退，疲惫感却也急袭而来。躺下身子，却发现帐篷太小，腿根本无法伸直，只好蜷缩着双腿。

前半夜在湿热的空气中似睡非睡地躺在汗水中迷糊了半天，好不容易才入了梦乡，可是等到天色微明时，却居然被冻醒了。半睡半醒间坐起身，拿过毛巾将湿漉漉的全身擦了一遍，然后扯过晾在帐篷外灌木丛上的T恤衫套上，将薄睡袋摊开盖在身上，又倒头睡去。

早上6:30左右就再也睡不下去了。起身却发现帐篷内外、衣服、袜子、靴子、挎包，所有的东西都湿漉漉地布满了水珠。收拾了半天，等到7:00，循着昨天的原路出了密林，重新来到49号公路边开始搭车。

公路上第一辆停下来的却是警车，不过他连声让我不用紧张，这个警察甚至都没下车例行公事般地做个简单的询问。他告诉我，看我这样子他就能肯定我昨晚是在森林里露宿了一夜，“我只是很好奇，你怎么有本事能在那林子里待上一夜？那里面晚上温度超过华氏90度（摄氏30度），湿度也超过90%，换了我是绝对办不到的。”

这个警察又向我打听了一些与我的旅行有关的问题，在好奇心得到了满足后，他对我说了声：“对不起啦，我现在是在值勤，没法搭你一程，祝你好运，能很快搭到车。”然后就一踩油门走了。

等这个好奇的警察走了没多久，就有一辆雪佛兰皮卡停了下来。车上坐着三个墨西哥裔男子，他们要去南边49号公路与10号州际公路交会处的海边城市Bolix打工，刚好顺路。

到了Bolix，下了三个墨西哥男人的车，我终于又回到了10号州际公路。果然如在古德兰遇到的那个老牌搭车客詹姆斯所言，10号公路上车流多，也好搭车。没花什么力气我就搭到了车，在10号州际公路上沿着墨西哥湾，一路向东，跨过密西西比州和亚拉巴马州，日暮时抵达了佛罗里达州和亚拉巴马州边界的高速公路休息站。

一天都很顺利，路边搭车基本上都没遇到什么问题，其中值得一提的是中午在亚拉巴马的Mobile（莫比尔），一个开着辆7人座商务车，又高又胖的男子在高速公路上停车搭上了我。他也叫詹姆斯，在一家面包连锁店当经理。上午时他在莫比尔的一家分店上班，下午则去东边位于10号公路边上的另一个城市Daphne（达夫尼）的另一家分店指导工作。

詹姆斯戴着副金丝边眼镜，说话斯文。在路上当他听到我诉说前一天晚上在密西西比雨林中的不堪遭遇，抱怨新买的帐篷很不好用时，就特意开下高速公路带我到附近的一家沃尔玛，看看能不能换一个好一些的帐篷。结果莫比尔边上的这家沃尔玛和斯莱德尔的那家完全是一个德行。看来南方人大概对野外旅行没什么兴趣，我本来还以为凡是美国人都和我一样有这个爱好的。

到了达夫尼，当我下车时，詹姆斯告诉我：他工作的那家面包店就在高速公路边的购物中心里。詹姆斯最后说，如果我到晚上还没能搭到车，就去面包店里去找他。他下班后带我回他家，在他家住上一晚："你可以到我家吃点热的东西，洗个澡，也不用住在树林子里头让蚊子咬了。"

三

他告诉我，自从十多岁到了美国他就一直在各地打工维生，从俄勒冈的苹果园，到加利福尼亚的草莓地，再到佛罗里达的橘子农场，这么些年里他在美国大陆上从东到西、从南到北追寻着季节的变化和打零工的机会，到处漂泊着。

当我越过边界线，来到佛罗里达一侧的休息站时，天已经要黑了，晚上不好搭车，于是我决定就在这个休息站住上一晚，等明早再走。

进入佛罗里达的那一刻，心中不禁有些激动，经过长途跋涉之后，我终于抵达了美国东部！但我的旅程还远远没有走完，充其量这里只是整个路途上的一个中转点，前路还长，现在还没有空闲精力去细细品味一路走来的辛酸苦乐。

佛罗里达边界的这个高速公路休息站里有24小时警卫看守，禁止任何人在休息站里宿营过夜，所以我只好在院子里远远地找了处有石桌椅的亭子坐下，打算等熬到深夜，警卫放松警惕了再悄悄到附近找处隐秘的地方歇息。

可是这个休息站敬业的警卫从我进入休息站的第一刻起就注意上了我，在我独自坐在亭子里的那会儿，每隔二三十分钟，他就会有意无意地挎着手枪从我边上晃过。而我也沉住气，坐在桌子边若无其事地慢慢翻着几本在休息站书架上拿的免费杂志，和那个警卫暗暗较着劲：反正只要不让他抓到我在休息站里躺着睡觉，那个警卫就拿我没办法。

坚持到午夜，那个警卫终于熬不住了，不再到我边上来游荡。我也早就看好了地形，趁没人注意的时候悄然潜入夜幕里，来到亭子后面的一簇茂密的灌木丛后，在修剪得干净、整齐的草地上摊开防水垫，直接就躺在了草地上。

虽然比起昨晚在密西西比雨林中的感受多少要好一些，但整个晚上湿热的空气和肆虐的蚊子一如既往地没有停止对我的考验。只是连日折腾，昨晚又实在是没睡好，很快我就在这个佛罗里达西北角边界，高速公路上休息站的灌木丛后面熟睡了过去。

清晨5:00，在白茫茫的晨曦中我早早地醒来。睁开眼睛，四下是一层乳白色的薄雾缭绕。伸手在大腿上一摸，牛仔裤上都是露水。

我现在身处佛罗里达的西北角，而下面的目的地则是1000公里之外，佛罗里达东南方，加勒比海上的小岛基韦斯特。

我是第一次来佛罗里达，对这一带一无所知，自己心里也没底，不知道到底要多久才能抵达基韦斯特，不过这时候想这些也毫无用处，能搭一程算一程，就看自己的运气如何了。

在路边等到6:45，一辆半新的SUV慢慢迎面开过来，然后停在了我的身边。车主又是个墨西哥裔男人，叫Ignacio（伊格纳西奥），从得克萨斯的最大城市休斯敦来。当他听我说是要去基韦斯特时就说道："你很幸运，我正是去佛罗里达南边的Clewiston（克莱维斯顿），那里离基韦斯特已经不远了。"

我听了当然高兴，刚才还在想着这1000公里不知什么时候才能走完，现在却轻松搞定了整个行程的大半，谢天谢地，看来不管是上帝、真主还是佛陀都对我是眷顾有加。

上了车，兴奋的我和这个看上去朴实、憨厚的墨西哥男人一路聊了起来。

伊格纳西奥以前在克莱维斯顿的一家农场打工，那家农场拖欠了他的工资，这次是专门去讨钱的。"我得尽快赶到那里。"伊格纳西奥对我说道，"我身上已经一分钱都没有了，不拿到他们欠我的工资，我这次连家都回不了。"

在美多年，我结识的西班牙语裔开朗乐天的性格以及重视家庭价值的传统观念，还有勤劳认真的工作态度总是令我对他们充满敬意。

伊格纳西奥就是这样一个典型的西班牙语裔移民。他今年38岁，还是独身。伊格纳西奥很小就随家人从墨西哥到了美国。他告诉我，自从十多岁到了美国他就一直在各地打工维生，主要是做些农活，从俄勒冈的苹果园，到加利福尼亚的草莓地，再到佛罗里达的橘子农场，这么些年里他在美国大陆上从东到西、从南到北追寻着季节的变化和打零工的机会，到处漂泊着。

伊格纳西奥定居在休斯敦，他前一天才离开得克萨斯。伊格纳西奥在休斯敦有一个古巴籍的女友，本来打算这次也带上她，可是昨天临出发前伊格纳西奥才发现他的古巴女友居然有了别的男人，两人大吵一架后伊格纳西奥就一个人出发了。说到这里他摇着头神情沮丧地对我说："你真的是非常幸运，如果今天我是带着女朋友，肯定就不可能停下来搭你了。"

听到这里，我在心里不得不因自己的这个幸运而替伊格纳西奥感到遗憾。

我们在纵贯佛罗里达南北内陆的75号公路上向南奔驰，但很快我发现：尽管伊格纳西奥一副急着要赶到克莱维斯顿的样子，可是在高速公路上他却开得很慢，严守100公里的最高限速，不肯超速哪怕1公里。而且他开车时还频繁地用眼睛扫视着汽车的后视镜，小心注意着周围有没有警车跟着。如此一来，在繁忙的75号公路上我们毫不奇怪地成了开得最慢的汽车，不断地被后面车辆超车，最后甚至连笨重的重型大卡车也来凑热闹超我们的SUV。在旁边副驾驶席上的我最后也终于按捺不住替伊格纳西奥着急，心想大概他是犯了什么事，所以现在不得不小心翼翼地不要招来警察。

虽然我什么都没表露出来，但伊格纳西奥自己大概也觉得这样有些奇怪，于是就像自言自语般地对我说："我已经有太多罚单，现在又口袋空空，不敢再去招惹警察了。"

听到这我顺势主动对他说道："那么我来替你开好了，我已经在美国开了很多年车，还一张罚单也没拿过。我不怕警察，可以开快些，这样我们也好早点到克莱维斯顿。”我这话其实也不全对，虽然我在美国的这些年确实是开车去过不少地方，最多时1年开3万公里，但也并非从没有拿过罚单。在旧金山我曾经被警察开过一张交通罚单，只不过后来又被我上法庭打赢官司给撤销了。

伊格纳西奥听我这么一说似乎有些动心，但也没多说什么。过了一会儿当我们在高速公路上的休息站停车上厕所时，他才问我：“你真的有驾照吗？”

看样子伊格纳西奥原来一直是把我当成了个想搭顺风车的非法移民。当然他这么想也很自然：一路艰辛，我现在蓬头垢面，衣衫污旧，随身除了个廉价、丑陋的尼龙马桶包就一无长物，这副悲惨的样子绝对要比那些最不幸的偷渡客还要显得倒霉一百倍。

我连忙从钱包里抽出上路前才更新的加州驾照给他看，伊格纳西奥拿着我的驾照端详了半天，然后终于认可，在我们上车前将车子的钥匙递给了我。

在路上这么久，这还是我第一次坐到了方向盘后面。等我们再上了75号公路时，这回改成了我们狂超其他车辆，一路上我就没让车速低于130

公里以下过。刚开始时伊格纳西奥还有些迟疑、担心，过了一会儿，当他看到我技术娴熟，开得既快又稳时也就彻底放了心，甚至对我一路猛超其他车显得开心异常。

佛罗里达的风景和密西西比、亚拉巴马不同，越往南走，越呈现出显著的热带风光：路旁到处都是高大的棕榈树和绵延的香蕉林，天空中也聚满了浓密耸动、变幻多端的典型热带云团。一路上时雨时晴，我们的汽车就不断在如帘的雨水与湿热的阳光中穿行着。

一路奔波，下午约四五点钟的时候我们终于抵达了克莱维斯顿。伊格纳西奥今晚准备投靠他在当地的朋友，我们分手时他还略带歉意地说："真不好意思，如果是我自己家的话，我一定会邀请你来过夜，但因为是我朋友的家，实在是不太方便。"克莱维斯顿是个小城，镇外到处都是甘蔗田，难怪路过市政厅时我看到这个小城的欢迎广告牌上写着America's Sweetest Town（美国最甜蜜之镇）。

在克莱维斯顿我总算有机会好好休整一下。先去镇上的一家中国自助餐厅美美地吃了一顿，再找了家汽车旅馆，痛痛快快地洗了个热水澡，然后在冷气开足的房间里，躺在柔软宽敞的席梦思大床上一觉睡到了第二天早上10:00。

四

我们的汽车奔驰在平直的岛屿公路上，看着两旁的碧海蓝天，不禁心想：路这么平，景色又是如此美丽，假若有辆自行车向着大海就这么一直骑下去那该是件多美的事啊！

从克莱维斯顿起，我的计划是先搭车去200公里外、佛罗里达半岛最南端的城市Homestead（霍姆斯特德）（霍姆斯特德是去基韦斯特的必经之地），从那里我再想办法跨过佛罗里达岛链，去位于加勒比海深处的小岛基韦斯特。

一个去上课的大学生把站在克莱维斯顿南郊路边的我搭了一小程到一处岔路口。然后当我在路边继续搭车时，看到一辆运载建筑材料的大卡车停在我前面不远的路边，司机下车去路边的小店里买午餐。等那个卡车司机拎着装了可乐、三明治的塑料袋返回时，我决定试试自己的运气，就走上去向他打听能不能搭上我走一程。这个卡车司机是个西班牙语裔中年男人，他听我一说就毫不犹豫地同意了，而且他正好就是去霍姆斯特德。

佛罗里达看来也是我的幸运之地。

13:00我们就到了霍姆斯特德。在市中心下了卡车，不早不晚的，所以我决定还是先在霍姆斯特德待一个晚上，等第二天再继续赶路去基韦斯特。

我在霍姆斯特德的大街上闲逛了一个下午，顺便到沃尔玛把那个难看又难用的马桶包退掉，反正也早死了能在南方买到什么专业旅行背包的心，到一家商店里换了个装不了多少东西但还凑合的双肩书包。

等天黑后，我来到霍姆斯特德南郊外，在公路旁找到一处不引人注目的树林，趁四下无人溜下公路，进到林子深处，在树林间的空地上搭好帐篷，打算就在这里住上一晚。

没想到霍姆斯特德郊外比之密西西比的亚热带雨林要湿热许多。坐在帐篷里熬了很久，最后发现自己快要在流出的汗水中漂了起来。忍到午夜24:00，状况毫无改观，于是当机立断，起来三下两下把帐篷拆了装回包里，背着包直接去了附近公路旁的一家印度人开的汽车旅馆（整个美国好像就没有不是印度人开的汽车旅馆）要了一个房间。

这么折腾下来一直搞到凌晨才得以入睡。第二天上午10:30我才出了汽车旅馆，走到霍姆斯特德南郊的1号公路旁开始搭车。

霍姆斯特德位于佛罗里达半岛最南端，再往前就是斜斜地向着西南方向深入加勒比海，长约二百多公里，由一千七百多个大小珊瑚岛屿组成的一条细长岛链。这串岛链被称为Florida Keys（佛罗里达岛链），而我要去的小岛基韦斯特因为位于这串岛链的最西南边，所以也被命名为Key West。

现在我就举着写着Key West的硬纸牌，站在入岛公路的起点处，再往前就离开佛罗里达半岛进入了加勒比海。

佛罗里达岛链上的绝大多数小岛共同构成了Monroe County（门罗县）。佛罗里达岛链四季气候暖和，游客众多，自然而然也容易招来大量流浪汉和乞丐。因为整个岛链上最大、也几乎可以说是唯一的产业就是观光业，所以为了给观光客们创造良好的旅游环境，门罗县制定了算得上美国最严厉的法规：禁止搭便车，其目的当然无外乎是为了阻止那些不受欢迎的流浪汉和乞丐们的流入。

我事前早已从网络上查到了这些信息，也不想惹事生非，所以才将霍姆斯特德作为我去基韦斯特的中转站。这里是上岛链的必经之地，大多游客也必去基韦斯特，所以感觉应该不难搭到车。

站在长满茂密的香蕉树的入岛公路旁，正好是星期六早上，不是很宽的公路上几乎是一辆追着一辆挤满了汽车，虽然车多却没人为我停下来。当然我也早就习惯了，反正东部都是这样子。

一直站到13:00，终于有一辆小型双门跑车停了下来，里面是一对从迈阿密来的年轻夫妇，男的是一个白人，女的却是黑人——这在美国也算是极其少见。

上了车，挤在狭小的后座上，开车的男子友好地和我聊起天来。他叫Robert（罗伯特），在迈阿密的一间语言学校教英语。罗伯特两口子并不去基韦斯特，而是到佛罗里达岛链上的另一个岛——Big Pine Key（大派恩岛），去访问住在那里的朋友。不过这倒不要紧，大派恩岛已经离基韦斯特很近了，离着只有大约三十多公里的样子。

罗伯特自己也曾经是个背包客，去许多国家边当英语老师边旅行，他的妻子Rosa（罗莎）就是他在哥伦比亚教书时的学生。罗莎是个很腼腆的女子，一路上都只是睁着大大的眼睛静静地听着我们交谈，并不怎么插话。

岛链公路都是沿着主岛修建，在岛与岛之间则由跨海大桥连接。不过说是跨海大桥，其实大多都不高，许多甚至是贴着海面修建。而那些有居民常住的所谓主岛也不大，这些珊瑚岛就比海平面高出几米的样子，坐在行驶在公路上的汽车里，很容易就能看到岛屿两侧的细窄海滩。

岛小路平，风浪不兴。早上出来时天还有些阴，不过现在早已云开雾散，只是在遥远的水天交接处环绕着一圈洁白耸动的云团。白晃晃的热带

阳光照射着四周的清澈水波和低浅海床。不远处的碧蓝海面上星罗棋布般地点缀着长满低矮树丛的无人小岛。

我们的汽车奔驰在平直的岛屿公路上，看着两旁的碧海蓝天，不禁心想：路这么平，景色又是如此美丽，假若有辆自行车向着大海就这么一直骑下去那该是件多美的事啊！

车行驶了约一小时就到了大派恩岛，下车同罗伯特和罗莎告别，目送着他们开去大派恩岛另一侧后，我就在公路旁打算继续搭车。

还没等我在路边站好，马路对面空地上一辆头正冲着我的七人座商务车突然闪了几下大灯。我马上反应过来，连忙拎起包跨过马路走了上去，商务车上是一对二十多岁的白人姐妹，她们果然是愿意搭我继续南行。

上车一聊，原来这对姐妹是新奥尔良人，从新奥尔良开车来基韦斯特度假。早上她俩就已在霍姆斯特德郊外的路边看到了正举牌搭车的我，当

时她俩还犹豫了一下是否要搭我，不过议论间就已经开过去了。后来途中她俩停下来吃饭，再上路时，正好见到并且认出了正在向罗伯特两口子告别的我，就立刻绕回到我对面的空地上向我闪灯。听了这些我非常感动，庆幸自己总是能遇到好人。

没一会儿我们就抵达了整条岛链公路尽头的基韦斯特。基韦斯特不是佛罗里达岛链上最大的岛屿，但它却是整条岛链最著名的也是人口最多的岛屿，整个小岛不到20平方公里却有2.5万常住人口和众多观光客。一进基韦斯特就是满目密集但别致的住宅和旅馆。

搭我的新奥尔良姐妹要直接去她们的酒店，所以我就在基韦斯特一条繁华街道的路旁下了车，一路打听着，向基韦斯特的最南端，也是整个美国大陆的最南端独自走去。

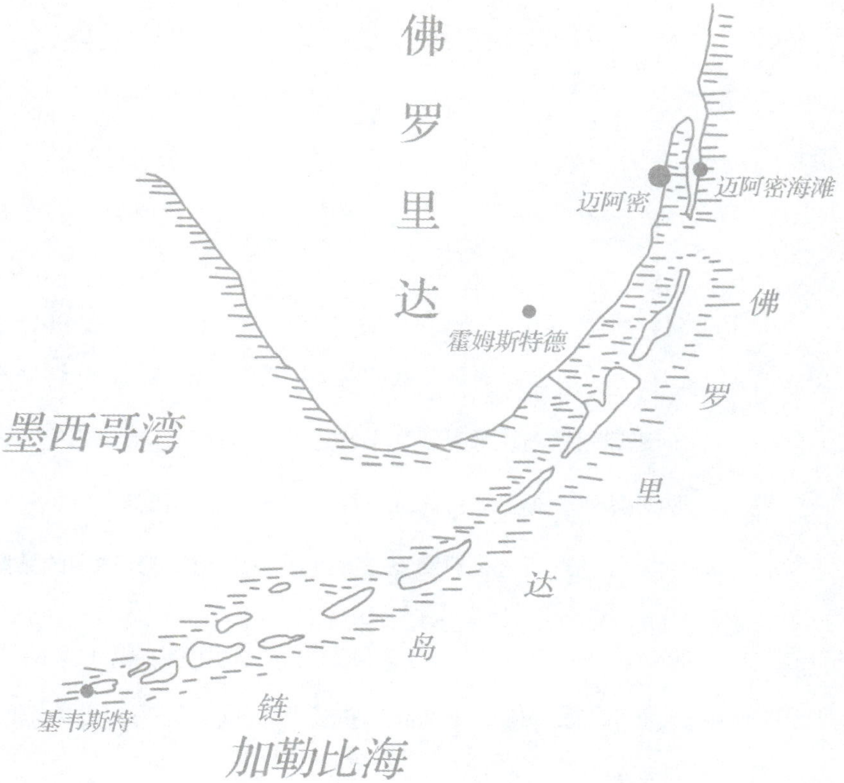

18 佛罗里达岛链上的邂逅

一

夜空如洗，一颗明亮的流星拖着长长的尾巴，在群星间自西向东斜斜地划过天空，在不经意间又消逝在了群星之中。在美国大陆南端，加勒比海深处，海天空寂。露宿在基韦斯特岛一隅这片漆黑的海滩上，只有我在凝神仰望着头顶满天璀璨的繁星。

六月的加勒比海湿热高温，已近飓风季节，理论上属于旅游淡季，可是在这个长满细高棕榈树的小岛狭窄的街道上依然簇拥着各地来的观光客。

虽然基韦斯特只是佛罗里达岛链众多小岛中的一个，但它在历史上却曾经显赫一时。与它的面积和地理位置极不相称，一直到19世纪末，基韦斯特都是佛罗里达州最大的城市，并且它的人均收入高居全美榜首。说来有趣，这个小岛当年之所以繁荣仅仅是因为它恰好处于繁忙的加勒比海航线上。基韦斯特四周的海域，海床低浅，暗礁密布，经常会有过往的商船在基韦斯特附近触礁遇难，每当此时，岛上的居民就都忙着划着小船出海救难：这倒不是因为这些岛民们见义勇为，而是因为他们的贪婪。这些出海救难的岛民们的目标不是船上的遇难人员，而是遇难船只上运载的各种货物——正是当年繁忙的航道、频发的海难造就了基韦斯特岛民们的富庶。

当然，百年前的那些辉煌已经逝去，一切终归平静，现在的基韦斯特

早已成为一个标准的以旅游业为主的观光海岛。作为一个度假胜地，在我看来，基韦斯特和其他那些观光地其实差别不大。

在长满各种奇异的热带植物的街区间穿行，有意思的是不少神气活现、红冠赤羽的大公鸡堂而皇之地在基韦斯特干净喧嚣、充满异国情调的街道上昂首阔步。这些大公鸡对四周的如织行人和车流完全是一副熟视无睹、不避不躲的样子，骄傲从容的态度犹如是这片领地的国王。

这个被西班牙统治过许多年的小岛上，四处都可见许多别致的欧式楼宇、院落。美丽的景致，优雅的环境使得基韦斯特吸引了从海明威到杜鲁门等众多的名人，在这里留下了他们的生活轨迹，比如海明威的《永别了，武器》、《乞力马扎罗的雪》等名著就都是在基韦斯特完成的。

基韦斯特街道两旁许多院落的门口装饰着海螺壳。在整个岛上，海螺或者海螺形的图案到处可见，因为海螺就是基韦斯特的象征。1982年，美国边境巡逻队在佛罗里达岛链上设置路障检查非法移民，结果造成跨海公路上严重的交通堵塞，严重影响了基韦斯特赖以生存的观光业。为了抗议美国政府的这项行动，基韦斯特宣告独立，当时基韦斯特的岛民们给自己的新国家起的名字就叫Conch Republic（海螺共和国）。不过这个短命的海螺共和国在脱离美国、宣告独立一分钟之后，它的新首相，也就是基韦斯特的市长马上向驻扎在岛上的美国海军投降，重新回到了美利坚的怀抱。

沿着向南的街道走了大约十多分钟的样子，终于来到了道路的尽头。在公路凭海的边缘，立着一个大约两三米高，形状像是海上浮标的色彩斑斓的水泥柱，上面写着SOUTHERNMOST POINT（最南点），这里就是基韦斯特的最南端，也就是整个美国大陆的尽头了。

在最南点标志前排满了等着拍照留念的观光客们。我绕过众人，走到堤岸边，踩上水泥护墩，向着南边大海的方向眺望了一会儿。

喧嚣的陆地在我身后中止，前面是浩瀚的海洋，从脚下延伸开去，一直到遥远的天边。平静的海面上再也看不到任何小岛，甚至没有一只飞鸟的影子。

在最南点待了会儿，我又去岛上人气旺盛的主街上闲逛了半天。将近黄昏时我重新回到了海边。顺着海岸公路悠悠荡荡地走着，一路走过繁华的商业区和密集的住宅区，越走路上的游客越稀少，最后在离基韦斯特机场不远的海边，出现了一片斜长着几棵稀疏的椰子树的新月状沙滩。

这是一处公共海滩，靠近公路的沙滩上立着个免费淋浴喷头。大概是因为离商业区有些远，周围又没有什么住宅的缘故，这片海滩上没多少人，显得有些空旷。我下了公路，踩着洁白的细沙，一个人走到海滩上，看了看四周，然后决定今晚就在这片海滩上过夜。

把营地简单地设好，到沙滩上的公共淋浴喷头下将一天的汗垢和劳累冲去，然后才回到椰子树下，在防水垫上躺了下来。

夕阳已经沉入了大海的尽头，和夕阳一道，沙滩上本就稀疏的游人也在一瞬间消失得无影无踪，除了我，这时候整个海滩上空无一人。

天边的那圈热带积雨云层依旧低浮在海平线上，不过在迟暮的夜色中它们显得是那样的遥不可及。海面下，本来已经属于地球另一头的落日依然给这边的天空抹上了一层淡淡的玫瑰红，并顺带为海平线上的云层镶上一道黯淡的金边。

海平如镜，甚至听不到大海应有的涛声。夜色渐暗，凝滞了一天的空气中，这时才贴着海面，吹来丝丝微凉的晚风。暮色下本来还算明亮的天空由浅至暗不断地变换着颜色。

天幕中，星星一颗、两颗逐次亮了起来，直到星斗满天。夜幕尽起时，星空灿烂。遥远天边的云层间时有闪电，无声无息地将耸动的卷积云团微微地印亮在南方的海平线上。

夜空如墨，一颗明亮的流星拖着长长的尾巴，在群星间自西向东斜斜

地划过天空，在不经意间又消逝在了群星之中。在美国大陆南端，加勒比海深处，海天空寂。露宿在基韦斯特岛一隅这片漆黑的海滩上，只有我在凝神仰望着头顶满天璀璨的繁星。

在上路4个月之后，我终于横跨了美国大陆，完成了整个旅程的2/3，从美国的西海岸来到了它的东南角。在这个小岛上，我将折向北方，沿着海岸线，向着美国东北角——整个旅程的终点，一路而去。

二

独自骑行在大海之上的岛屿之间，感受着天地的空旷。孑然一身在这大陆的尽头，心中却无丝毫自我怜悯和孤独。墨西哥湾在左，大西洋在右，自由的风夹杂着加勒比海的气息从身后而来，天高海蓝，在纯净明快的大自然中我又一次确认了在这漫长旅途上的喜悦。

第二天一大早，在日出之前我就已经起来，收拾好东西上了路。绕着基韦斯特转了一大圈，走到它的东北角，来到岛的边缘、跨海公路出岛处的路边站好，举起写着下一站目的地——Miami（迈阿密）的路牌开始搭车。

在严禁搭车的佛罗里达岛链上，这样做无异于自找麻烦。不过我倒不是很担心，大半个美国都走过了，相信自己也不会在这里遇到什么了不起的麻烦。盘算着先试试自己的运气再说，说不定我在被警察缠上之前就已经搭上某辆正要回佛罗里达半岛的过路车远走高飞了。

路边站了20分钟，毫不奇怪，一辆警车迎面而来，直截了当地停在了我面前。

我不动声色，依旧举着牌子。警车的车门打开，一个挎着手枪的年轻警察走了下来。这个警察没什么表情地走到我跟前，不等他开口，我就先带着自然的笑容主动打招呼：“您好，警察先生！”

警察盯着我的眼睛停了两秒，然后才点了下头算是回答。接着他明知故问地问我：“你在这里做什么？”

“我想搭便车去迈阿密，警察先生。”我从容地回答。

“你不知道在整条岛链上搭便车都是违法的吗？”

“我听说过有这么回事。”

“那你为什么还要这样做？岛链公路上有公共汽车，你可以去搭公车。”警察对于我的坦率显然有些意外。

“警察先生，我是从旧金山一路搭便车到这里来的，现在又要从这里一直到纽约去。搭便车是我在路上的旅行方式，我很喜欢自己的这种旅行方式，所以不打算改变。”

说话间我注意到这个警察嘴里镶了两颗金牙，这在美国人当中倒不多见，反而是在中南美洲的电影里反派人物的象征。

听了我的解释，警察又看了我一眼，然后简洁地说道：“上车吧，我送你一程。”

事情的进展远出乎我的预料。本来预期中最好的结果也只不过是这个警察能放我一马，允许我继续在路边搭车，而现在一个正在值勤中、按理本该阻止我搭便车的警察居然要亲自用警车送我。

大喜过望的我跟着他回到警车旁。我自觉地打开后车门坐到了后座上。在美国有句俗语叫做“Free ride in a police car（搭警察的便车）”，它本来的意思是指因为作奸犯科而惹上官司。我现在这才真正地叫做搭警察的便车，唯一不同的是我不仅没有任何麻烦，反而是满心意外之喜。

这是在美国第一次坐警车。感谢上帝，和大多数坐上警车的倒霉蛋们不同，我是以这种非常幸福的方式坐上警车，所以在警车后座上，我心中只有难以抑制的兴奋和好奇。

美国的警车后座非常狭小，与前座之间的空间只够刚好把双腿塞进去。后座椅也不是一般的汽车沙发座椅，而是由一整块硬塑料压制成型的塑料椅，坐在上面冷冰冰、硬梆梆的非常不舒服。前后座之间是一块厚厚的防弹玻璃，后座的车窗都焊着牢固的金属栏杆。整个警车的后座就完全如同一个移动的小牢房。

与后座相比，前排就显得宽大多了。仪表板上从雷达测速仪到液晶电脑，琳琅满目地装满了各种特殊装置。虽然这辆警车上只有一个警察，但驾驶席旁的枪架上却靠着一支雷鸣登霰弹枪和一支M16突击步枪，火力如此强大，让人不得不觉得这辆车其实不该放在治安良好、风景如画的基韦斯特岛上虚度年华。

上了路，警察问了一些关于我旅行的情况，我都一一如实告之。最后他说道："你要知道，在整个岛链上是不允许搭便车的，这里是佛罗里达唯一不准任何搭便车行为的地方，警察完全可以随时逮捕你，那样的话你就麻烦大了。""我知道。"听到这我点了点头，也不知道该说些什么才好。

"但是如果你一定要搭车的话，"没想到他却话锋一转，回头看了我一眼接着说道，"在路边看到有警车过来时，你就马上把路牌放下来，不要让警察看到，这样就不会有事了。"

在走过大半个美国后，我早就习惯了和各种各样、形形色色的警察打交道，他们中有的冷漠、有的温和，有的粗暴、有的客气。但无一例外，所有警察在与我打交道时都是持一种例行公事的态度，刻意与我保持着距离。一路上的经历使我早已明白，警察们是不可能和像我这样的旅行者成为朋友的，对于他们，我所能指望的仅仅是不要来找我麻烦。

这是在路上第一个搭我的黑人，也是第一个搭我的警察。听着他语气平静的告诫，当他回头看我时，我注意到了他清澈的双眸。这个陌生警察不同一般的善意，使我心中不禁升起一股暖流。

警车在跨海公路上向北行驶了大约二十公里，送我离开基韦斯特，来到了下一个有居民区的小岛。警察把车停在了路边，回头对我说道："伙计，我现在是在值勤，到这就必须回头，很遗憾，不能再送你更远一点了。"

我很感激地向他道谢下车，他也下了车陪我走到路边，和我握了握手，说了声保重，然后又回到警车上。

站在路边，注视着这个陌生警察的警车在公路上掉头回去，一直等他的车子远远地消失在了向南的公路上，才又举起路牌，重新开始搭车。

这个时候路边走来一胖一瘦两个小男孩，都大约十一二岁的样子，看着像是当地人，其中一个个子高些的胖男孩推着辆挺旧的黑色自行车。这两个小男孩冲着正举着路牌的我径直走来，到了身边他们围着我挺大方地问道："你是在搭便车吗？"

我看着他俩笑了笑，给了他们肯定的回答，告诉他们我要去迈阿密。

"我们这里刚好有辆旧自行车，可以送给你，如果你愿意的话可以骑车去迈阿密。"两个小男孩出人意料地这么对我说道，推车的胖男孩说完还特意把手中的自行车展示给我看。

对于这两个突如其来的小男孩和他们的提议我先是一愣。然后马上想起了前一天在去基韦斯特的路上，还曾在那个迈阿密的英语教师罗伯特的车上冒出过想在佛罗里达岛链公路上骑车旅行的念头。不过那只是一时的奢望，自己都没当真，难道现在却要梦想成真了？我有些狐疑地看着这两个一脸认真的小男孩说了句："你们当真？"

胖男孩马上把自行车龙头交给我，等我接过来，他俩对我说声"祝你好运"就头也不回地又顺着马路走掉了。

回过神来我检查了一下两个小男孩给我的自行车。这是辆生了不少锈的旧自行车，不过齿轮、链条都完整无缺。刹车不是特别好用，不过整条岛链公路都笔直、平坦，车辆、行人也不多，路上应该也用不上什么刹车。只是后胎是瘪的，我仔细看了一下，在外胎上找不出什么伤痕，想来或许只是单纯的内胎没有了气而已。

正好马路对面有一个孤零零的消防站，于是我推车过马路到达消防站，请消防站的工作人员用他们救火车车库里的打气机给自行车的轮胎充满气。上了这辆旧自行车试着骑了一下，发现后胎果然是好的，没有任何问题。可是变速器却不是很正常，九速变速器里只有最低档能用。不过也没有什么可抱怨的，这种时候在这种地方，一辆能骑的自行车已经足够让我心满意足了。

在路上我时刻准备着接受各种不同的体验，而这些体验却又总是以出人意料的方式出现在我面前。在辽阔的美国大陆上我用各种方式延续着这场旅程，步行，搭车，甚至自己开车，而现在我又成为了一名自行车骑士。

骄阳似火，骑了一会儿汗水就把T恤衫浸湿了，贴在身上很不舒服。索性脱去T恤衫，光着膀子在烈日下继续蹬车前行。

六月，佛罗里达岛链公路上的过往车辆并不多，行人和自行车更是绝无仅有。在空寂的跨海公路上，在海天之间，我独自一人蹬着自行车。跨海公路上没有专门的自行车道，我只得紧靠着汽车道外侧骑行。在大海间，岛屿上，公路也只是略高于海面，使得骑在自行车上的我要比坐在汽车里能够更好地感受着天地间的一切。

映着蓝天中的朵朵白云，公路两旁的碧蓝海面上点缀着一座座长满低矮灌木林的葱翠的无人小岛。从贴在海面的跨海大桥上向外望去，透过清澈的海水，海面柔缓的波纹折射着正午的阳光在铺满洁白细沙的低浅海床上映出一道道金色的网线。在碧水银沙间，贝壳、海藻以及游于其间的各色斑斓的鱼类历历可见。

中午的时候，凝滞的空气终于开始有些松动，海面上微风渐起。但烈日依旧当头，在不停歇地骑行一上午之后，全身的肌肉开始变得有些酸胀，身上的皮肤也被强烈的阳光晒得刺痛。但对于这些我却是毫不在意。

骑车上路，完全是一种全新的感觉。不用在烈日酷暑中煎熬，等待着那不知什么时候才会停下的过路车，也不用提心吊胆地提防着警察的纠缠。

独自骑行在大海之上的岛屿之间，感受着天地的空旷。孑然一身在这大陆的尽头，心中却无丝毫自我怜悯和孤独。墨西哥湾在左，大西洋在右，自由的风夹杂着加勒比海的气息从身后而来，天高海蓝，在纯净明快的大自然中我又一次确认了在这漫长旅途上的喜悦。

三

“上午我们分手后，我本来就没有想过还能再遇到你。说起来很是奇怪，因为我每天下班都会路过那个海滩，但一天忙下来，这时候心里只是想着赶快回家，从来没有往那个海滩瞄过哪怕一眼。但我都不知道自己今天为什么会往那个海滩瞄一眼，而且刚好就看到了你。”

在佛罗里达岛链跨海公路上向北骑行了一整天，只有最低档变速器工作的这辆自行车没法骑快，一直到20:00，骑了一百来公里，依旧没能出岛链，只是到了一个叫做Islamorada（伊斯拉莫拉达）的岛上。

在烈日、海风中一整天这么骑下来，全身肌肉疼痛，裸露在外面的胳膊和肩头上被毒辣的阳光燎起了一片片水泡。我看天色已晚，于是决定今晚就在路边宿营，明天再接着走。

主意已定，刚好这时路右边出现一小片公共海滩，于是一偏自行车龙头，下了公路，从入口处溜下了海滩。

这片公共海滩很小，不过各种设施倒是一应俱全。劳累、疲乏的我直接骑到海滩上的一个自来水龙头旁，弯腰对着水龙头，酣畅淋漓地喝了个痛快。

等我喝完水，刚直起腰，悄无声息，又是一辆警车从公路上滑下公共海滩，不偏不倚地停在了我身后。我一愣，许多公共海滩都不允许游人过夜，别是我又让警察盯上了？

正当我心里飞快地盘算着怎么应付时，警车门开了，定睛一看，下来的居然就是早上的那个警察。这也太巧了！我顿时喜出望外。“嗨！很高兴又见到你！”我大声向他打招呼。

他听完我的话说：“你不是要去迈阿密吗？我正好是下班回家。我家在霍姆斯特德，你要愿意我可以把你捎到霍姆斯特德去，从那里去迈阿密可就近多了。”

听他这么一说我自然高兴。如果今晚就能出岛链到霍姆斯特德，那可真是省了不少事，于是连忙点头称谢。

他打开警车的后备厢，帮我把自行车平塞进去。后备厢太小，自行车的大半个前轮还露在外面，不过他毫不在意地把厢盖虚扣下来说道：“反正也掉不出来，就这样了。”

放好自行车，我下意识地就去开后门，打算再坐到后座上去。他见了连声说“不”，“我现在已经下班啦，你可以坐到前排来。”说完他就将前排副驾驶席收拾了一下，给我腾出位置来。

警车启动，我们又驶上了跨海公路。不像是白天，这次我俩都心情轻松，相较于上午，彼此更加自在地闲聊起来。

他叫德拉姆，住在霍姆斯特德南边，家里有妻子和一个小女儿。知道我是中国人，他就不断地问我关于中国的事情。不过说着说着他却向我打听起忍者和武士的区别来。在美多年，我早就习惯了这些。在大多数美国人心目中，亚洲和亚洲人都只是一个遥远和模糊的概念，他们关于亚洲的知识更多的是来自于黑泽明和李小龙的电影。尽管在20世纪里，美国在东亚接连参与了三场惨烈无比的战争，但是不少美国人依旧搞不清楚越南和朝鲜的方位，更不用提中国和日本巨大的社会、文化差异了。

我耐心地向他解释：忍者和武士都属于日本文化，在中国文化里并没有这些概念。看着他似乎对这类事物挺感兴趣，于是我就和他聊起了中国的武术、气功和禅。当我向他提及，关于气功，中国人相信一个人专注的意念可以转化成能量表现出来时，他兴奋地说道："是的！是的！就是这个，我想也是这样的。"

他接着说道："我的祖先是黑奴，被白人从非洲抓到了美洲。我曾祖父的曾祖父是一个逃亡黑奴，他逃进了一个印第安人的领地，那个时候白人不能进入印第安人领地抓捕逃亡黑奴。印第安人收留了我曾祖父的曾祖父，后来他还娶了一个印第安女人，所以我身上有印第安人的血统。

"在我成长的环境里，人们相信这个世界上存在着超出自然的神秘力量，我也一直相信意念可以产生不可思议的力量，因为我自己从小就有能力用意念去消除身体的疼痛。

"而且意念不光在身体上，在精神上也可以产生特殊力量。我爱下国际象棋，每次下棋时只要冥神静气，把思想集中起来，我就能清晰地看到棋盘上的每一步，感觉到对手的念头。"

但是西方文化不承认这些观点，倒是在东方文化里却能找到很多，所以他告诉我，他一直对东方的那些神秘事物感到好奇而又向往："将来有一天，我想到中国去亲身见识一下。"

言谈间，我们开进了设在另一个岛上的警察局停车场。他需要在这里换他自己的车回家。当他打开自己汽车的后备厢时，我才看到后备厢原来经过了特殊改装，里面铺着黑色天鹅绒，安装着两个巨大的音乐扬声器。美国的许多音乐发烧友或者飙车族都喜欢这么干，把自己的汽车改装成一个流动音乐厅。于是我连忙阻止正举起我的自行车准备往后备厢里塞的德拉姆："不，不，反正这辆自行车也是旧的，就丢这里吧，我不要了。"

他有些不解地说："为什么？这辆自行车挺不错的，你下面还要用啊！"

"我担心把自行车放上面，路上会把你的扬声器弄坏，你这扬声器可不便宜。"我如实告诉了他。

他坦然一笑："没事，兄弟，你不用担心这些。"说完就把我的自行车塞在了后备厢的两个扬声器上，然后尽量把后备厢盖压低。

从警察局出来，他边开车边掏出手机给家里打电话，接电话的是他的小女儿。他在电话里柔声细语地问着他女儿这一天的经历，最后他温柔地说道："告诉妈妈，爸爸马上就要回家了，我爱你们，宝贝。"放下电话，他对我说道："是我太太和女儿，她们是我在这个世界的全部。"

夏日加勒比海的暮色总是迟迟不愿到来，将近21:00的时候，西边的天空依然泛着白光。跨海公路两旁岛屿、树林的轮廓隐约可见，坐在向北飞驰的车上，我尽量让自己舒服地靠在松软的皮座椅上，胳膊枕着窗沿，感受着四周迷人的暮色，让来自大海的晚风尽情迎面吹来，拂去一天的燥热和疲惫。

在美国，要成为一名警察并不容易。不管任何人，首先都得进入警察学校学习，而想进入警校就必须先经过详细甄别。这些甄别程序严格而复杂，比如申请人不仅要身家清白，没有案底不说，在申请人不知情的情况下，警方还会专门派人到申请人所居住过的地方，挨家挨户地向邻居打听申请人的品行作为重要参考。所以在美国，能当上警察的人原则上都首先得是个好人。

我对他说："你真是一个幸福的人，有体面的工作、美满的家庭。并不是很多人都能够像你这样。"

"谢谢你这么说。"德拉姆边开车边平静地说道，"我想我是一个和很多人都不同的人，我是一个思考者。我出生在一个贫民区，你可能不相信，我小时候家里没有水也没有电。我成长的环境非常贫穷、糟糕，根本就没有希望可言。和我一起长大的那些朋友最后都惹上了各种各样的麻烦：酗酒、吸毒、犯罪。他们现在要么是在监狱里待着，要么早就丧命了。但我不是。从出生到现在，我没有碰过一滴酒、一根香烟。从小我就喜欢思考，我这一生一直都在思考。我是一个警察，我相信你在路上一定已经遇到了很多警察，大概你也早已经发现那些警察在和你说话时总是一副高高在上的样子。这是因为警察在这个国家拥有特权，也许他们都是好人，可是当穿上制服、挎上枪时，他们立刻就会变得自以为是……但我不同，我喜欢帮助别人，因为这样会让我感到快乐。虽然我也是一个警察，可是我更多是在帮助别人，而不是找人麻烦。"说到这里德拉姆扯了下自己身上的警服说道，"这对于我来说只是一个外壳，很多时候，我甚至没有意识到它的存在，忘记了自己是一个警察。"

在异国他乡，在陌生的土地上，我从来没有想到过一个刚结识才一天的警察会对我如此坦诚。沉默而又专注地倾听着德拉姆的诉说，我感受不到任何距离，取而代之的是一股莫名的信任和亲近。

我对他说道："是的，我能感觉出来，你是一个了不起的人，有一颗了不起的心，我很幸运能在路上遇到你，而我相信这不是偶然的巧合。"

听到我这么说，德拉姆的语气顿时变得有些激动，竖起右手的食指说道："是的！我也相信这不仅仅是个巧合！早上当我在你面前停下车，第一眼看到你，你微笑着给我打招呼时我就感觉到了，你也是个不一般的人。这岛链上禁止搭车，我每天的工作就是阻止公路上的搭车客。那些搭车客每个人都会有一大堆理由，比如说自己就住在岛上，只是搭个短途，或者说钱包掉了没钱买车票什么的。我是一个警察，受过专业训练去识别真假，那些搭车客的谎话根本就骗不了我。

“但你不同，当你笑着告诉我，你是从旧金山一路搭便车到这里来，搭便车是你的旅行方式，不打算改变时，我就知道你是我遇到的第一个诚实的搭车客。

“上午我们分手后，我本来就没有想过还能再遇到你。晚上下班时我路过刚才那个公共海滩，不知为何下意识地扫了路边一眼，当时你还骑在自行车上，又是背对着我，所以我还没认出你。但我看到了你背包上的那个蓝色防水垫，脑子里突然一闪：‘会不会就是早上的那个中国人？’这才又绕回到海滩上想看个究竟。

“说起来是很奇怪，因为我每天下班都会路过那个海滩，但一天忙下来，这时候心里只是想着赶快回家，从来没有往那个海滩瞄过哪怕一眼。我的车在公路上都是六七十英里（约一百一十公里）的速度，一下子就过去了，但我都不知道自己今天为什么会往那个海滩瞄一眼，而且刚好就看到了你。我很高兴还能再遇到你，就像你说的这不是什么巧合，一定是有什么特别的存在安排了这一切。”

22:00左右，在漆黑的夜色中我们终于出了岛链，抵达了霍姆斯特德。我让他把我送到前天曾经住过的那家汽车旅馆。在汽车旅馆的停车场，他帮我把自行车从车上卸下来，我俩交换了彼此的联系方式。

他从车上找出一件T恤衫：“我没有什么可以送给你的，这是我参加的业余橄榄球队的队服，留着做个纪念吧。”

我接过这件白色T恤衫看着他说：“将来如果你要来中国，带上你的妻子和女儿，事先让我知道，你们可以住在我家，我会带你们去旅行。不要忘记，你在中国有一个兄弟。”

他点了点头，然后紧紧和我拥抱了一下，说道：“保重，我的兄弟。”

“你也保重，兄弟。”

19 大西洋海岸的北行路

一

没多久，就有一辆警车在后面不远不近地慢慢地跟着我，也不知道是哪位警惕的居民通知了警察，还是这个正在巡逻的过路警察盯上了我。

在霍姆斯特德的汽车旅馆住了一晚，第二天又是一大早就上了路。昨天蹬了一整天自行车，积攒下的劳累仍未完全恢复，不过迈阿密已经不远，今天的路不会很长，所以心情要悠闲不少。

骑到中午，开始下起雨来，时急时缓，一直没有停。不过这场略带凉意的雨对于正骑得汗流浃背的我来说倒是有如甘露，所以我也没停下来避雨，而是在雨中继续前行。

下午两三点钟的时候，满身湿透的我终于在密密细雨中一路骑进了迈阿密市区。

除了满街粗大的棕榈树和道路两旁繁密的热带植物，交通拥挤、建筑密集的迈阿密和我去过的其他美国大都市实在是没有什么太大区别，所以我没有在迈阿密市区多停留，而是折向东，骑过横跨在

Biscayne Bay（比斯坎海湾）上的大桥，16:30抵达了迈阿密地区最繁华的观光区域——Miami Beach（迈阿密海滩）。

我在迈阿密海滩拥挤、繁华的街道上找到了一家青年旅馆住下。这家陈旧的青年旅馆离海滩只隔着两条街，倒是很方便到海里去游泳。这里的海滩比起佛罗里达岛链上的那些小岛壮阔不少，宽广的沙滩，海面也是波涛澎湃。不过比起佛罗里达岛链，迈阿密的海水就要浑浊得多，翻卷的浪涛中总是泛着阵阵昏黄。

从新奥尔良开始都是一路奔波，在迈阿密海滩终于有机会稍事停歇，多住了几天，好好休整了一下。

在炎热的白天，我上午会带本书到青年旅馆附近的街道上，找家舒适的咖啡屋，点杯咖啡坐上半天。下午到海边去游泳。等到夜幕降临，气

温凉爽下来时，就和在青年旅馆里新结识的来自世界各地的朋友们出去逛街、吃饭。在整个路途中，迈阿密海滩虽然不是给我留下什么深刻印象的地方，但我确实在这里度过了旅途中少有的悠闲惬意的几天。

6月9日，9:30，在经过三四天休整后，我又在佛罗里达明亮灼热的阳光中骑车上路了。

从早上一直骑到夜色降临，觉得有必要开始寻找宿营地过夜了。可是这时自行车的后胎突然瘪了下去，本来想着找个加油站，用加油站的打气机给自行车打气。可我这时是在一片紧邻大海的高级住宅区，整齐、洁净的林荫道两旁全是高墙铁门的深宅大院，别说加油站，就连家小商铺都找不到。

在漆黑的夜幕中我也无计可施，只好在空寂无人的街道上一个人推着自行车往前漫无目的地走着。

佛罗里达南部海岸线上不少地方都被有钱人占据了。许多住在东海岸，比如纽约、华盛顿特区的富商巨贾、政要名人都热衷于在佛罗里达的海岸边购置房产用来度假、越冬。

非常不幸的是，我这时刚好就陷在了这么一个富人区。背着绑了个野营防水垫的廉价背包，衣衫不整，满脸劳累，推着辆破旧自行车的我走在这么一个高雅、华丽的高尚住宅区里自然显得格格不入。没多久，就有一辆警车在后面不远不近地慢慢地跟着我，也不知道是哪位警惕的居民通知了警察，还是这个正在巡逻的过路警察盯上了我。

不过我倒也并不是很在乎，自己只是个过路客，谅那个警察也不能拿我怎样。

一直走到21:30，我才终于走出了海岸线边这片连绵不断的高级住宅区，来到一片长长的海滩旁。

在夜色的掩护下，我溜进了海滩附近的一处州立公园，避开正在做关园准备的管理员的耳目，找到一处露天淋浴点，急急地冲了个澡，再把换下的T恤衫、短裤在水龙头下揉了几下，然后又小心翼翼地溜出公园，回到了已经是空无一人的海滩上。

海滩上隔着一两百米就立着一个四五米高、给救生员监视海面用的木制高脚楼，一路上我早就留意到这些高脚楼在晚上都没有人值班。踩着细细的沙子，我吃力地推着自行车在海滩上走了会儿，最后选了一个比较偏僻的高脚楼，把自行车靠在高脚楼背面的支柱上，然后顺着楼梯爬了上去。

上到高脚楼，把防水垫在地板上铺好，然后把刚洗的湿衣服晾在高脚楼的护栏上，看看一切都还算妥当，这才在防水垫上躺了下来。

深夜2:30左右，我突然被一阵摩托车引擎巨大的轰鸣声惊醒，还没等我醒过神来，紧随着一阵粗暴的脚步声上了楼梯，我已经被一束雪亮的光束紧紧罩住，原来是个骑着沙地摩托在海滩上巡夜的警察。这个警察站在楼梯上，露着半个身子用强光手电筒照着我厉声问道："你怎么睡在这里！难道你不知道这里不准过夜吗？"

大概是我晾在护栏上的湿衣服暴露了我。我尽量显得平静地说道："对不起，警察先生，我从旧金山来，正在横跨美国，今天路过这里时已经太晚了，实在没有地方可去，只好在这里过一夜，明天一早我就走。"

听到这里，警察的语气稍微平缓了一点，"你是怎么到这里来的？搭车吗？"

"我是骑自行车过来的。"说完我就欠身指给他看我靠在高脚楼下的自行车。

警察用手电筒照了照我的自行车，然后说道："那好，你可以待在这里，但是日出之前必须离开。"说完就下了楼梯，骑上停在高脚楼下的摩托车，在一阵轰鸣声中又扬长而去。

经过这么一折腾，再加上海边蚊子的不断袭扰，后半夜就没能再睡好，天色微明时我干脆起身上路了。

天大亮时推着自行车走到了一个叫Lantana的小城。在路边一家加油站给瘪掉的后胎充完气，结果一会儿轮胎的气就又漏光了，检查了一下，发现是气门芯附近的内胎出现了破口。

推着车子沿着公路边走边找，走了半天也没有找到可以补胎的自行车店，问了几个当地人也不得要领，最后索性把自行车往路边灌木丛中一靠，背着包上了穿过这个小镇的95号州际高速公路，重新又开始搭车。

没等一会儿，一辆崭新的大皮卡就停了下来。开车的是一个叫Jim（吉姆）的园丁，他今天休息，正要去前面不远的一处海港出海钓鱼。

在车上吉姆和我聊起了关于钓鱼的事情，原来他还是一个专业钓鱼爱好者，拿到过几次钓鱼大赛的冠军。吉姆听我说要一路从佛罗里达北上去纽约，就告诉我前面有个叫Fort Pierce（皮尔斯堡）的城镇，好几条公路都在那里交会，在那里应该比较容易搭到去北边的长途车。

吉姆在95号公路上开了没多久，在一处高速公路交会口的路边放下我就转向东去海边了。在路边等了一阵子，三个过路的拉美裔小伙子停下来载上了我。车子是辆很小的单排座旧皮卡，三个人已经把整个驾驶室塞得满满当当，但他们依然尽力挤出一些空间让我坐了进去。这三个面庞朴实的拉美裔小伙子都不会讲什么英语，但我还是打着手势，用简单的单词努力地和他们沟通着。从手势和零星的英语单词中我终于听出来，这三个拉美裔小伙子是在去建筑工地打工的路上，他们本来还以为我也是和他们一样的拉美裔。

三个拉美裔小伙子搭了我一程，然后又要改道去别处。我辞别了他们，然后又被一对刚移民到美国没多久、在佛罗里达开餐馆的韩国夫妇搭上，他们一直送我到了皮尔斯堡。

皮尔斯堡不大，在95号公路旁只是零星散布着几家快餐店和加油站。

本来上午听了吉姆的建议我还指望着能在皮尔斯堡搭上跑长途的卡车，结果没想到一路的好运气却到这里戛然而止。在皮尔斯堡的路边站了整整一个下午都一无所获，最后在17:30的时候却等来了一个警察。

这是个开车巡逻路过的中年警察，他用很不耐烦的语气告诉我此地不许搭车，让我立刻离开。

我诚恳地向他解释着我的情况，指望他能像前面那些警察一样放我一马。可是这个警察根本就没有兴趣听完我的解释，他粗暴地打断我，恶狠狠地盯着我说道："听着！我再说一遍，立刻离开这里！如果再让我在这地方看到你，我向你保证，我一定会把你送到监狱里去！"

无奈中我只好悻悻然地走到附近的一家加油站，想等一会儿看情况再说。这家加油站里有一个灰狗巴士的乘车点，摆着几张供过往旅客休息等车的桌椅。我在一张桌子旁坐下，边上坐着一个神色有些憔悴、正在等巴士的中年男子，百般无聊中我和他聊了起来。他在本地工作，正准备搭车去加拿大看朋友。我述说了刚才和那个警察的遭遇，然后告诉这个中年男子，我准备再等会儿，估计那个警察下班了就重新回路边去继续搭车。

"你最好不要冒这个险。"中年男子听完我的话有些冷冷地说道，"这里的警察都这德行，他们是不会和你站在一边的。"

一个刚才一直站在身边听我们聊天的加油站小弟也插话进来："这边的警察都很无聊，你惹上他们的话会很麻烦，还是去买张灰狗车票离开这里吧。"

被他们两个当地人这么一说我顿时踌躇起来。在这种人生地不熟的小地方，被警察缠上确实是件非常糟糕的事情，搞不好还会影响我的整个旅程。但去买张车票搭长途巴士虽然简单，却不是我所想要的旅行方式。如果允许自己去这么做的话，心里总会觉得有些不甘心，像是欠缺了些什么。

天色渐渐暗了下来，心里依旧焦虑地斗争着。想了半天也没主意，最后干脆从裤兜里摸出一个25美分硬币来，听天由命，扔硬币来决定吧。

我心里默默想着：就扔一次，正面搭车，反面坐巴士。然后，连扔6次，结果全是反面。我叹了一口气：看来天意如此。于是垂头丧气地走到加油站里的售票点去买了一张去皮尔斯堡前方最近一站的佛罗里达北边城市Jacksonville（杰克逊维尔）的汽车票。

二

一个车站保安粗鲁地叫醒了我。他让我拿出车票给他检查，然后用不可商量的语气说道："你已经到站了，不能再待在这里，这里只允许在此等车的旅客停留！你要是不想有麻烦的话现在就马上出去！"

19:30，我坐着一辆灰狗巴士离开了皮尔斯堡，因为是小地方，居然还没有线路直达杰克逊维尔，必须中途绕到佛罗里达中部的城市Orlando（奥兰多）去转车。结果绕了一大圈，一直折腾到第二天凌晨1:30才抵达位于杰克逊维尔市中心的灰狗巴士站。

杰克逊维尔是佛罗里达东北部的一个重镇，美国第一条连接东西海岸的高速公路——10号州际公路，在东海岸一侧的起点。对于这个城市一无所知的我，在深更半夜的时候一个人跑到外面漆黑的街道上去显然不是个好主意。

我在灰狗巴士站的候车室里找了一个座位坐下，打算在这里等到天亮再说。在座位上坐了没一会儿，折腾了一天的我就斜靠在长椅上睡着了。

还没睡多久，一个车站保安粗鲁地叫醒了我。他让我拿出车票给他检查，然后用不可商量的语气说道："你已经到站了，不能再待在这里，这里只允许在此等车的旅客停留！"

睡眼惺忪，这时才明白是怎么回事的我还想争取一下，就说道："我是晚上1:30才抵达的，这是我第一次来杰克逊维尔，什么都不知道，这个时候也没地方可去，你能不能让我等到天亮再说？"

可是这个保安毫不为我的解释动心，依旧用冰冷的语气说道："我再给你说一遍，你要是不想有麻烦的话现在就马上出去！"

这时候车室里所有人都将视线向我投来，困乏、疲惫到极点的我已经没有力气再多说什么，只是木然地站起身，拎着包走到门外，在灰狗巴士站大门口布满痰迹、烟蒂，满是污垢的水泥步道上，紧贴着巴士站的围墙把防水垫铺开，然后就躺了下去。

站在一旁抽烟的那群小混混中的一个有些不怀好意地冲我说道："喂！你怎么睡在这里？"倦意正浓的我也懒得理他，虽然这里是大街上，但巴士站门口还算灯光明亮，里面也有不少人，谅这些小混混也不敢怎样。就这样躺在杰克逊维尔深夜的大街上，没一会儿，我就重新又进入了梦乡。

黎明时刻，天色朦胧，当整个城市还没有从睡梦中苏醒过来时，我却已经上了路。

沿着冷清的街道，穿行在陌生的城市，我没有指望在这样的大城市里能搭上车，所以只是沿着横穿杰克逊维尔的17号公路徒步向北，计划着等走出城区，到了郊外时再搭车。但郊外却总也走不到。

此时此刻，脚下的路途虽然有些艰辛，但我早已习惯，并不觉得这些又有什么不好。心底依旧坦然，甚至还升起一丝淡淡的愉悦。

很多年前，还在读中学的我曾经被《新概念英语》里面一篇关于流浪汉的短文深深吸引，以至于多年之后依然清晰记得里面的段落：

He will never ask you to feel sorry for him.

他并不需要你的怜悯。

He has deliberately chosen to lead the life he leads and is fully aware of the consequences.

他对自己的人生经过了深思熟虑并且坦然面对一切结果。

He may never be sure where the next meal is coming from, but he is free from the thousands of anxieties which afflict to other people.

他也许衣食无着，但不会为无数尘世忧虑所困扰。

His few material possessions make it possible for him to move from place to place with ease.

他一贫如洗，但也因此而无所羁绊。

By having to sleep in the open, he gets far closer to the world of nature.

他只能露宿野外，但却更能感受天地自然。

He will never sacrifice his freedom, simple way of life and their freedom from care.

他崇尚自由，生命简单，因此而无忧自在。

从早上6:00离开杰克逊维尔市中心的灰狗巴士站，一路步行，走了整整一个白天，直到17:00才终于出了城区，来到了杰克逊维尔北面、已经离佛罗里达州和佐治亚州边界不远的一处荒凉的高速公路入口。终于又能够开始搭车了，虽然路上的车辆不少，但足足等了两个小时也一无所获。

将近19:00，突然狂风大作，乌云翻滚，风力如此之强，竟然吹动了高速公路附近一处荒地裸露在外的沙石。

天空中黑暗的乌云越来越密集狰狞，间或一道道犀利的闪电伴随着霹雳般的雷鸣划过天空。这时我才反应过来，现在是6月中旬，佛罗里达一带已经进入了飓风季节，莫不是飓风就要来了吧?

想到这里我有些紧张，出了岛链后我就在路上把那个用处不大的儿童帐篷退掉了，因嫌麻烦也没再买新帐篷。现在已近天黑，这种地方，要是飓风、雷雨一来，别说搭车，连个躲雨的地方都没有。

狂风猛烈，天昏地暗，我的心也越来越焦急，一时拿不定主意：是在路边再等会儿，还是就此放弃，赶快沿着高速公路去找处有桥洞的地方避雨过夜？正当我在心中激烈地权衡思考时，一辆崭新、宽大的黑色通用轿车猛地停在了我的身边。“啊！”我心中一声欢呼，连忙奔了上去。

透过副驾驶席的车窗，看到司机居然是个衣着讲究、身体健壮的中年亚洲男人，这个亚洲男人也没看我，只是侧着身子把副驾驶席上的杂物一件件地移到后座上给我腾地方。等副驾驶席腾好了，我边打开车门坐上去边向这个亚洲男人致谢，他这个时候才抬头看着我，点了点头。

这个男人剪着寸头，眼光烁亮。向他道完谢，我回身把背包放到后座上，瞟到后座上散落着几个公文夹和一大摞厚厚的精装书，书名都和国际政治、军事战略之类的主题有关。

这个亚洲男人自我介绍：他叫Pam（帕姆），在华盛顿特区当警察，这是到南方来出差，今天刚在杰克逊维尔办完事，接下来又要赶到前面不远的佐治亚州南部的一个城市工作。帕姆说他也往北走不了多远，问我希望在什么地方下车。我于是就说，如果在高速公路上能遇到什么大的卡车休息站，就把我放下来，这样我也好接着搭车。

路上帕姆一边开车一边和我聊起我一路的遭遇和见闻，偶尔他会问上一些细节。帕姆似乎对中国很感兴趣，向我问了一些与中国文化和历史有关的话题。言谈间我发现他居然会说一点中文，在我的询问下，帕姆只是简短地说他曾经在上海的美国领事馆工作过很短一段时间，他是在那时候学过一些中文。

讲到这里，他若有所思地说道："我非常尊敬你们中国人。我父母是白手起家的，他们是非常勤劳的人，也教育我们从小要做一个勤劳的人，而这个世界上没有比中国人更勤劳的了。我在上海领事馆的时候，看到那些从农村来的建筑工人，为了一点点钱而辛苦地做着最吃力的粗活，他们让我非常感动。"

说着话我们就已经跨越了边界，离开佛罗里达进入了佐治亚州。没多久95号州际公路边就出现了一家规模不小的卡车休息站。帕姆见了就开车下高速公路，驶进了这家卡车休息站繁忙、轰鸣的停车场。到了这种地方我就不用再像刚才在杰克逊维尔郊外时那样提心吊胆了，所以我很感激地下了车要向帕姆告别。

没想到这时帕姆却突然问道："你饿了吗？"连日辛劳，今天又徒步走了一整天的我这个时候当然是又累又饿，听他这么一问自然点了点头。

“你想吃中国菜吗?”帕姆接着说道,“刚才我在路边看到一家中国自助餐厅的广告牌,离这往北没多远,这样吧,今天我请你吃晚饭。”

这时候天已全黑,时间也不早了,我知道帕姆是在出差赶路,觉得不能再打扰他了,就笑着对他说:“不用这么麻烦了,这个休息站里有好几家餐厅,我也有钱,你还是赶路去吧,不用管我。”

但是帕姆听了依旧简洁而又干脆地说道:“你一定很久没有吃中餐了,不用客气了,我们这就走,吃完饭我再把你送回来。”

听到这些,我也就没有再说什么,重新又上了他的车。汽车开了大约二十分钟,我们来到一处路边的中国自助餐厅。我俩匆匆吃完饭,帕姆叫来侍者准备结账离开时,我问他道:“我们能不能一起照张相?我只是想留个纪念。”

帕姆愣了一下,然后点点头说可以。于是我请边上的侍者给我们拍了一张合照,这时帕姆才说:“我一般不拍照的,今天破例。”

回到车上,我们又上了95号州际公路。路上我随口问起帕姆的家庭,他静了会儿才开始慢慢地说道:“我出生在越南,越战结束后,年纪还很小的我是跟着父母一起作为难民逃到美国来的。那个时候很多越南人逃到美国来,他们失去了一切,不得不在美国到处打工谋生。为了省钱,也和你现在一样靠搭便车四处旅行。”

我听到这里就问道:“那你的父母现在还好吗?”

帕姆点点头:“我父母带着我们几个兄弟姐妹到美国时身上一分钱都没有,他们拼命工作,将我们几个孩子送进大学接受教育,现在都有了家庭和工作,我父母也终于能够轻松下来,安心地过他们的退休生活了。”

过了一会儿帕姆突然问我道:“翔,你是怎么打算的?完成整个旅程后是继续留在美国还是回中国?”

“我也不知道。”我如实地回答道,“这是一个很不错的国家,我很喜欢，所以也许会留下来。但也许还是会回中国，因为毕竟那才是我的国家。不过我还没有认真想过，打算等旅行结束后再好好考虑，我不认为现在是考虑这些问题的正确时机。”

过了一会儿我突然发现我们的车子是在95号州际公路上往北开，而要回刚才那个卡车休息站应该往南才对，我连忙问帕姆是怎么回事。他不动声色地答道：“刚才吃完饭出来我看到乌云从南边不断涌来，今晚佐治亚南部一带大概会有暴风雨，我决定还是往北接着送你一程再说，这样你就不用担心下雨了。”

帕姆停了会儿，然后又用平静的语气接着说道：“当我第一眼看到你站在路边时就知道你是一个不一样的人，现在这个年代已经没有多少人能够像你这样了。我年轻的时候也和你现在这样搭便车到处旅行，所以我很清楚到底需要怎样的勇气和毅力才能做到这些。”

“中国人说文武兼备，”说到这里时，帕姆清楚地用中文发出了“文”和“武”这两个音，“你从研究生院毕业，‘文’已经具备了，而‘武’你也用自己的行为证明了。你是个与众不同的人，一定会有一个与众不同的人生。”

从来没有人这样评价过我。素昧平生，萍水相逢，帕姆的这番话让我心中升起莫名的感动。

接近午夜的时候，我们已经在95号州际公路上开了200多公里，从南到北跨越了整个佐治亚州，一直来到了佐治亚州最北边紧靠South Carolina（南卡罗来纳州）的城市Richmond Hill（里士满希尔），这时帕姆才开下高速公路，驶入路边的一家卡车休息站的停车场。

帕姆停住车，看着我说：“今天只能送你到这里，下面就全得靠你自己了。”然后从汽车的储物箱里找出一个便携式手电筒和一把不多见的黑色折叠刀要我收下。

我收下了手电筒，但把那把打开约20厘米长、刀刃锋利、握在手里沉甸甸、明显能感到金属分量的折叠刀还给帕姆。我心里清楚，这应该不是一把普通的刀。像帕姆这样的男人，对于随身刀具，绝对不会随随便便地挑把大路货，这把折叠刀一定是他自己的中意之物。

但是帕姆用不容置疑的口气坚持着："收下它！路上并不安全，你需要这个，危急的时候甚至可以救你一命。"我看了一眼他坚定的眼神，然后什么也没有再说就收了下来。

最后我们互相留了通信方式。帕姆一边在我的日记本上写着他的地址，一边说道："如果将来你到华盛顿特区就来找我，我会照顾你的。"

终于，又是分手的时候。帕姆简短地和我告个别，开着车匆匆离去。站在停车场上，我目送着帕姆的汽车驶出卡车休息站，上了公路，沿着交流道驶上南下的高速公路，最后消失在了沉沉黑暗中。

我在路边沉默地又站了会儿。我心里当然明白帕姆绝对不是一个简单的人，至少不像他自己说的那么简单。一个警察是不需要到美国的上海领事馆去工作的，也不需要读那么多和国际政治、军事战略有关的书。我暗自揣测过帕姆的真实身份，但这些对我其实并不重要，重要的是，我能在路上遇到他。

三

一辆半新不旧的切诺基吉普在我跟前停下，开车的是一个女子，她伸过头仔细看了一下我靠在身边的路牌，然后莞尔一笑，"华盛顿特区？那么远，真抱歉，我是下班回家，不去那个方向，没法搭你了。"

时间已近23:00，我却一点也不困倦，晚上又是饱餐了一顿，这时反而觉得比白天还要精神。灯火通明的卡车停车场里一辆辆重型卡车不断地进进出出，显得很是繁忙——许多跑长途的卡车司机都喜欢在车辆稀疏的深夜开车。

我到卡车休息站后面的垃圾箱里翻出一个空纸箱，用帕姆给我的折叠刀裁出一块纸板，从背包里掏出一根黑色蜡笔，用粗粗的笔道写上WASHINGTON D. C.（华盛顿特区），然后走到停车场的出口处，举着路牌在路缘上坐了下来。反正也睡不着觉，那就接着搭车好了。

一个三十来岁的壮实男子捏着个装着汉堡包的食品袋，从我旁边的一家快餐店里走了出来。他一边哼着歌，一边有节奏地轻轻摇摆着身体，神态轻松地向停车场走去。

当他路过我面前时，停了一下，侧头看了一眼我的路牌，哼了一声："华盛顿特区？哈，你要去华盛顿特区？"

我也不知道为什么这个男子对我要去华盛顿特区会那么感兴趣，但还是友好地向他打招呼："是啊先生，我要去华盛顿特区，你也去那个方向吗？"

男子摇了摇头，"我哪都不去，今晚就在卡车休息站过夜。"

"那么你是卡车司机吗？从哪里来？"

"我是卡车司机，从犹他来。"

男子似乎很高兴在这个寂寞的深夜有人和他说话，干脆就停下脚步和我攀谈了起来。

当他听说我是刚从研究生院毕业，现在是在独自横跨美国时，显得很惊讶的样子，"哦！我还以为你是个流浪汉呢。"

男子告诉我，他是从西部送货到东部来，顺便带着他的女儿到美国各地走一圈。

"你女儿不用去上学吗？现在又不是假期，小孩子们都该在学校里待着呢。”

男子听了连忙摇头：“不，我女儿已经18岁，不是什么小孩子了。”

“你女儿都18岁了？可我看你年纪不像呀。”

男子憨厚地嘿嘿一笑，“我是18岁时生的这个女儿。”

反正我不急着赶路，就和这个也是闲着无事的陌生人卡车司机天南海北地聊起天来。

男子和我聊着聊着，就向我说起他的身世来。

“我老家是在乡下，穷得很，从小都是和朋友们鬼混，没读过什么书。18岁的时候，和我住一条街的一个女孩子怀上了我的孩子，就是我现在的这个女儿。不过那也不是个什么好女孩，我妈认识她，知道这事后就不准我和那个女孩再来往。那女孩生下我女儿后，把孩子往我家一扔就跑了。我妈替我照料我女儿，那时我才18岁，稀里糊涂地一下子成了单身爸爸，没法再混下去了，必须得养活我的女儿和妈妈。但是我又没有受过什么教育，没法子只好到家石油公司找了个卖力气的工作。我在那家石油公司一干就是11年，这期间我又结了婚，本来一切看着好像都不错似的，可是我妻子在和我结婚10年之后居然背叛了我，和别的男人有了一腿。这事被发觉后，我真是伤心透了，觉得实在无法忍受，于是我选择了离开，远远地搬去了犹他。后来在犹他我遇到了另外一个女人，我们彼此相爱、信任，一直到现在都没有改变。我想这次总算是找到了真爱，所以正考虑要和她结婚，然后搬回路易斯安那去，毕竟那里才是我的家乡。”

在浓重的夜色中，一个从犹他来的卡车司机，在遥远的北佐治亚，向一个偶遇的陌生中国男人毫不介意地述说着自己的人生。

“我女儿今年18岁，已经报名加入了海军陆战队，马上就要离家去军队。我从小到大就只待在路易斯安那的乡下，根本就没见过什么世面。后来第一次离开家乡去了洛杉矶，结果被那个和我家乡完全不同的陌生环境搞昏了头，一下子不知道该怎么办才好……现在我女儿也要离开家，一个人到外面去了。我打算先带着她四处走走，长长见识，学习一些新的东西，不要再像我当年那样。”

我津津有味地倾听着这个男子的讲述，他也同样毫无遮掩地向我倾吐着。

末了，他说道：“兄弟，我很高兴和你聊天，但我女儿还在卡车上等着我给她送吃的回去。我真的很抱歉，如果不是带着女儿的话，我一定会邀请你到我的卡车上去过夜。”

我笑着摇摇头说道：“没问题，我在这里很好。也很高兴能和你聊天，听到你的故事。”道完别，男子又轻轻摇摆着肩膀走了。

一辆半新不旧的切诺基吉普在我跟前停下，开车的是一位女子，她伸过头仔细看了一下我靠在身边的路牌，然后莞尔一笑，“华盛顿特区？那么远，真抱歉，我是下班回家，不去那个方向，没法搭你了。”

我也报之以微笑，还是向她表示了感谢。女子从身旁的副驾驶席上拿起一盒三明治，探身透过车窗递给我说：“把这个收下吧，至少你能有点东西吃。”

我站起身从女子手中接过那盒三明治，向她致谢。她又是一笑，就开车走了。

过了一会儿，那辆切诺基又开了回来，重新停在我的面前。那个女子又递给我一瓶果汁说道：“我想你大概还需要一点喝的。”

等我接过果汁，她说了声 “祝你好运”，才一踩油门消失在停车场的出口之外。

在马路边上坐了半天感到有些无聊。我站起身走到卡车休息站的小卖部里，看看能不能拿份免费报纸什么的。等我再回到等车的地方时却一眼看到刚才那个男子正站在那里东张西望。

男子看到我非常开心，“嘿！我还在找你呢，以为你已经搭上车走掉了。”然后他从裤兜里掏出一些纸币，“我回到卡车上才想起，也许你需要点钱去买些吃的。”

不过我谢绝了，告诉他：在路上，我从遇到的许多人那里得到了各种各样的帮助，对于这些我都很感谢。但我不接受钱财，这是我一贯的原则。

男子也没有勉强，又站着和我聊了会儿，然后才和我互道晚安，回卡车上去了。

在佐治亚这个小城郊外，初夏夜晚，虫鸣不绝，夜风撩人。坐在路旁，头顶路灯略带昏暗的光辉柔和地洒在我的肩膀上。四周夜色茫然，眼前不禁又像电影画面一般浮现起今晚短短几个小时内的一件件事情、一张张面孔：越南人帕姆，卡车司机，还有那个女子，对于陌生的我，他们坦然无所求的善意和帮助，与这个美丽夏夜的煦风一道，久久地缭绕在我心深处，不能散去。

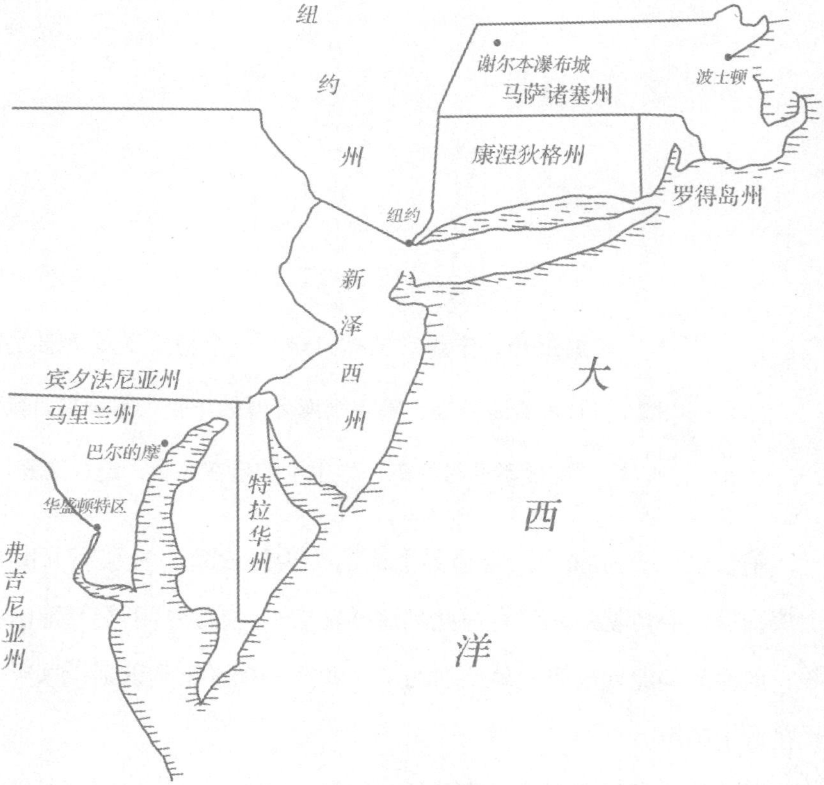

纽约州
谢尔本瀑布城
马萨诸塞州
波士顿
康涅狄格州
罗得岛州
纽约
新泽西州
宾夕法尼亚州
马里兰州
巴尔的摩
华盛顿特区
特拉华州
弗吉尼亚州
大西洋

20 纽约在前方

一

凌晨2:00，宁静突然被打破，一个身着卡车休息站工作制服、右耳吊着个耳环、瘦得跟麻秆似的年轻人跑过来对我大声吼叫着："这里不准搭便车，你也不能待在这里，赶快离开！"

午夜已过，在北佐治亚边界上的这个美好夜晚，自从离开旧金山踏上旅程后，心情就从来没有像此刻这样轻松过。在路灯下翻开地图，数了数，前面只隔着四五个州就到纽约了，我第一次真正意识到：这次旅行已经接近了尾声。

漫长旅途的终点已经隐隐可见，却更加没有征途的焦虑和对目的地的急切，心中反而暗暗希望下面的旅程能够慢下来。

凌晨2:00，宁静突然被打破，一个身着卡车休息站工作制服，右耳吊着个耳环，瘦得跟麻秆似的年轻人跑过来对我大声吼叫着："这里不准搭便车，你也不能待在这里，赶快离开！"

还在凝神遐想中的我被年轻人的一连串吼声一惊，本来还想说些什么，可是抬头一看他那张刻薄而又自以为是的脸，就没有多费口舌，拎起包走到马路对面，在一家已经打烊的麦当劳门口的野餐桌边坐了下来。

等了大约二十分钟，我又重新走回到卡车休息站停车场的出口，打算重新开始搭车。没想到刚才那个年轻人又立刻冒了出来，对着我大吼大叫，威胁要打电话叫警察来。看来他一直就在盯着我，不把我赶走誓不罢休。

一个人走到95号公路北行车道的入口，这个路口灯光黯淡，又是凌晨2:00，像我这样站在路边显得有些怪异，实在不适合搭车。于是就走进路旁一片草地，摊开防水垫，决定先睡几个小时，等天亮了再说。

草丛里蚊子不少，边上95号公路上又是车来车往，噪声不断，让我一直没能真正入睡，就这样懵懵懂懂、半睡半醒地一直熬到了天亮。

天亮后我又开始在高速公路入口搭车。路边等了1个小时，一个去学校上课的大学生停下来搭上了我。这个叫Paul（保罗）的大学生开了10多分钟，送我跨过佐治亚州与南卡罗来纳州的交界线，一直到了95号州际公路旁的一个休息站。

在休息站，两个从巴拿马来美国旅游的年轻女孩又搭我走了一段，不过她们也只在95号州际公路上向北开一小段就要换26号公路往西。到了26号公路和95号公路的交叉点，我下了车才发现，这个交叉点地处远离人烟的荒郊野外，四周除了密密的树林之外连根电线杆都没有。天空中堆积着阴郁的乌云，气温依旧很高，没有一丝风，站在南卡罗来纳野外，湿热、沉闷的空气让人几乎窒息。

自从几天前离开迈阿密之后，一直都是在已进入夏季的美国东南部风餐露宿，前一天又是在杰克逊维尔徒步走了整整一天，晚上没有怎么睡觉，这时只感到前额发胀，全身发虚，一股说不出的难受。站在路边搭车时，这种难耐的感觉愈加强烈，我一边默默坚持着，一边全心渴望着能早点离开这里，找个舒服一点的地方好好休息一下。

心里这么决定了，就放弃了在这个高速公路交叉口无谓的等待，背着包，沿着95号州际公路向北一路走了下去。

出发前我心中一动，于是就在写着WASHINGTON D.C.的路牌上穿了两个洞，用随身带的细绳吊在背包后面，指望着能撞个大运——当我在高速公路路旁徒步行进时，能有哪位汽车司机看到我背后的这个路牌，然后停下来搭我。

机械地迈着双腿向前走了一段，身体和意识都越来越沉重，我告诉自己不能这样下去，于是便放慢脚步，调整呼吸，让心绪尽量沉静下来，把意念从全身酸痛疲乏的感觉上转移开去，一边数着自己的呼吸，一边有节奏地重新迈着向前的步伐。如此坚持了一会儿，身体逐渐舒服了一些，头脑也清醒了不少。就在这会儿，一辆黑色大型皮卡发出刺耳的急刹车声停在了我前方约一百米外的路边。

二

当我伸出手要和他握手告别时，一路都很沉默的他这时却侧转过身，面对着我，用双手合住了我的右手。我愣了一下，他察觉出了我的诧异，马上用和蔼的声音解释道：“请给我一点点时间，我只是想为你做一个很短的祈祷。我也经常为别人这么做。”

我连忙奔上去，开车的是一个中年男子，他隔着车窗向我打着招呼，我也没多问，直接就打开了车门。皮卡的副驾驶席上摆着两根收好的高级鱼竿，他小心翼翼地把这两根鱼竿放到后座上，然后招呼我坐进去。这是个非常绅士的人，目光温暖，语气柔和，说话时总是以“先生”称呼我。

中年人姓Milton（米尔顿），他告诉我：“我远远就看到了在路边走路的你，还在纳闷怎么会有人在高速公路旁步行。等离近了，看到你背包后的牌子，突然反应过来你是要搭车，于是赶忙停车。我的上帝，刚才开得太快了，大概有80英里（约130公里），差点就错过去了。”

中年人在佐治亚州工作，但家在弗吉尼亚州，这次是回弗吉尼亚去接他妻子和孩子，所以正好能把我送到弗吉尼亚。我一听很高兴，这就意味着今天傍晚前我就可以接连跨越南卡罗来纳和北卡罗来纳这两个州，走五百多公里进入弗吉尼亚州了。

在车上，我向中年人作了自我介绍，还讲了我的这次旅行。我比较详细地叙述了这一路的遭遇见闻，告诉他，我估计这场旅行就要结束，大概很快会抵达纽约，而等待我的又将是另一个新的开始。

在高速公路上开了一会儿，开始有稀疏的雨滴一粒一粒地击碎在高速行驶的皮卡挡风玻璃上，很快雨滴越来越多，越来越密集，然后变成暴雨，倾盆而下。滂沱大雨将整个世界完全笼罩，四周一片迷蒙，咫尺之外便模糊难辨。但高速公路上的诸多车辆依旧车速不减，我们的车也同样飞奔在95号公路上，从前面疾行车辆激腾起的阵阵水雾中穿行而过。

车外大雨瓢泼，车内却俨然是另一个世界，静寂、安详，只有汽车空调出风口传出的丝丝风声。或许是为了摆脱乏味的沉闷，中年人打开了汽车的CD播放器。CD播放器的液晶荧屏闪烁了几下，汽车音箱里便传出激昂、优美的赞美诗。

这是我在整个路途中遭遇过的最大一场暴雨，透过车窗我注视着95号公路两旁，连绵的卡罗来纳原野上，迷茫在烟雨中的森林、平原、沼泽、山岗。随着车内扬声器传出的雄浑旋律，心中也开始悄然浮起了旅途中的一幕幕场景、一张张面孔……

在纵贯了整个南卡罗来纳州，一直往北抵达北卡罗来纳州中部时，大雨才终于停了下来，但天空依然乌云密布。

18:00，我们越过北卡罗来纳的州界进入了弗吉尼亚州。在95号州际公路旁的第一个弗吉尼亚州城镇Emporia（恩波里亚），中年人就必须转向东边，我也要在这里下车继续向北去华盛顿特区。

中年人把车开下95号州际公路，来到了高速公路旁的一个加油站。当我伸出手要和他握手告别时，一路都很沉默的他这时却侧转过身，面对着我，用双手合住了我的右手。我愣了一下，他察觉出了我的诧异，马上用温和的声音解释道："请给我一点点时间，我只是想为你做一个很短的祈祷。我也经常为别人这么做。"

我静静地坐在车里，注视着这个神情肃穆、正在为我祷告的中年人的面庞。虽然我并不是基督教徒，对于宗教也有自己不同的见解，但这一刻，这个陌路相逢的中年人的虔诚却深深地打动了我，让我同感神圣。

三

不管是大河还是小溪，也不管水清还是水浊，大海都全部承担、接受，所以它才能够那样浩瀚。

一天之内就走了五百多公里，沿着大西洋海岸从美国南方的佐治亚抵达靠近北方的弗吉尼亚，下车后立刻就明显感受到了气候的变化。

恩波里亚的气温至少要比南卡罗来纳低上10℃，穿着短裤、T恤衫的我站在黄昏的晚风中竟然感到有些凉飕飕的。看时间已不早，自己又乏又饿，各种难受的感觉交织在一起，于是就走进路边的一家汽车旅馆要了一间房。洗了衣服，好好泡了个澡，一夜好觉，第二天早上直到10:45才出了旅馆，回到路边搭车。

路边等了不到一个小时，一辆崭新的道奇大型皮卡停了下来，这回又是个中年男子。上了车，这个衣着讲究的中年人自我介绍，他叫Ken（肯），在一家机械工程公司当技术主管，现在是回在弗吉尼亚州中部城市Richmond（里士满）的家。“我看你样子像是个好人就停下来了，老实说我这辈子还从来没在路上搭过人。”肯乐呵呵地说道。“是吗？那我真是非常荣幸，你倒不是第一个这么说的人。”我半开玩笑半认真地接道，“我在路上遇到好些人都说过同样的话，看来我不得不同意你的感觉了。”

肯是个和善又健谈的人，我俩一见如故，一路谈得很投缘。肯先听我讲述了整个的旅程后轻叹一声：“哦，你走了这么远全是靠搭车，难道就没遇到什么坏人吗？那可真是够幸运的。”

“在路上我遇到了很多人，”我回答道，“其实连我自己也不能确定在路上遇到的每一个人都一定是好人，没有别的企图。

“上路前我到图书馆和网上查过很多资料，许多有经验的搭车客在介绍他们的经验时都说不要轻易相信别人，就算有人停下来愿意搭你，上车前也要先好好确认一下车里的人，正确判断对方是不是个好人，如果觉得不对劲就必须果断回绝掉，再等下一辆车。可是我并没有这样去做。在路上我从来没有拒绝过任何愿意停下来搭我的人，首先你得知道，搭车并非是件容易的事，当你站在荒郊野外，在严寒或者酷暑中等上大半天才有一辆车停下来时，你根本就没有选择。

“当我上每一辆车时，我都会很高兴地大声向车里的人主动打招呼：‘嗨！我是翔，从中国来，正在横穿美国，非常感谢你为我停车！’让他们能立刻感受到我对他们的感激和信任。

“路上当然遇到过各种各样的人，但我并不去猜测他们的动机，不去判断他们是好是坏，是怎样的人。因为当我站在路旁搭车的时候，是这些为我停车的过路人选择了我，而不是我选择他们，对于他们来说，同样需要勇气去决定是否帮助我这个陌生人。而且当你心里藏着猜疑和戒备时，对方一定能够感觉出来，这个你骗不了谁。

“当然我也很小心，时刻准备应付各种不测。一路遇到那么多的人，多少总会有一些人让你感觉不是很对劲。有些人会很愿意和你交流，但有些人却不是这样，这种时候我会主动和他们聊天，很乐意地告诉他们关于我自己的事情，然后询问他们的事情，谈论他们的家庭，倾听他们的故事。我真心尊敬他们，感谢他们，友善地对待他们每一个人，试着成为他们的朋友。

“当在路上遇到的那些人能够清晰地感受到你的信任和善意时，信任能够换来信任，善意能够换来善意。虽然我最后依旧不能确定那些在路上搭载过我的人里面到底有没有杀人犯，或者变态狂，但我能够确定的是：即便如此，对方不会来伤害我，这对于我来说就足够了。”

听完我的话，肯若有所思地点头称道：“你说的非常好。”在去里士满的路上，肯向我聊起了他自己的故事。肯今年48岁，但却已经有了两个孙女。他现在和妻子还有岳父母住在一起，“现在的年轻人都不愿意和父母住在一起，以前不是这样的，整个大家庭的人都住在一起，大家互相支持，照顾老人，这是我们本来的传统。”

肯很早从军，在海军陆战队里干了22年才退役。“我年轻的时候家里很穷，没法供我去读书，所以只好去当兵。如果现在能够重新选择人生的话，我将选择学校而不是陆战队。当然，年轻时也喜欢打打杀杀的，为能到陆战队而兴奋。只是后来在里面待久了，见过太多不想见到的事情，渐渐觉得没什么意思，只是把那当成一个不得不做的工作而已。我现在希望我的孩子们能接受更多的教育，不用再去当兵。”

近中午时，我们抵达了里士满。我本来打算就在高速公路旁下车继续搭车去华盛顿特区，但肯说他的妻子和岳母就在高速公路旁的一个购物中心里做头发，坚持要领我去见一下他的家人。因为我们彼此还有各自的安排，在购物中心匆匆见过肯的妻子和岳母，然后肯又开车把我送回了95号州际公路的路口。

分手时肯握着我的手，让我下次一定来里士满看他："翔，我希望下次你来的时候我们不是像这次这样匆匆忙忙的，让我们找个两三天的空闲时间，一起去悠闲地钓钓鱼、聊聊天。"

四

漫无目的地在挤满两层红色砖楼的街道上溜达了一会儿，暗自思考着下面的计划。到纽约还剩下两百来公里，走路也用不了几天了，心里盘算该怎么安排时，突然间我停住了脚步，然后向自己问道：我这是在做什么？

里士满离华盛顿特区不远，只隔着一百多公里的样子。这次我在路边没等多久，一个去超市送货的小伙子就搭上了我。小伙子将我送到了华盛顿特区近郊，然后另一个下班路过的汽车修理工又捎上了我，直接把我送到了白宫边上，华盛顿特区的市中心。

在华盛顿特区我一共待了5天。这个城市本身倒不是特别吸引我，吸引我的是这个城市里为数众多的世界级博物馆。在华盛顿特区，从国会山庄到林肯纪念堂之间长约三公里的National Mall（国家广场）两旁排列着十多个规模庞大的博物馆，它们都由美国政府运营的Smithsonian Institution（史密森纳研究院）统一管理，各种收藏品超过一亿四千万件，大概是世界上最大的博物馆群了。而且这些收藏丰富、管理完善的博物馆，毫无例外，全都是免费对公众开放，我当然不能错过这么好的一个机会。

在华盛顿特区的这些日子里，晚上我就住在城北一家青年旅社，白天则不做别的，一大早乘地铁来到宽阔的国家大道上，一家一家博物馆仔细地参观下去，每天都是待到下午关门为止。在我参观过的所有这些博物馆里，令我印象最深刻的就是National Air and Space Museum（国家航空航天博物馆）和National Museum of Natural History（国家自然历史博物馆）。

在这两个规模庞大的建筑群中，众多精心安排的珍贵展品应接不暇地展现在游客眼前。穿行其间，不时会被各种稀有宏大的展示所撼动。整个

博物馆里到处都是来自全美各地的中小学生，他们自由自在地在博物馆的大厅里、众多展品间喧闹、嬉戏。看着这些肆无忌惮的小孩子，我突然想到：这样的博物馆当然是体现了美国科技与国力的强大，但或许也正是这样世界一流的博物馆才激发了美国人对于科学技术的兴趣和追求，让这种兴趣和追求渗入这个国家的灵魂。

与航空航天博物馆和自然历史博物馆比较起来，隔壁的National Museum of American History（美国历史博物馆）就显得乏善可陈，规模也小了很多。

当把华盛顿特区的博物馆都逛遍后我又重新回到旅途。本来的计划非常简单，乘地铁到华盛顿特区的北郊，然后搭车北上纽约。从华盛顿特区到纽约只有两三百公里，与我的整个旅程比较起来，只剩下咫尺之遥了。可是等出了华盛顿特区最北的地铁站时我才发现，这里根本就不是什么郊区，依然是在城市当中。于是我只好接着往前徒步前进，然后才发现，华盛顿特区以北就根本没有乡村，一路都是繁密的城镇。

途中走累了的我也试着搭了下车，最终一无所获，当然在这种地方也毫不为奇。我只得沿着马路继续北行，就这样，从上午一直走到了傍晚。

走了整整一天，黄昏时天空突降暴雨，我连忙跑进路旁一家仓库的天棚下避雨。坐在天棚下肮脏的传送机上，翻开地图一看，发现自己居然已经快走到华盛顿特区北边的第一个大城市Baltimore（巴尔的摩）了。等了约一个小时，暴雨渐缓下来，但依旧淅沥不止。这附近人烟密集，我又没有帐篷可以露营，只好到附近一家汽车旅馆过了一夜。

第二天早早起来上了路，天空倒是晴朗，一路打听着终于找到了一家卡车休息站。顺着停在路边的卡车一辆一辆问过去，却没有一个卡车司机愿意搭我。最后无法只好又回到高速公路边，举着New York字样的路牌等了很久，才有两个穿着宽大篮球背心、开辆极其破旧的小轿车的过路小青年停了下来。

这两个小青年也只是回巴尔的摩的家，他们把我送到巴尔的摩市区的一个地铁站。当我下车时，开车的小伙子叫住了我，然后和他的同伴商量了一会儿，于是在一张小纸条上写了个电话号码递给我说：“这是我的电话，如果有麻烦就打给我。”说完就一踩油门消失在了前方一条街的拐角处。

按照地图上的指示，我买了张地铁票来到了巴尔的摩的最北郊。出了地铁站，站在地铁站旁的一个小坡上往北一看，极目处又是望不到边的房屋。我摇摇头，这可不像是能搭到车的地方。

我在挤满两层红色砖楼的街道上溜达了一会儿，暗自思考着下面的计划。到纽约还剩下两百来公里，走路也用不了几天了，或许我也可以走过去。心里正盘算该怎么安排时，突然间我停住了脚步，然后问自己道：我这是在做什么？

我转身回到了地铁站，直接去了巴尔的摩的灰狗巴士站，在窗口买了一张去纽约的车票。坐在候车厅等了一会儿，然后上了一辆刚进站、蓝白相间的灰狗巴士。很快，我们的巴士就出了市区，上了高速公路向着纽约驶去。

我安然地坐在巴士中间一个靠窗的位子上，车窗外面，高速公路旁是绵延不断的房屋，这些房屋的窗户在六月午后的阳光中反射出一片片耀眼的光芒。

望着窗外单调不变的城镇风景，在有些沉闷的巴士里，心中蓦然想起了在霍利斯特镇外的那个早晨，站在有些潮湿清冷的空气中，面对遥遥前路时心中弥漫着的忐忑和疑虑。就如很多年前那个春天的下午，有些紧张的我站在虹桥机场宽敞的出境大厅里，微微汗湿的手中紧紧捏着簇新的护照，一边反复检查着刚刚填好的出境卡，一边不断地在心中默数着从出关口前地上的那条红线到我之间的距离，不安的心中充满了对未来的猜测和向往。

灰狗巴士平稳地行驶在95号州际公路上。两百年前，从这里，沿着大西洋，整个美国大陆的东海岸，一直到佛罗里达半岛的尽头都还是人迹罕见、绵延数千公里的原始森林和沼泽。而两百年之后，沧海桑田，这里已经是密密麻麻、满是屋脊、没有尽头的稠密城镇。

悄然间，巴士已经驶过马里兰和宾夕法尼亚进入了新泽西，在抵达新泽西北部时，东北方的地平线上，隐约出现了一条长长的摩天楼群连绵的黛色剪影，那里就是曼哈顿了吧？

在走过万里旅途之后，面对终点，心中却意外的平静。上路前，我曾经盼望着在这条未知的路途中找到某个等待许久的答案，但是现在，这些却不再重要。许多事情已经改变，不管是对于这个世界，还是对于自己。每一个旅程都必然会有一个终点，但是道路却永远不会结束。就如旅途本身，在路上——正是这种感受和经历注定了旅途的本质，而非终点。终点或许不可避免，但那只不过又是另一个开始。有一天，我也许又会背着一个简单的行囊，孑然一身，重新开始我的旅程，但心中不再有那些忐忑和疑虑。

我或许会重回圣格雷戈里奥海滩边的那片柏树林，去再次倾听太平洋的涛声。来到卡梅尔冈，坐在黄昏的海边，注视满天灿烂晚霞变幻。走入莫哈韦沙漠，看翻卷的乌云在劲风中低掠过荒凉的旷野。重归内华达山脉，踏过遍地碎石、黄花，抬头仰望勾勒在深邃蓝天中的奥兰察酋长沉默的面庞。

走上锡安山巅布满野花的寂静山道，还有犹他的那些幽深峡谷和赤红石林。漫步在纳瓦霍的天空下，于碑谷肃然、神圣的群峰间静心徜徉。翻越巍峨的落基山脉，在一望无际的中部大草原上哼着歌独自前行，四周的青草在风中摇曳出无垠的绿浪。

沿着波光粼粼的密西西比河回到新奥尔良，在夜幕初临的夜晚，走进波旁大道上的露天酒吧，选一张空桌坐下，静静地倾听爵士号低婉的乐声。穿越亚拉巴马密不透风的亚热带雨林，在加勒比海深处的基韦斯特岛空寂海滩上，凝神于满天星斗之间。

在路上，我曾经一遍又一遍地想象过自己将会以怎样一种姿态抵达纽约。不过那些都仅仅是泛泛的想象，就如纽约本身，对于我，只是一个简单的名词，抽象而又遥远。但是现在，地平线上帝国大厦鹤立于众多摩天楼群之上的尖顶清晰可见。

终于，在走过了万里旅途之后，纽约，就在我的面前。

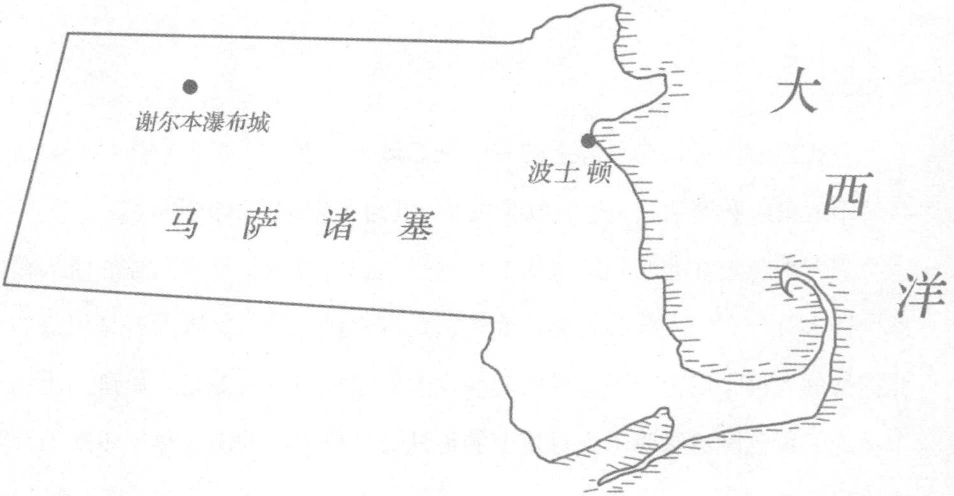

21

尾声

我曾经游历过这个世界上的一些著名城市：上海、东京、洛杉矶。这些城市的缤纷和繁杂总是令我叹为观止。但纽约却是如此的不同。

当背着包走在曼哈顿的大街上，两旁是拥挤得没有丝毫间隙的摩天楼群，让人有如穿行在暗深的峡谷底端。走过时代广场，从来没有见识过如此拥挤的人群，以至于不得不时时在众人的缝隙中侧身擦过。街道上出租车涌成的黄色洪流和脚下人行道上的地铁通气口喷出的潮湿热气不断地冲击着我的神经。

与我以前经历过的那些城市比较起来，纽约是一个世界。但这不是我的世界。

在炎热、喧嚣的纽约滞留了一阵子之后，等到天气稍微凉爽下来，我又重新上了路。在加州霍利斯特遇到的中学教师菲利普曾经和我约定，等我抵达东海岸后一定要去他们在美国东北角的新家再次相聚。在纽约的日子里，我好不容易才与菲利普又重新联系上。

菲利普的新家在马萨诸塞内陆西北角，一个叫Shelburne Falls（谢尔本瀑布城）的小镇。菲利普在电话中告诉我：谢尔本瀑布城地处偏僻，没有任何公交车辆可达。我要去的话只能坐灰狗巴士到离它最近的，一个叫Greenfield（格林菲尔德）的城市，然后他再来开车接我。

我听了便笑道，“Phil（菲尔，菲利普的昵称），那就不用了，我可以自己从格林菲尔德搭便车去你家，你忘了我是怎么从旧金山来到这边的？”菲利普听了也是在电话里笑了起来。

8月中旬，我先去马萨诸塞海边的波士顿看了我的老朋友，然后从波士顿坐了4个小时巴士到了格林菲尔德。

格林菲尔德是91号公路旁的一个小城。在路边的简易停车站下了车，我背着在纽约新买的大登山包，走到了镇子的郊外，在往西通向谢尔本瀑布城的2号公路旁，卸下背上的登山包开始搭车。

这是条只有双向两条车道的狭窄的林间公路，车流量不是很多。我身上穿着一件在纽约时买的，印着I Love New York（我爱纽约）字样的黑色T恤衫。没多久，一辆轿车就在我身边停了下来。

开车的是一个很年轻的女子，车里还有她金发碧眼，像人偶一样可爱的小女儿。这个年轻妈妈穿了件和我一模一样的T恤衫，只不过颜色是黄色。我进了车里一看就说道："哈！你也爱纽约！"

"是的，我就是纽约人。"她开朗地笑着，"刚才我看到你的T恤衫就马上决定要停下来搭你。"

当我告诉她我是要去谢尔本瀑布城时，女子马上说："巧了，我也去谢尔本瀑布城。"原来这个女子和她的男朋友是刚从纽约搬到谢尔本瀑布城来的。

2号公路在郁郁葱葱、延绵起伏的山丘树林间蜿蜒迂回着。公路左侧是掩映在绿树草丛间，缓缓流淌的Deerfield River（迪尔菲尔德河）。公路另一侧的小山坡或者树林间，偶尔会出现一栋栋别致优雅的欧式小楼，前后都是修剪得工工整整的草坪。

看了一会儿，我不禁说道："这里是我在美国见过的最美丽的乡村了。"

女子听了我的感慨，也点头称是："你要是再晚一两个月来，这条路上会塞满了汽车。新英格兰的秋天是美国最漂亮的，而这一片又是整个新英格兰最美的地方。"

没有多久我们就抵达了迪尔菲尔德河畔被低矮群山所环抱的谢尔本瀑布城。按照我给的地址，女子开到小镇东边一条幽静小街上的一栋白色维多利亚式小楼旁停了下来。

下车告别了女子，我背着包走上小楼门廊的台阶。门口挂着一个画着一只小熊的招牌，上面写着："Dancing Bear Guest House——Bed and Breakfast." Bed and Breakfast是美国一家著名的连锁式家庭旅馆，原来菲利普和伊蒂斯在这里开了一家小旅馆。

还没进门，已经听到了菲利普说话的声音，我推开门大声呼唤着他的名字，立刻，满脸笑容的他就从里间走了出来。

我们紧紧地拥抱了一下，我说："菲尔，你还记得吗？在霍利斯特分别时我曾经向你们保证，你们是我在整个旅途上遇到的第一家美国人，也一定将是我在整个旅途上遇到的最后一家美国人。现在，我实现了自己的这个诺言。"菲利普兴奋地听我讲述完整个旅程，告诉我伊蒂斯带着孩子们正在镇子外面他们的农庄里，要等一会儿才能过来见我，然后又带着我在这栋具有150年历史、摆满各种古董家具、古典优雅的3层楼小旅馆里上上下下参观了一遍。

菲利普告诉我，他和伊蒂斯本来只是在谢尔本瀑布城附近买了个农庄，打算从加州搬到这里来务农为生。可是一次无意中路过这里，发现这栋小楼刚好要出售，就决定买下来开个小旅馆。他告诉我这里是新英格兰地区著名的风景点，游客不少，比如现在离秋天还有段时间，但是已经收到了不少订单。

整座楼里上上下下有十多间房间，不过现在还只有二楼的三间房子收拾了出来作为客房在使用。我看了就问："这一带确实漂亮，旺季的时候游客肯定很多，楼里房间这么多，大概要什么时候才能全部整理出来接待客人?"

"就这几间了。"菲利普回答道，"我们不需要更多的客房来接待客人，太多了忙不过来，靠这几间客房的收入贴补一些家用我们就已经很满足了。"

说到这里，菲利普突然像是想起什么来似的对我说："嘿！翔，你还记得上次在霍利斯特我给你说的那个香港女孩子吗?"

"当然记得，那个香港女孩子沿着丝绸之路单身旅行，在阿塞拜疆的时候和你们一家相遇结识。当时听了你的介绍还让我印象挺深的。"

"是的，就是那个女孩子。你走了后，伊蒂斯和前夫生的大儿子去旅行，由我俩的介绍，在香港见到了那个香港女孩子。他们一起去云南旅行，在旅途中坠入爱河，现在他俩已经成为情侣了。"

"喔，真不错，我喜欢这个结局，就和小说一样浪漫。"听到这儿我感慨道。

参观完旅馆，菲利普又领我到小镇上转了转。谢尔本瀑布城很小，漂亮的街道上绿树成荫，繁花似锦。路两旁一栋栋小楼古风素朴，走在街道上就宛如走在某个古老的欧洲小镇一般。

我们来到从小镇中央穿过的迪尔菲尔德河畔，平静清澈的迪尔菲尔德河水倒映着蓝天缓缓流过小镇中央。河上有两座桥。一座是显得新一点的公路铁桥，紧靠着公路桥则是一座废弃多年的石质铁路拱桥。小镇上的人们把这座废弃的铁路桥改造成了一座步行桥，并在狭窄桥面上种满了各种绮丽的花卉，给它起了个好听的名字The Bridge of Flowers（花桥）。我们踩着花桥中间一条窄窄的碎石小道跨过了迪尔菲尔德河。

当准备从旁边的公路桥返回时，我们却发现桥被封闭了，桥面正中央排着一列长长的餐桌。餐桌上铺着雪白的桌布，摆满了大小酒杯和刀叉碟子。我问菲利普这是怎么回事，菲利普耸了耸肩，"我也不知道，我们才搬到这个镇子一个来月，很多事情还不是很清楚，让我去问问。"

我们走到公路桥上，向几个正在忙碌的工作人员打听起来。原来这是谢尔本瀑布城一年一度为当地中学募集资金的Diner on the Bridge（桥上晚

餐会)。菲利普马上询问怎样才能参加，但那几个工作人员告诉我们，晚餐券几个月前就已经卖完了，所以他们也无能为力。

菲利普听了显得有些遗憾地对我说："看来我们只有等到明年了。"

我没有多说什么。又和菲利普在谢尔本瀑布城的街道上走了会儿。因为旅馆里没人，菲利普不能离开太久，于是我让他自己先回去，说我再四处逛一逛。

等菲利普离开后我又走回到公路桥上，和刚才那几个工作人员闲聊了起来。最后我说道："你们看，我走过整个美国才到了你们这里，我非常想加入你们，在这么美丽的一个地方，分享这样一个浪漫的晚餐会，难道我就真的没有任何机会了吗?"

那几个工作人员商量了一会儿，然后让我去设在桥头的晚餐会临时事务所找负责人玛丽。按照他们的指引，我很快就找到了这个叫玛丽的中年妇女。玛丽听完我的叙说后，就很爽快地说道："那这样吧，我再加一张桌子好了，你和你的朋友们就可以来参加晚餐会了。"

我连忙回到旅馆告诉了菲利普这个消息，他听了喜出望外，连声感叹。我笑着说道："我在路上学会了很多东西，其中一条就是不轻易放弃。只要尽心尽力，总会有所收获的。"

傍晚时分，伊蒂斯带着欧文和蕾娜从农庄回到了旅馆。大家为在美国的另一头又能相聚而高兴万分。聊了一会儿我们就带着孩子们去桥上参加晚餐会。

桥上这时已经熙熙攘攘，人声鼎沸，仿佛整个镇子的人都聚到桥上来了似的。我们在长长一列餐桌的一端坐下，看了下周围，基本上都是本地人。不过虽然同是乡间小镇，谢尔本瀑布城的人们却要友善大方得多，边上陌生的人们会主动上来和人群中显得有些与众不同的我打招呼，仔细聆听我的介绍。许多人显然对我的故事很感兴趣，没一会儿就传了开去，最

后竟然招来了当地一家报纸的记者，和我约好，晚餐会后专门找个时间对我进行采访。

晚餐会开始了，作为志愿者的当地中学的学生们把一道道准备好的菜肴端到我们的桌子上。坐在我身边，一个刚刚认识的律师凯文给我面前的玻璃杯里斟上了他特意带来的葡萄酒，然后我们大家碰杯致意，每个人都在向我祝贺。

端着高脚葡萄酒杯，和周围人们开心地交谈着。坐在这个美丽小镇碧波荡漾的河畔，四周是青山翠峦。夕阳已去，凉风习习，边上的乐队演奏起轻松舒缓的爵士乐曲。我全身放松地靠着座椅的靠背，喝着殷红的葡萄酒，享受着这惬意的时刻。

在走完1.05万公里之后，再也没有比这更完美的结束了。

突然间，东边的天空中飘来一团乌云，最后居然停到我们头上，然后开始下起雨来。

桥上的人们似乎对这场突兀的夏季阵雨早有准备，没有人离桌，而是各自打开早已准备好的雨伞，坐在桥上，在雨中继续着晚餐。

这场雨并没能打消人们的兴致，反而让桥上大家的情绪更高。众人的谈笑声越来越大，最后甚至把雨声压了下去。

不知什么时候，笼罩在头顶的那片乌云又飘散了。雨住时，晚会正酣，餐桌花瓶里插着的康乃馨鲜艳的花瓣上凝滞着滴滴晶莹的雨珠，山谷中清冽的空气愈加澄净。

一群晚归的小鸟从小镇上方飞来，它们掠过桥上众人的头顶，来到迪尔菲尔德河的另一侧，然后向着依旧明亮的天空急腾而起，越飞越高，越飞越远，直到最后变成一群小黑点，远远地消失在了远处葱茏群山的后方……

图书在版编目（CIP）数据

去美国当牛仔/喻海翔著. —北京：东方出版社，2009
ISBN 978-7-5060-3698-6

Ⅰ. 去… Ⅱ. 喻… Ⅲ. 游记—美国 Ⅳ. K971.29

中国版本图书馆 CIP 数据核字（2009）第 194792 号

去美国当牛仔

作　　者：喻海翔
责任编辑：姬　利
统　　筹：吴玉萍
出　　版：东方出版社
发　　行：东方出版社　东方音像电子出版社
地　　址：北京市东城区朝阳门内大街 166 号
邮政编码：100706
印　　刷：北京智力达印刷有限公司
版　　次：2010 年 1 月第 1 版
印　　次：2010 年 1 月第 1 次印刷
开　　本：680 毫米×970 毫米　1/16
字　　数：300 千字
印　　张：26.25
书　　号：ISBN 978-7-5060-3698-6
定　　价：45.00 元
发行电话：（010）65257256　65245857　65276861
团购电话：（010）65230553